国家出版基金项目
NATIONAL PUBLICATION FOUNDATION

第一辑（1912—1919）

祁门红茶史料丛刊 续编

康 健◎主 编

安徽师范大学出版社
ANHUI NORMAL UNIVERSITY PRESS
·芜湖·

图书在版编目(CIP)数据

祁门红茶史料丛刊:续编. 第一辑, 1912—1919 / 康健主编. -- 芜湖 : 安徽师范大学出版社, 2024. 12.

ISBN 978-7-5676-7147-8

Ⅰ. TS971.21

中国国家版本馆 CIP 数据核字第 2024PT5726 号

祁门红茶史料丛刊:续编　第一辑(1912—1919)　　　　　　康　健◎主编

QIMEN HONGCHA SHILIAO CONGKAN XUBIAN DI-YI JI (1912—1919)

策划编辑:孙新文

责任编辑:孙新文　　　　　　责任校对:卫和成　庞格格

装帧设计:张　玲　汤彬彬　　责任印制:桑国磊

出版发行:安徽师范大学出版社

　　　　　芜湖市北京中路2号安徽师范大学赭山校区

网　　址:https://press.ahnu.edu.cn

发 行 部:0553-3883578　5910327　5910310(传真)

印　　刷:安徽联众印刷有限公司

版　　次:2024年12月第1版

印　　次:2024年12月第1次印刷

规　　格:700 mm × 1000 mm　1/16

印　　张:16.5

字　　数:306千字

书　　号:978-7-5676-7147-8

定　　价:52.80元

前　言

祁门红茶创制于19世纪六七十年代，在中国各色红茶中出现较晚，但祁门红茶以其独特的品质，迅速崛起，超越闽红、宁红、两湖红茶等诸多著名品牌，成为近代中国最为著名的茶叶品牌，在全世界享有很高的声誉。在近代中国茶叶国际贸易日益衰败的情况下，祁门红茶成为支撑中国外销茶贸易发展的重要品牌。

2020年出版的《祁门红茶史料丛刊》（8册），为首次经过系统整理的近代祁门红茶资料。该套丛书出版之后，笔者继续在近代报刊、徽州文书中搜集相关资料，经过数年积累，也渐具规模，于是以《祁门红茶史料丛刊续编》（以下简称《续编》）为题于2023年度申报国家出版基金，获得立项，为这套《续编》的出版提供了契机。

值得注意的是，祁门红茶产区虽以祁门县为核心产区，产量多、品质优，但并不局限于此一地，而是涵盖祁门、建德①（民国时期先后称秋浦、至德）和浮梁三个县域。因建德和浮梁所产红茶的品质与祁门所产者相似，历史上皆以"祁门红茶"统称之。这在晚清以降的文献中阐述得十分清楚。

1909年《商务官报》记载，"祁门、浮梁、建德三县之茶（向统称之为祁茶）"②。1917年《安徽实业杂志》也称："安徽祁门茶，品质甲于全球，秋浦毗连祁门，西人亦名祁茶。江西之浮梁红茶，因与祁门接壤，亦曰祁茶。"③民国著名茶学家吴觉农等亦云，所谓祁门红茶，"并非祁门一县境内之生产品。其运境之至德

---

① 即今安徽省东至县。

② 《茶业改良议》，《商务官报》1909年第26期。

③ 《民国六年上半期安徽红茶与赣湘鄂茶汉口市场逐月比较统计表》，《安徽实业杂志》1917年续刊第7期。

（秋浦改称，原称建德）及浮梁两县之所生产，亦谓之'祁门红茶'，简称'祁红'，亦或仅称'祁门'。祁门、至德，属安徽省，浮梁属江西省，以其同产红茶关系，故'祁浮建'，久成当地习语，若已不复知有省限矣"①。1936年金陵大学农业经济系在祁门的调查也称："市上通称之'祁门红茶'，或简称之'祁红'，实际并非专指祁门一县之产品而言；其与祁门茶产地毗连之至德、贵池，及江西之浮梁等县所产之红茶，因其制法相同，形状相似，亦统称'祁红'。故在广义言之，祁门红茶区域，实包括祁门、浮梁、至德三县，及贵池之一小部。"②

由此观之，整理祁门红茶资料也应该涵盖这些地区，因此，笔者除继续搜集祁门县的红茶资料外，也注意搜集建德、浮梁两地的资料。

笔者先后在祁门、黄山、合肥、北京、上海等地馆藏单位查阅大量的报刊史料。经过3年多的努力，编辑整理了祁门红茶史料8册，计200多万字。其中，前7册为文字整理，最后1册为茶商账簿影印。下面对《续编》资料编辑情况进行说明。

前7册收录的时间段分别为：第1册1912—1919年，第2册为1920—1924年，第3册1925—1929年，第4册1930—1935年，第5册1936年，第6册1937—1940年，第7册1941—1949年。这些资料主要来自民国时期的报刊、调查报告和单行本的著作。第8册为茶商账簿，收录光绪八年（1882年）祁门红茶创始人之一的胡元龙日顺商号的茶叶账簿和民国时期祁门南乡郑氏茶商的茶叶流水账簿。

综上所述，《续编》是在《祁门红茶史料丛刊》的基础上继续整理的结果。对此前已收录在《丛刊》中的史料不再重复收录，同时将祁门红茶产区涵盖的祁门、建德、浮梁三地的文献一并搜集、整理，以全面展示祁门红茶产区茶叶生产、加工、运销的整体图景。

《续编》虽然搜集了大量民国时期的祁门红茶史料，但难免挂一漏万，还有很多资料未能涉及，如外文和档案资料未能充分利用。这些资料只好在今后的研究中再集中搜集、整理。同时，笔者相信《续编》的出版将深化人们对祁门红茶的历史源流、演进轨迹等方面的认知，对红茶的学术研究和万里茶道的申遗都将发挥积极作用。

---

① 吴觉农、胡浩川：《祁门红茶复兴计划》，《农村复兴委员会会报》1933年第7期。

② 金陵大学农业经济系：《祁门红茶之生产制造及运销》，《豫鄂皖赣四省农村经济调查报告》第10号（1936年）。

凡　例

一、本丛书所搜资料以民国时期（1912—1949）有关祁门红茶的资料为主，间亦涉及晚清时期的文献，以便于考察祁门红茶的盛衰过程。

二、祁门红茶产区不仅包括祁门，还涉及建德（民国时期先后称秋浦、至德）和江西浮梁地区，出于保持祁门红茶产区资料的整体性和展现祁门红茶历史发展脉络考虑，本丛书将三个地区的红茶资料皆加以收录。

三、本丛书虽然主要是整理近代祁门红茶史料，但收录的资料原文中有时涉及其他地区的绿茶、红茶等内容，为反映不同区域的茶叶市场全貌，整理时保留全文，不做改动。

四、本丛书所收资料基本按照时间先后顺序编排，以每条（种）资料的标题编目；每条（种）资料基本全文收录，以确保内容的完整性，但删除了一些不适合出版的内容；在每条（种）资料末尾注明了资料出处，以便查考。

五、为保证资料的准确性和真实性，本丛书收录的祁门茶商账簿皆以影印的方式呈现。

六、本丛书收录的近代报刊种类众多、文章层级多样不一，为了保持资料原貌，除对文章一、二级标题的字体、字号做统一要求之外，其他层级标题保持原样，如"（1）（2）"标题下有"一、二"之类的标题等，不做改动。

七、本丛书所收资料原文中出现的地名、物品名、温度单位、度量衡单位等内容，尤其是翻译的国外名词，如"加拿大"写成"坎拿大"、"便士"写成"边尼"、"氧气"写成"养气"等，存在与现代标准说法不一致，同一词在不同刊物有不同的表达等问题，因具有当时的时代特征，为保持资料原貌，整理时不做改动。

八、本丛书所收资料对于一些数字的使用不太规范，如"四五十两左右"，按照现代用法应该删去"左右"二字,"减少两倍"应改为"减少三分之二"等,但为保持资料的时代特征,整理时不做改动。

九、近代报刊的数据统计、名词前后表述中存在一些逻辑错误。对于明显的数据统计错误,整理时予以更正;对于那些无法查核出处的数据、名词前后表述的逻辑错误,只好保持原貌,不做修改。

十、近代中国报刊刚刚兴起,图表制作不太规范,且大多无标准表名、图名,为保持资料原貌,除图表补充完善外,其他内容整理时不做改动。

十一、凡是涉及"如左""如右"之类的表格说明,根据表格在整理后文献中的实际位置重新表述。

十二、本丛书原表格中很多统计数字为汉字,统一改为阿拉伯数字,但表格中陈述性文字里的数字仍保持原貌;正文中部分多位数字用汉字表示,但没有使用十、百、千、万等单位,为便于阅读,统一补齐,如"一三五七六八磅"改为"十三万五千七百六十八磅"。

十三、原资料多数为繁体竖排无标点符号,整理时统一改为简体横排加标点符号。

十四、凡是原资料中的缺字、漏字以及难以识别的字,皆以"□"来代替。

十五、中日甲午战争后,清政府将台湾割让给日本,1945年抗日战争胜利后,台湾重新回到祖国的怀抱。故1895年6月至1945年抗日战争胜利前台湾为日本占据时期。本丛书在涉及这一期间的台湾时,将"台湾"的表述统一改为"中国台湾(日据时期)",特此说明。

目　录

◆一九一二

制茶须知 ………………………………………………………○○三
中国茶之产出及输出 …………………………………………○○三
农林部注重茶政 ………………………………………………○○五
振兴中茶之良法 ………………………………………………○○五
茶业政策之规划 ………………………………………………○○六
蒋都督令财政司准皖都督孙电茶税已开办请转告各茶商文 ………○一一

◆一九一三

中国茶与英国贸易沿革史 ……………………………………○一五
说　茶 …………………………………………………………○二一
茶业概谈 ………………………………………………………○二七
布告据闵行乡议长呈改良茶捐请出示晓谕 …………………○三五
种茶良法 ………………………………………………………○三五
华茶之今昔观及筹挽救之方法 ………………………………○四二
华茶宜乘巴拿马博览会以恢复其固有之利权论 ……………○四六

◆一九一四

世界茶业消长之实况 …………………………………………○五一

中国出口茶税之减征 …………………………………………〇五五

说 茶 ……………………………………………………………〇五六

说茶(续前期) …………………………………………………〇五九

欧战声中之茶业状况 …………………………………………〇六三

茶号与茶贩之比较论 …………………………………………〇六四

茶 业 ……………………………………………………………〇六六

调查本年五月间汉口茶况 ……………………………………〇六七

汉口华洋售茶公会之报告 ……………………………………〇七五

对美制茶贸易善后策 …………………………………………〇七六

皖南之茶 ………………………………………………………〇七八

◆一九一五

拟改良徽州茶业意见书 ………………………………………〇八三

拟改良徽州茶业意见书(续) …………………………………〇八六

拟改良徽州茶业意见书(再续) ………………………………〇九〇

调查皖苏浙鄂茶务记 …………………………………………〇九三

调查皖苏浙鄂茶务记(续) ……………………………………〇九八

调查祁浮建红茶报告书 ………………………………………一〇二

调查祁浮建红茶报告书(续一) ………………………………一〇八

调查祁浮建红茶报告(续二) …………………………………一一二

调查祁浮建红茶报告书(续三) ………………………………一一五

世界茶业之概观 ………………………………………………一二三

◆一九一六

中英茶业盛衰考 ………………………………………………一三一

论江西设立茶业模范场之必要 ………………………………一三五

江西茶业前途之佳象 …………………………………………一三六

◆一九一七

中外茶业略史 …………………………………………………一三九

中国之实业（摘录） ················ 一四一

茶事之著作 ···················· 一四七

假茶之试验法 ·················· 一四八

造茶之名师 ···················· 一四九

◆一九一八

中国茶业之改良 ················ 一五三

本年度茶业失败之原因 ············ 一五六

减轻茶税之运地问题 ·············· 一五六

请求华茶销俄之文电 ·············· 一五七

民国六年上海丝茶贸易之概况 ········ 一五七

维持茶业之四办法 ··············· 一六一

呈请拨款维持茶业 ··············· 一六二

外埠呈请弛禁华茶 ··············· 一六二

部允维持茶业之限度 ·············· 一六二

皖南茶、矿之近闻 ··············· 一六三

茶商请发债券筹办银行 ············ 一六五

茶商请发债券筹办银行续志 ········· 一六六

茶商请取消增税成议 ·············· 一六八

中国茶之输出状况 ··············· 一六九

民国七年上半年上海出口茶业之概况 ··· 一七三

华茶不许入英之外论 ·············· 一七六

中国茶业 ····················· 一七七

◆一九一九

组织茶业银行之先声 ·············· 一八一

茶业银行之内情 ················· 一八一

上海丝茶两业之调查（摘录） ········ 一八二

吾国之茶业 ···················· 一八三

吾国之茶业（续） ··············· 一八七

吾国之茶业（再续）……………………………………………一九一

今年上半期茶类输出之概况 ………………………………一九四

中国茶业恢复之时机 …………………………………………一九九

上海茶业调查报告 ………………………………………………二〇二

茶业试验成绩报告　七年份（续）…………………………二〇八

茶业试验成绩报告　七年份（再续）………………………二二六

令茶业试验场 ……………………………………………………二四九

批汉口茶业公所一 ……………………………………………二四九

批汉口茶业公所二 ……………………………………………二五〇

后　记 …………………………………………………………………二五一

一九一二

制茶须知

农林部昨电，皖督内开茶叶为我国出口大宗，亟宜整顿。去秋运茶至美，以制茶着色不佳，未允进口之。原茶运回，亏本无算，盖以食物掺入杂质。己设禁例，在所必行，万无通融之望。现值采制时期，希即切谕商会及茶务公所、制茶厂于制造方法加意改良，切勿掺入杂质或颜色杂质，致蹈去年覆辙云云，即由柏署督转行遵照。

《山西实业报》1912年第5期

中国茶之产出及输出

茶为我国重要输出品之一，栽培最盛之地在北纬二十四度至三十度之间，即长江一带是也。其产出之地以南方为多，而北方各地则产出有限。今不论产出之多少，但就产出之省份举之，则有甘肃、贵州、江苏、安徽、江西、浙江、湖北、湖南、云南、福建、广东、四川之十二省，就中产额最多且为输出之地者则在湖广、福建、江苏、浙江、江西、安徽各省，以汉口、上海、福州之三市场而集散于中外者也。

三市场产出地如后。

一、汉口市场

湖北：羊楼洞、崇阳、咸宁、通山、宜昌

湖南：安化、桃源、长寿、平江、高桥、云溪、湘潭、浏阳、醴陵

江西：宁州、吉安，其他

安徽：婺源、祁门、建德

其种类有红茶、绿茶、粉茶、砖茶等。

二、上海市场

两湖：汉口

江西：宁州、吉安

安徽：徽州、婺源、屯溪

浙江：杭州、温州、宁波

江苏：苏州

福建：福州

其种类则有绿茶、红茶、粉茶、砖茶、叶茶、茎茶、香附茶等。

三、福州市场

福建：武夷、安溪、宁洋、北溪、福宁

其种类则有红茶、砖茶、乌龙茶等。

上集散之三市场以上海为最大，汉口、福州次之。

再就茶之贸易观之，据1907年海关年报，输出总额达三千一百七十四万海关两。此中绿茶大抵输于亚美利加合众国（以西部为主），与日本绿茶立于竞争之地位。红茶则输出于英、俄、澳洲，近在伦敦市场大受印度、锡兰之排挤，然俄国本部、西比利亚、中亚细亚仍为我国红茶、砖茶之独占市场，终非他国所能攘夺也。兹就我国制茶输出之度量细列于下，以备留心茶务者浏览焉。

输出国家和地区	输出产量(担)
俄国本部及西比利亚	988 711
亚美利加合众国	201 741
香港地区	99 141
英国	157 372
加拿大	13 382
日本	10 332

年别	输出产量(担)
1885年	2 128 751
1895年	1 865 680
1905年	1 369 298

年别	输出产量（担）
1906年	1 404 128
1907年	1 610 125

　　观上年表以1885年为最多，以1905年为最少，此二十年间而一落千丈者何哉？盖先时印度、锡兰、日本之茶未盛，而我商人又皆督制精茶，毫无掺杂，西商、华商均受利益。迨其后山价日减，茶品日伪，而西商因此大受亏折，不乐多购，茶之销路日见停滞，华商亦受损失。彼印度、锡兰、日本之茶即乘此时而精种植，究焙制，奖输出，以与我竞长争雄，致我茶大受其激刺，我国商人亟宜加意而自反也。

《山西实业报》1912年第16期

农林部注重茶政

　　副总统接得准农林部来咨，内开茶政一项为饮料之输出品，素为各国所争购，每年出息不下千余万。自反正后，茶业殊少过问，大觉停滞。似此权利任意放弃，殊非振兴茶业之道。敝部为挽回国利起见，拟于湖北、苏、皖、湘、浙、赣、云、贵、川、陕等省，设立茶政督办处。俟章程厘定完善后，即正式开办云。

《山西实业报》1912年第19期

振兴中茶之良法

　　农林部陈总长以中国之货畅行于外国者，惟丝、茶二种为大宗，英属印度等处产茶虽多，究竟不及中国茶味甘美。惟外国茶最重装潢，若办理得宜，按照各该国分两吨数匀配，加以优美新奇之装饰物品，务求洁净，必能畅销无疑。已拟定办法数则：（一）量地土之宜以定茶种；（二）考求中外培种之新法；（三）测度天时以定采叶之期；（四）精求中外制焙之法加意研究；（五）分定各国分两之数以便携带；（六）上海、广东、汉口等处设立总会逐渐改良并分设研究所以期茶业发达而免洋商之抑勒云。

《山西实业报》1912年第19期

茶业政策之规划

洪越 方燨

茶荈之利，惟吾国为最广，亦惟吾国为最先。萌芽于六朝，显于唐，兴于宋，而极盛于前清。不特为吾国输出品之大宗，亦可供全世界亿万众之饮料。果能精益求精，何难销行日畅。忽略者众，只尽其当然，而不知其所以然，蹈常习故，掩聪塞明，衰旺委之运气，年产不能递增，迄于今日，遂有江河日下之势。惟各埠设有茶业公所，而畏难苟安，有名无实。叩以茶务之要点，多瞠目直视，茫然一无所知。兼之正税、半税之外，困以厘捐，成本太昂，倍于出价，且各茶厘局卡，除征收正引外，不惟苛索中饱，抑且多方留难，未闻有维持保护者，则官之弊。掺杂不净，色气不洁，香味不佳，装潢不精，落价低盘，争相出售，以致牵动全局，动辄亏耗，则商之弊。播种不力，采伐不时，抬价居奇，罔顾商本，则山户之弊。沪汉等埠，行栈林立，笼络茶商，争相代售，盈绌于己无涉，痛痒故不相关，只图自己之佣金，不顾他人之成本，有一二稍顾大局者，与洋商挈短较长，而同行各家，不能同心协力，一致进行，日下江河，独力难挽，则茶行之弊。至于种茶不知推广以尽地利，制茶不用机器以代人工，守拙安常，积重难返，则民情风俗之弊。以上五弊，系言其大纲，仍有种种缺点，不能以筹策计，一言以蔽之，要皆讲求不得其道耳。盖我国商人，素无普通知识、爱群思想，故心志涣散，意见纷歧，欲谋抵制则无力，欲筹对待则无策，欲不售则金融不能周转，欲急售则资本半归消耗。上焉者不知整齐而保护之，下焉者不知研究而改良之，坐是百弊丛生，势成弩末，若不及时整顿、补救方来，茶利将尽为外人所夺，而国益贫穷矣。整顿之法维何，请分陈焉。

一曰讲求种茶也。查种茶一事，西人研究最深。土脉所宜，岁岁添种，伐枝采叶，大都以半月之时间完之，恐时过则叶老，天雨则采难；何谓日宜晴，晴则滋长易；何谓犹宜雾，雾则香气浓；如何灭野草而必使其蕃茂，如何加肥料而不令其枯萎，历年考究，不遗余力。吾国民亟宜仿效以尽地利，谓当于产茶各省，由都督转饬所属，以种茶一事，列入养民要政，遍行晓谕，仿效西法，认真推广，以文告开其先，以奖励持其后，以勘验考其绩。小民难与图始，可与乐成，改良茶务，必以此为嚆矢。

二曰改良制茶也。西国制茶，全用机器，以其成物之速，获利之厚，与夫出货之精细匀净，皆非人工所可比拟。按制茶机器，分为四类，曰研茶器，曰焙茶器，曰扇与筛茶器，曰拣茶分类器。此种机器，大小各号均有，大者在英国之价值金钱五百余元，小者约二百元上下，印度之大茶厂家无不用之，故能得大利。仍有一种手摇小机器，价值极廉，如日本等处所常用者，用之亦能得利。按日本制茶之法，先将茶叶从产处移到屋内，散铺在木板上，一夜不动，次晨将茶叶聚合，径放在研器内，或夹在平面板中间研之，待一二点钟取出，则自然变成所需之颜色，再铺在有孔之筛或铁丝网上，离木炭火约二尺烘之，或用焙茶之炉，其全套工夫，仅费一二点钟时候，乃再拣分等类而装箱，此为最简便之法，我国不可不采用也。难者谓舍人工而用机器，穷民将不得食，其言似是而实非。盖工所以养民，而民之得资养于工者。又视乎雇工人之资本，夫机器正所以充其资本也。如英国能兴机器，百余年内所增资本不下千余倍，资本既裕，工人竟无以谋生，有是理乎？譬如碾米一事，从前吾国全用人工，今渐改用机器，未闻有工人纠集团体与各厂家为难，欲尽毁其机器而后甘心者。况机器亦无非由人工而成，何得谓为夺工人之利耶？所以改用机器，以其成功速而用力少，物价可以便宜，即销路可以发达。子曰：工欲善其事，必先利其器，此之谓也。

三曰减轻茶业厘税也。泰西征商之例，恒重进轻出，殖己遏人，又或察其缓急，审其利害，以权衡其轻重之宜。如英国于印度茶豁免口税，是其明证，所以为土产筹销路，与他人争利权，意深远也。吾国出口之茶，向章值百抽五，例每担售至五十金左右者，定税抽二两半，自前清光绪二十九年后，乃减收一半。今则货价日贬，次等之茶，仅售十余两，若仍以此数征之，是税虽减如未减。况于税则之外，困以厘捐，节节而稽之，铢铢而较之，间有税厘之数，几与其价相等。资本太重，不利行销，涨落折耗，无能自主，则茶商焉得不困？律以西国抑勒外商，庇护己商之理，不啻倒行逆施矣。彼税务司之言，谓非大减茶厘，不能使洋商舍洋茶而市华茶，善哉言乎。谓宜以茶价之低昂，定税则之轻重，何等之茶应纳何税，何等之税应征何茶，分别厘定，折衷至当，采用估价抽税办法，不用按物抽税办法。至茶厘则宜即日蠲除，因厘金已属恶税，而茶厘尤足阻止出口贸易，目下虽不能全行裁厘，不妨先自茶业入手，以符奖励对外竞争之旨。

四曰纠集茶业公司也。吾国出口大宗以茶为最，行栈之多，几如棋布，类皆散商开设，投资无多，其营业初心，大都含有倚赖性质。始则输资内地，各茶号争相收买，致山户居奇，成本已贵。继则苦于资力不充，称贷以益，虽受钱庄严酷之要索，犹曰为日有限，所费不多，而不知成本又加重矣。终则苦于货之不能速售，多延一日，则多一日拆息，甚至庄款期迫，势必偿还，于是争相跌价，贬抑以就之。洋商知其然也，故相待之道曰欺曰胁，而茶商无如何自有之货，不能定价，太阿倒持，日侵日削。每见茶商受亏，动辄数百万，长此不变，虽他日产茶日广，制茶日精，仍受他人之把持抑勒已耳。必须以散商行栈，并为数大公司，由商人公举明通公正信义交孚之人，主持一切，则收买茶价，可归一律。无倾轧之手段，集资既广，周转灵通，更无需再用钱庄款项，货到各口，待价而沽，亦不必急急求售，则亏本者寡，而茶业可日益发达，此纠集公司之为必要也。

五曰宜设茶业学堂也。查西国于制茶一事，设有专门学校，凡一枝一叶之微，无不考求整顿。今宜于各省产茶之区，一律创设茶业学堂，拣选聪颖子弟，纳之于中，延聘中西通儒，深悉茶务情形者，以充教育。凡关于茶务有用之书，广购兼储，必周必备，以资参考。难者或谓清朝末造，亦曾设立茶务讲习所矣，徒有虚名，毫无实际，年费数万金钱，掷诸虚牝，不知此非立意之不善，实由办理之未得其人。难者又以经费难筹为虑，不知吾国茶商，对于公益，素具热心，兹关于茶务问题，岂不乐为赞助？独力不能创兴者，合数家襄办之，数家仍虞不足者，以国帑助成之。原有之茶业公所，名不副实，亦可改建学校，挹彼注兹，又何虑经费之难筹哉。

六曰考察茶务情形也。欲图改良，必先考镜吾国茶务。晚清时代亦曾遣人出洋考察，然而所遣之人于本国茶务尚未研究，欲其深悉他人底蕴，难矣。今宜拣选熟悉茶务，富有经验之人，分付印、日各国。宽筹经费，假以岁时，博访深探，穷源竟委，以图说绘其情形，以仪表详其气候，证诸古法以衷其是，本诸实习以求其真。又如税茶之制，或重或轻，何者可保富源并能富国？制茶之法，或简或繁，何者可以收利并能省工？何种于销行最宜？何法于改良最速？一切灼见真知，绝无疑滞，变通尽利，体用毕赅。而后出我最富之藏，取彼至精之法，扩将来之大利，塞当日之漏卮，固无俟蓍蔡而决也。

七曰编辑茶务书籍也。我国旧习贱视农艺，于茶尤甚，间有茶经各书，多属小品，绝无研究种植制造之法者。海通以后，译著亦复无多，一般商人虽有志改良，无从研究。今宜于茶务之事，专著一书，取吾旧有之经验，更集西国善本，仔细搜求，别类分门，取长弃短，种植之道，制造之方，删繁撷要，演以通俗之语，俾识字之民，转相劝导，披书而索，按籍以稽，则茶务可望发达矣。

八曰举行茶业赛会也。查赛会一事，为扩充商务之原动力，亦流通商货之媒介，所以浚发心思，开明耳目，使商人交换智识，联通声气，互相讨论，互相补助，创提纲挈领之规，收脉贯络通之效者，胥是道也。泰西诸邦，均屡举不一举，若丝业、茶业、糖业、矿业，各有专会。今吾国茶务之衰，已达极点，无所考镜，终居劣败，是宜详考日本立会之制。先于沪、汉等埠，举行茶业小会，旁搜博采，集合全国之茶，荟萃于一堂，而后审其精粗，别其优劣，第其高下，决其从违。外人有来比赛或来参考，均欢迎之。于以知本国所出之茶，何者可以畅销；外国所成之茶，何者可以仿效。需款无多，成功甚大，逐渐推行，数年一举，非若清朝末叶之大会，骤难筹此巨金也。

九曰组织茶务日报也。泰西各国，注重商战，而商战必以报章为先锋。分门别类，各竞所长，有蚕桑报、有丝务报、有茶务报、有钢铁金银价值等长报。以及开一市场，登报以招贸易。立一公司，入报以广招徕。一纸风传，全国动目，报纸之为力大也。今宜于通商大埠，创行茶务日报，痛陈茶务之真相，力求茶务之新理。如何种植而后出产始丰，如何改良而后销路始畅，何处货好，何处货劣，何处货多，何处货少，何者合外人之嗜好，何者应时势之需求，以及天时地利人情之不同，应遵何法而弊可去，应用何策而利可兴，应如何整顿经营而洋商始乐于销售。广征闻见，遍访情形，不尚文辞，使人易晓，不嫌烦重，使无遗漏。既有董劝之章，斯有改良之利，裨益茶务必匪浅鲜矣。

十曰组织茶务银行也。银行者，实业之基础，金融之机关，亦周转流通之总枢纽也，其功至为宏大，尽人皆知，而其关于近日整顿茶务之问题，尤为最要。盖欲谋茶业之发达，其先于抵制洋商，欲抵制洋商，非纠集公司，鲜克有效。公司之易集与否，当视银行之有无以为判。有银行以为根本，则公司开办以前，可以银行为招集股本之机关，公司进行以后，可以银行为流通金融之枢纽，故不整顿茶务则已，言整顿则必以银行为前提也。银行章程，当采用股本有限之制，规定资本一千万元，先由政府筹垫三分之一，以资提倡，然后招集商人股份，如不足额，再招海内外殷富商股，则一千万元之基本，似不难克期集成。至银行信用大著以后，则不惟茶务可收圆满之效果，且茶税必旺，豫大丰亨，其大利仍归于国家，此中妙用，有心人皆能知之也。

如上所述，与太史公所言教诲整齐利导之意，先后同揆，若合符节。所谓教诲者，则学堂也，书籍也，报章也，赛会也；利导者，则游历也，减税也；整齐之法，公司而外，银行尤为扩张茶务之本原，总贯兼通，并行不悖。如良医之治疾，标本兼施，如大匠之程材，铢两悉称。夫以吾国物产丰饶，民俗勤俭，更得一二究心者，维持而保护之，群策群力，以当此竞争潮流，则吾国之富可拭目俟也。

实业救国之声，日喧腾于吾人耳鼓。茶务亦实业中之一大分子，关于经济前途，何等重大，整顿之举，岂容稍缓。或以筹款为虑，不知吾国茶税一项，适中之数，岁入约在一百余万之谱（内地之茶厘局卡征收之产地税及茶捐银尚不在内）。此款归入中央者，不过十之五六，揆助他项者十之二三，用于虚糜者十之一二。与其化为乌有，不如接济正当之用。他项既能指拨以资补助，兹关于茶务问题，似乎更应挹注。以茶务之进款，为茶务之计画，取于民者，还为民用，即质之公理，揆之舆论，亦断无不合也。

嗟乎！吾国之势，濒危已极，非振兴实业，决不足以救危亡之时局。茶业为吾国民生大本，通商后尤为出口大宗，乃迄于今皆逐渐居劣败地位，一线生机几悬外人之手，默计将来危险万分。虽曰物穷必变，实由天道之好还。要知困极而亨，端赖人谋之克尽。苟能上下讲求，不遗余力，主教育者以提倡茶务为本旨，主政治者以保护茶务为要素，各牺牲其私利。同时负其责任，不争旦夕功，不惜度支费，举曩时一切不良之点，悉从而改革之，以增长其生产之力，进求其改良之术，由败坏之阶级，渐臻于光明之域，则茶叶之位置，于以巩固。况吾国茶叶，色、香、味三者，均非洋产所可及，尤为独有之特色，果能有灵敏之手腕，沈著之决心，将来必为茶业前途放一异彩乎！许然知物，必曰时用，朱公治产，必曰任时，是在谋国是者，所当相与因宜而制变也。越等不学无术，然既为国民一分子，即有一分负担，何敢放弃责任，为天演所淘汰。聊贡一得之愚，以备采择云尔。

《实业杂志》1912年第6期

蒋都督令财政司准皖都督孙电
茶税已开办请转告各茶商文

　　四月十号准皖都督孙电开蒋都督、江浙商务总会茶业公所、商会茶业公所公鉴：四月五号《民声日报》载大通军政分府取缔茶捐，议定出洋之茶每百斤收半税银六钱二分五厘，由分府刊发三联单，经过江浙全省验单放行不再征税等语。查屯溪茶税局已由敝处派员开办，况大通分府刻已取消，前联单自应失其效力。惟恐各商或未周知仍复沿用，特电通告。嗣后皖南茶商，经过江浙省分护运凭单概以盖用皖都督印信为凭，否则即系私运。其如何罚办，希由经运省分办理，并希转告各茶商查照等由。准此合就行令财政司查核办理并转告各茶商知照此令。

《浙江军政府公报》1912 年第 67 册

中国茶与英国贸易沿革史

译英国财政时报　冯国福

前者麦克伊文博士 Dr.John McEvan 在英国伦敦经济大学演讲此题，是日文人雅士暨老成茶商，莅会者甚众。盖先生经济学识极高，而其言论极有价值也。先生前次曾演讲中俄茶史，此次讲题，只以中英茶务为主，历叙诸世纪中英茶情，及运茶机关，末又推求中国茶业不振原因，言之详而论之备矣。鄙人读毕，不禁于中国茶业有抚今思昔之感，故不揣谫陋，将原文译出，间有所知，略附评语。虽无当大雅，然热心实业者，得此亦足稍知前事，而急谋后事之补救也。

一、茶贸易史

耶稣未降生以前之二千七百年，欧人已知茶为东方美物，然当时用茶者，仅为疗病起见耳。及至耶稣降生后五百年，欧人始用茶以为寻常饮料，欧洲各国以俄罗斯为最先与中国通商贸易，故俄人最先向中国购茶，次则为英人，继而法、德、美、日、意、比随之。

1615 年，为英人到远东营茶业之初年。时有东印度公司，掌握远东政治及商务之霸权，但该公司在中国、日本，尚不过小经营耳。每次定货，只由总司事发函至其代理，求取中国上等之 Chaw 一罐（按：Chaw 即闽人呼茶之音），而茶价异常昂贵，时有所谓"掷三银块饮茶一盅"之谚，观此即知其价矣。

1664 年，东印度公司赠英皇红茶二磅，每磅获奖五十先令。自此事发现后，英人争先恐后以饮茶为一荣幸事。报纸传为奇闻，流至法国，未几而欧洲大陆，亦有茶市矣。至 1668 年，东印度公司遂在英政府注册，特准其运茶入英境。由是茶务日益发达，销场日广，故十年后（即 1678 年）茶进口英国之数，达四千七百十三磅。

18 世纪渐进，英国人口年年增多，故用茶年年推广。当时以统计平均每英人一名，每年销茶约二磅（按：英国人口共约四十一兆）。时东印度公司既为独一之营业，是以茶贸易之舞台为所独占，频年获利，不可胜数。该公司股东曾于 1780 年，由中国购得茶种，移植于印度、锡兰二地。其始也，生育颇劣，后经锐意栽培，卒获大好收成。是则今日印度、锡兰茶务繁盛，皆中国茶种之赐也（按：印度、锡兰茶，至今日已成反客为主之势。自有锡兰茶出现后，中国红茶与之竞争，日趋劣败)。兹将中国、印度、锡兰茶两年出口总数，列表如下。

年份	中国茶出口总数（磅）	印度茶出口总数（磅）	锡兰茶出口总数（磅）
1879	126 340 000	34 092 000	——
1910	8 484 000	133 508 000	78 094 000

19世纪之世，英国茶税减轻，市价亦无甚大涨落，故茶务日益畅旺，计五个年份，华茶输入英国之数如下。

单位：磅

1836年	40 000 000
1850年	54 000 000
1860年	78 000 000
1870年	120 000 000
1880年	160 000 000

由此观之，华茶输入英国，以19世纪为极盛时代，逐年增加千余万磅，及至1880年之额，可作为极高点。盖循此以往，中国茶势力日衰，而无起色矣。

茶商贩茶至英国，其始仅得东印度公司一家。惟自1833年以后，业茶者日夥，茶店林立，遂互起竞争，而东印度公司不得独享专利矣。时中国茶商在英京者，亦不鲜，虽不能掌握全权，然亦颇有势力。不幸后有一二诡滑奸商，设小厂于伦敦城外，私将染色柳叶，杂茶叶中，冒充嫩茶，又用化学品熏香茶味，加矿料以增重量。诸多骗术，卒被化学家道破，群情大哗，而中国茶商在英国大受影响矣。（按：今日办茶至外洋者，主权已归外人之手，此不独英国为然，中国茶商不过一贩茶经纪，由内地运茶至通商口岸，即售与洋行，如怡和、天祥等，再由洋船转运至外国销售，是则茶在外国之买卖权，亦已被外人夺去矣。）

二、英国茶税史

英国关税，滥觞于1304年，而茶入口税为最古，自有关税以来，未尝弛废一次。迄至今日，英国虽行自由贸易政策，然而仅免出口税耳，入口税则尚有八类二十七目。兹将历世纪之茶税收入情形，及其税率详言之。

按：英国税则所谓八类，即（一）烟菸；（二）茶；（三）酒；（四）火酒；

（五）哥咕；（六）咖啡；（七）干果；（八）朱古律。（又每年海关收入，以烟菸税为大宗，其次即推茶税）

1660年，英王查路斯第二复位，议院初次开会，第一议案即为茶税议案，经多数通过，定例凡茶及朱古律等物，视为奢侈品，每加伦纳税八辨士，由卖者一次纳清，因此英国政府获一大宗收入。

17世纪，英国革命以后，茶与咖啡、酒，一律课税，英王威林第三、马利第二登位后，茶税复增。每磅纳五先令，另有照估本值百抽五之税。总而言之，英国茶税，以此时为最苛。盖英法战务频起于17、18世纪，当时政治家，皆以增加关税为筹军饷之善法也。

茶税增加，茶业大受影响，华茶入英之数，因此顿减。及至1826年，黑斯克森氏 Huskisson 始提倡自由贸易主义，赞助其说者，又有庇尔氏 Peel。其后格兰斯顿当国，遂实行将出口货税全免，而进口课税品仅存八类，至于税率，则时有变更。当南非洲战役时，英政府对于茶入口，征收一特税，然未几即裁去。

总而言之，历世纪以来，英国政府对于茶之入口，向无免税，且税率极苛。现行税则，对于各种茶入口，不论精粗美恶，每磅纳税六辨士。（按：英国入口茶税，财政家视为极不公平，盖富人常饮上等茶，贫人只能饮下等或中等茶，而上、中、下三等茶，均照一税率纳税，是则贫富之负担无别矣。）

1905年，英国茶入口税，总收入共计八百余万金镑，其中印度茶占百分之六十，锡兰茶占百分之三十二，中国茶仅占百分之四，余属爪哇茶。由是以观，则华茶在英国势力之弱，又可见一斑矣。

三、茶价之涨落

近世生活程度日高一日，据统计家与经济家之说，均以物价腾贵为一大原因，并谓物价日高，方能促文明之进步。闻此说者，必以为茶价亦从斯理而日涨，乃事有不然者，茶价日跌一日，尤以中国茶为甚。

华茶之初到英国也，人皆视如宝珠，出高价以购得之。当1686年，时荷人严禁华茶入爪哇岛，于是茶商将原货转运往英国，其值为每茶一磅，易金六镑至十镑。17世纪之世，平均每年华茶入口英国，约二万磅，而茶价平均每磅约值十六先令。

直至今日，茶价更不堪言，无论在何处，若遇中国茶商，叩其茶情，则莫不曰茶业前途非常危险，盖茶价日落千丈，不可收拾。英人动辄言爱国挽利权，遂借端谓华茶味太淡，宁出高价购印、锡茶以代之。因此业茶者，利固难图，即血本亦受亏也。呜呼，英人垄断茶价之主权，究其极足致中国茶业之死命也，可不寒心耶。[按：茶价低落，原因十分复杂，然其要不外乎：（一）近世交通便利，运费减轻；（二）由于供过于求，向来英人饮茶，非仰给于我国不可，近则日本、印度、锡兰、爪哇相继勃兴，竞争甚剧也；（三）由于生产改良，成本较轻；（四）由于近年来中国政治上多变乱，金融市面恐慌，茶商资本微薄，不能囤积居奇。]

英人喜销红茶，兹仅就汉口一隅之出口红茶而论，今年价格则较往年低落多矣。去年祁门茶每百斤可售八十两，今年仅售得七十二两，其余九江、安化、宁州等茶，亦无不低价数两焉。

去年英国商市册报告，中国之祁门茶，在伦敦发行价，平均每磅八至九辨士，乌龙茶平均价值二至七辨士。

四、茶埠沿革

自中国海禁大开，中英互市，立约开埠。由是英商在中国始设茶行，当19世纪前半期时，福州、上海、汉口三埠，业已成为茶出口总区矣。

当苏彝士运河未通之前，英商茶埠首推利物浦港 Liverpool，中国茶进口此埠，是为最多。及运河开通之后，伦敦一跃而为货物交通之中央地点，而茶商咸集于此矣。（按：青茶出产省份为江西、浙江、福建、广东及安徽之南部，红茶出产省份为湖北、福建、广东及江西之北部。红茶输出，前往英、俄、德、法，青茶仅流销美国及巴西而已。）

汉口为中国极大之茶镇，年中输出七千四百万两，而茶值约二千万两，居出口土货类第一位。兹就其产茶地名，及五年间汉口红茶输出额列下，以供参考。

汉口茶商，号称六帮，即湘、皖、赣、鄂、晋、粤是也。除晋、粤两帮，仅为贩茶经纪外，余均亲入下列内地购茶，曰安化、祁门、九江三处占最多数，次则宜昌、高桥、崇阳、渝阳洞、杨柳洞、长寿街、杨芳林、咸宁、八墩、通山、宁州、礼宁、沙坪、浏阳、黄潭、蓝田、聂家市等处。九江为制造茶砖之地，凡安化所产之茶末，多系自汉口运至九江埠。该处俄商，设有茶砖制造厂。茶砖造成后，即由俄国商船载至上海，转运出洋。

最近五年间红茶输出年额表

单位：两

1907年	13 100 000
1908年	14 900 000
1909年	13 300 000
1910年	15 000 000
1911年	13 400 000

五、欧亚交通与运茶关系

茶贸易史既备言矣。麦氏更进言交通与运茶之关系，及转运机关之进步。

曩昔由中国运茶至欧洲之船，皆属来往欧、澳洲小帆船，并非如今日之有大洋汽船，专驶至中国运茶也。及至1866年，始有轮船九艘，同时由福州开行。九船之中有三船行驶较速，能于九十九日到英国。当此之时，轮船缺乏，故此九号船，独专运茶之利。直至1868年，船数由九艘而增至四十余艘，专为来华运茶用。斯时运费，每吨价约金五镑，而先抵伦敦埠者，每吨另加奖金一镑，故轮船各尽其力，以寻最短捷之水程，以冀奖赏。翌年即为苏彝士运河开幕，因此航线缩短，欧亚交通大为便利，每年华茶输入英国者，不下五十余万磅。由是观之，苏彝士运河开通后，茶务受直接影响有三：（一）因输运便捷，出口额加增。（二）因交通利便，供过于求，茶市充塞，茶价低落，而茶商获利微薄。（按：近年来物价日跌，非独茶为然，即凡百物价，莫不如是，将来巴拿马运河开通后，吾恐物价更有低落，而茶价为犹甚也。）（三）运河开通后，来往欧美汽船增加，航业发达，即运费轻；运费轻，即茶商受益，成本不至太重也。

六、中国茶业改良之希望

交通之事，既备言矣。麦氏进而讥我国人拘守旧习，凡事惮于改革，商界具此性质尤甚。华茶衰退，致臻极点，亦缘此故。今日欲与外茶竞争，非事事速求改良不为功云，兹就麦氏所述华茶最急于改良之事，胪列五条，愿热心改良之君子，毋忽略其言。

（一）华茶到英国，时有损坏，推缘其故有三：一由于包装不固；二由于船舱秽水浸入货内；三由于船舱无通风窗，故茶易为臭气所坏。近来印度运茶公司，亦稍注意于此，故凡该公司提货单，皆书明包装须封固，又船舱须设通气窗之明文。但中国茶商，绝不留意于此，故凡自中国入口英国之茶，多半系由上列三缘因所坏。此事若不改良，则殊为可惜矣，此希望改良者一也。

（二）茶商堆栈之建筑不完善，以致茶之储栈内者，常有水湿火险之虞，此希望改良者二也。

（三）华茶茶质非不佳，第以乏改良生产之法。又以制造不精，装潢弗丽，遂致归劣败，此希望改良者三也。

按：华商做茶，毫无精益求精之思想，只图收获之丰富，不顾出产之粗疏，亦不考究外人之所嗜。吾尝闻英人谓中国茶商，绝不知投人所好，如中国红茶，素以佳品鸣于世，但英人喜饮极浓之茶，若华茶再加猛火炒烘，则其味更浓，方能诱吾英人购买也云。观此一事，即知所以类推矣。

（四）中国乏贩卖机关。国际贸易，不能直接行之，中国茶商不能直接运茶往外洋，以求销路，动须倚赖洋商，既无囤积居奇之权，又不能抵制市场之抑勒，其中种种弊害，不胜枚举。此希望改良者四也。

按：中外贸易市场，不为不广矣，然而求得一间行栈，能如日商之三井、三菱，在外国作大经营者，不能也，观此则不可不深叹日人之善经营贸易矣。吾中国既无此等巨大商店，又无航海大轮，汇兑银号、贩卖机关尚未设立，何望国际贸易之发达也哉。

（五）中国政府对于业茶者，匪特不施行保护政策，加以奖励，而且苛其税厘，其弊卒致陷茶商于悲惨之境域。试观印、锡、爪哇茶出口，并无厘税，而华茶既有出口税，复征收厘金，以致茶商获利薄，而经营难。是则茶业之日就衰落，固其宜矣。此希望改良者五也。

总此五事，均宜速求改良，毋稍延迟。第五端所言保护政策，裁撤厘金，乃政府之权责，至于其余诸端之改良，乃商民之天职耳。业茶者，岂可不急起直追，以为亡羊补牢之计也耶。

《东方杂志》1913年第3期

说　茶

驻英中国使馆商务委员　曾耀垣

茶为中国土产，本商务之大宗，亦即由中国首先输入欧洲市场，然以其近年出口情形论之，则不但所供不足以应所求，且竟为后起各讲求种茶之邦所攘夺。虽气候之美，土地之宜，在华茶得天独厚，而商场角逐，我几无可以立足之区，而印度、锡兰、缅甸、爪哇等处所产之茶，遂取而为之代矣。查华茶衰落之故，大都于种植采制及行销办法，未能改良所致，他人方精益求精，而在我仍泥守旧法。为今之计，欲复我华茶昔日之盛，非采用彼人种制及行销之法不为功。兹就调查所得，笔为是篇，吾国人阅之者，苟能励其精神，振我茶务，则鄙人受惠不浅也。

查世界各国人之嗜茶者，就 1903 至 1907 年统计之，以其民数，每人每年均平折算，约得如下。

澳洲	每人每年用茶得 6.89 磅
纽丝纶岛	每人每年用茶得 6.84 磅
英伦三岛	每人每年用茶得 6.11 磅
坎拿大	每人每年用茶得 4.34 磅
荷兰	每人每年用茶得 1.58 磅
纳塔耳 Natal	每人每年用茶得 1.44 磅
美国	每人每年用茶得 1.16 磅
好望角	每人每年用茶得 1.8 磅
俄国	每人每年用茶得 1.6 磅
德国	每人每年用茶得 0.12 磅
法国	每人每年用茶得 0.6 磅

就上列之表观之，茶之行销，自以英为最。据最近调查表，英伦三岛每年销用茶叶，殆不下二万九千五百万磅，合计每人每年平均约需茶六磅以上。其属地如澳洲、纽丝纶岛等处，虽以民数之寡，其总销数不多，然以每人每年销用茶叶计之，

则竟较其母国为尤甚。由此论之，华茶出口赴英行销一事，不綦重耶！

晒茶机器（图略）

此项机器，转轮在右，汽管汽表在左，中隔置叶，有门可启闭，扣以四闩，此机可制为双架，左右并列，转轮置于左右二侧，其导引热汽之管，则居其中矣。

手摇卷叶机器（图略）

此机最合小业户之用，以之卷叶，可毋须购置价值过巨之汽机。按此机每次可卷茶三十磅，每一小时可卷制三次，较之两三人同时以手工卷制，其迟速迥异。又以机卷叶，疾徐轻重，具有一定，且尽人能为之，非如手制之必须良工而成茶，仍不能洁净也。此机轮上有柄，三四人可同时工作，并可配置转轮，以汽机运行之。

夫茶之为物，固发源于我中国者也。百年以前，华茶之在英国者，零沽每磅最廉需七先六本，贫者力莫能致，其殷富者亦不过日饮一器。近年来茶之为用日广，无论贫富贵贱，均以此为解渴之品，在 Lancashire 一地，其机户人等，几乎置茶一器，常川取饮。据医家者言，该地及 Yorkshire 之工作等人，多染弱症及神经病，皆由饮印茶所致。此可以见茶叶销路之广，亦即可以见华茶之良，但当平其价以期战胜于英伦茶市耳。目下华茶之最廉者，每磅需英钱两先令，而犹非上品，或且竟非华茶，其印茶之最佳者，每磅不过一先四本，鲜有过一先十本以上者。夫上品茶树，本产自中国，四五十年以前，需茶者舍中国外，几别无可以得茶之处，虽亦间有设法移植茶树者，然每有迁地弗良之患。近数十年来，种植之法日精，印度、缅甸、爪哇、锡兰等处，所植茶树，大获效果。前此吾中国为产茶独一无二之区者，今遂面面受敌，加以西人商战之猛，资本之雄，精益求精，不遗余力，中国茶务，乃大为所困。税项因之短绌，茶户因之失业，甚则英国商场，将不复有华茶之踪迹，此诚不可不急思改良而有以补救之也。华茶销数之短，以七年前为最。此间英人之向业华茶者，多为停运，或改业印茶。其未经歇闭之十余家，乃互相联合，设立华茶公会，与印茶相角，以为背城借一之举，而二百年来华茶之业，乃得藉此以为一线之存。查 1905 年，华茶在英销数，仅得六百六十五万九千磅，其次年更减至五百六十七万一千磅，后以公会之力，稍形起色。1909 年，遂增销至八百二十万磅，1910 年，增至一千零二十八万三千磅，1911 年，增至一千四百四十八万磅。去岁爪哇茶市颇佳，华茶不免稍形减色，本年恐又将大减，倘不及早设法维持，华茶或将从此一蹶不振矣。按华茶公会，虽竭尽心力，以期推销，而在印茶一面，其所占地位，实多优胜。七八年来，彼此相角，其间势力不敌之处，在业华茶者已心焉知之。我中国政府苟不于产茶制叶及出口运销等事，设法改良，实力提倡，窃恐此间业华茶者，且将尽舍而之他，而茶务更一败而不可收拾矣。

五金质制之卷叶机器（图略）

此为新发明卷叶之机，其下板全以钢铸成，上合板则为铜质，中间及出茶之口，则全制以铝质焉。

卷茶叶机器（图略）

此机形式紧凑，占地仅三方尺，每次卷茶可四十磅，机形稳固，虽转运至速，不虞震动也。

以推广华茶言之，目下正有绝好之机会。此间人士，近来于印度 Assam 以及锡兰等茶，渐有不满意之态。主卫生学者谓印茶所含 Tannin 质甚多，又选制不精，常掺有粗叶茶梗，而 Tannin 质更因之倍重。又英人心理，近又发生不喜更代品之思想，前此盛意植茶，有宁饮印茶，而不愿购华茶者，近则又群欲得真正华茶，而不愿得此更代品之印茶。以上二层，于中国茶务，至有关系，我政府能因而利用之，加以补助，并改良一切，其有裨于茶务，□不浅也。按改良茶务，其最要之办法，约可别之为二，一曰减轻华茶成本，并改良制法，以期与印茶等价；二曰仿照希腊推销加伦子及巴西推销咖啡办法，由政府补助经费，广刊告白，以扩张华茶销路。请分别言之。

英虽以富著天下，然其人民贫富，正至不齐，其间六分之一，大都嗷嗷待哺者流。惟茶之为用，则上自巨富，下至苦工，均莫不有同好，乞儿日获数文，亦多以余钱购茶，一品卢全风味。华茶价值过高，非寒苦人等所能致，故为今之计，务当设法以廉其售价，俾贫者易于购取，而复当精于采制，俾富者仍赏其清纯。查华茶自产地以至到英销售，其间费用层累迭加，约为十一项。

一曰茶户之成本及其人工。

二曰内地厘金税项。

三曰中国商贩等所权之利。

四曰中国出口茶税。

五曰运茶至外洋水脚等费。

六曰华茶入英口每磅五本之关税。

七曰英国码头栈租等费。

八曰英商运茶入口者所权之利。

九曰在英捐销华茶人等之中用等费。

十曰批发行所权之利。

十一曰零售者所权之利。

观以上各节，华茶到英，至少须经此十一层之转折，每层皆有费耗，以次迭加，均取偿于购户，无怪乎中国茶价之贵，而不能与印度、锡兰等茶争衡也。

断茶使匀之机器（图略）

此机可谓最单简而最有功用者，占地不多，其运行也，需力亦俭，又其机括不繁甚，齿轮由铁板上剪取运动，平稳无声。

以植茶论之，中国茶户，大都贫苦者流，有地一隅，自行栽种，其培植采制，亦各自为法，而成茶后，其品等遂不能一律。虽亦间有富室，多置地亩，广种茶树，然其培植采制之法，仍与各小种户等无异，产茶愈多，其成茶亦愈杂。按中国茶户，采叶之后，多曝之以日，又多以手工卷制，其法殆与百年以前，了无以异。夫恃日光以焙茶，一值阴雨，即不得不堆置茶筐，稍有熏蒸，则臭味即变，上品茶叶，或仅能成次品之茶，加以手工卷制，成茶既迟，且不能精洁。此非改以机器卷制，并以机火焙干不可。机器成本，并不十分昂贵，且亦不必定以火力运机，村落转小之区，产茶不多，则可用手摇机器以代之，其功用正大。盖制茶不得其法，上等之叶成茶后，仅可与印度、锡兰茶之以次等叶制成者等价。制而得法，则次等之叶且可与上等印茶相埒，而其价之廉亦可相等。再者中国茶质之不齐，及其价值之昂贵，其故正坐于此零星小种户。彼辈家多寒苦，既莫能购取上等肥料，以培植茶树（肥料之为物，当辨其土质，察其雨旸，及其茶树之植于此土者几何年，并向用何等肥料，乃能分别施用。本篇限于篇幅，于肥料一节，莫能详及，有志切讲求者，请以土样及各项情形见告。鄙人当尽其所知，以贡一得焉），又以惜小之故，不肯剔除粗叶。欲祛此弊，当仿行丹麦农家办法，通力合作，不仅团结各小户，实合全国为一致。丹麦以此法经商，极著成效，乳油蛋肉等类，运来英京者，其价值竟较之来自英京乡间者为廉。按丹麦农家，多集合各小户，推一稍巨者以为之长，如公所然，财力稍优，则即合资设一公共厂屋。凡各小户所产之鸡豚各物，皆送交此处以整治之，或制乳油，或制咸肉，会同装箱，运赴别国行销，以省分别装运之烦而多费。又各小户无须自行制作，可以减省人工，公厂代为整治，取费亦极微细。销货之款，即由此总汇处代收，分交各小户，并可以省各家簿记之繁，其获利亦至多。更有进者，丹麦政府对于各公所厂屋所制货物，派员监视，故其货物之精纯，即由政府担保，以高其信用，货真价廉，盖兼而有之矣（有欲研求此项办法者，请赐函询，当详为奉告）。

筛茶机器（图略）

用此机筛取，则茶叶可以一律，机体权衡极准，运用时不至震摇，故其下毋须厚重铁板以为之基也，而筛可视茶质以随意安置。筛下有器以扫取茶叶，俾不贴于铁网。

焙茶使干之机（图略）

此机系按照大件焙茶机缩制，其功用即与其机体之大小相为比例，其热汽炉以铁铸成，居中两面，嵌以火砖，免其过热，所需燃料极俭。其焙茶之处，则制以钢板，风扇亦制以钢，铁为之柄，虽运用极速，不至损坏也。

焙茶机器（图略）

此机系置茶于铁网，以缓缓移动，使之焙干。焙茶之处，其后有孔，以导炉中热汽，亦可闭其孔，使热汽尽注下层铁网。其上层铁网，可伸出于机外，斜垂向下，即从此加入茶叶，入机焙之，颇便利也。又此机平置地面，更省人工。

茶叶装箱机器一（图略）

茶叶装箱机器二（图略）

此机可同时装茶两箱，其安置茶箱之架，下有四足，联于机器底板，机轴运动，则两面摇簸，倾茶于箱，随倾随装，至为平匀，运机亦毋须大力也。

以观中国，则近日某省都督所拟办法，正与此相反。按某督拟令各茶行每家纳捐，自二千两以至二千五百两，其一家而有分铺数处者，亦一律纳捐。在某督或亦因整顿茶务起见，然似此重税横征，则非所以鼓进之，实以摧折之。事关商业，固非此辈不通商法，不明计学，于泰西商情亦无阅历之官场人员，所能以意为之也。

以言内地税项，此则关于通国商务，其应否施行自由贸易政策，或应用保持政策，事理万端，不便阑入此篇。惟以茶论，则不但英国及原产国，均视为保持之品，即于出产茶叶区宇，亦用保持之法。中国于外运茶叶，征取厘金，或于产茶区宇，不无裨益，然以推广商务论之，实未免见小失大。厘金不裁，不但茶务受损，各项商业，均蒙其害。说者谓厘金为国税之一，不知中国入款，并不必专在工商各业上，课以捐税，是在综理财政者，本诸计学以筹进款，而毋害其一国之商业，则得之矣。

至于中国海关出口税，则茶叶一项，每Picul（计重一百三十三磅三分磅之一）例征银一两二钱五分，以日内市价每两合英金两先十本计之，是每Picul应税三先六本，即每磅税三分本士之一有零是也。此项出口税，于华茶销路，至有妨碍。盖印茶出口，全无税项，华茶所完出口税，加入茶价，是较印茶竟增费百分之六有零，其不能持平以角逐于商场也宜也。

运茶来英水脚，在船公司有一律定价，每吨（或每四十方尺）约需水脚自四十六先至五十先，船公司获利每吨约自十六先以至二十先不等。中国航业未通，否则此十六先或二十先之水脚费，当不外溢耳。

英国华茶入口税，每磅征五本士，此外加以中国商贩辗转取利，以及到英后上栈捐销种种，每经一手，必增一费，迨至英人购用华茶时，其价乃昂而又昂矣。

历察以上情形，求其补救之法。惟有华人自设公司，直接运茶出口行销，以省经手周折，即以减种种耗费。然华人中诚不乏通知本国商情之人，而于泰西商情，正多懵然（有欲研求中外商情者，请赐函询，鄙人当详以奉告），故自设公司一层，将来恐不免仍归失败。为今之计，最好仿行丹麦农家办法，合种茶者及业茶者为一气，通力合作，再售由运茶出口之商家，运英发销。此又非把持华茶，以居奇抬价之谓也。盖彼此联合，则于种茶采制，均可期改良，即以增进华茶在英之销路。本篇限于篇幅，但言其大纲，至其详细办法，有志于此者，请随时下询可也。

华茶而欲其不落人后，并望其销路推广，则以上各节，极宜留意。如蒙采而行之，收效盖可操左券也。以下请言广刊告白之功用。

华茶价值昂贵，已久中于人心，但平其价，销路仍难于起色，是必当广刊告白，并张贴招帖，以晓之于众。此非仅刊刻数行于报纸，即可谓毕其能事也。委婉以道之，亲切以言之，有引人入胜之思，有无微不达之旨。盖纂登告白一事，在欧洲已成为专门之学，其位置与医生、律师并重。至告白之费，窃谓不当尽由此间华茶公会及中国种茶、业茶等户担任。此事关于全国商务，中国政府当负其责，为之补助经费。约计之，第一年告白费，至少当需英金二万镑，此数在不明泰西商情者，或不免骇其过巨，然以较之此间巨肆每年所出告白费，实尚渺乎其小。合计英伦各肆告白费，每年总在英金一万零一百万镑以上。以Sandow可可粉之细业，年费告白，竟达十二万镑，Pear肥皂一项，年费告白，亦逾八万镑，其余类此者，正不胜枚举。惟办理告白一事，必当得其人而任之，天下事非专其道者，不能收其用。举重大之责，而俾之于不习其事之人，在政府虽极意振兴，其终也不过虚掷黄金，一无效果。此则鄙人之所以不惮殷殷以重相警告者也。中国苟以此项补助费办理广告，则必当切实举行，以期有裨于中国商务，且必当立即在此间开办，以娴习告白事务、通悉此间商情者一人掌理此事，否则徒耗资财，于事仍终无所济也。

综而言之，华茶在英已成垂毙之商业，即今图之，犹堪补救。补救之法，端在改良货品，减除耗费，并由政府补助经费，在英国广刊告白。而办理告白一事，必须托之于熟悉此间商业情形者之手。鄙人言尽于此，所望有振兴全国商务之责者之有以提倡而鼓励之也。再本篇但言茶务之大概，未能分条详尽，阅者谅之。

《东方杂志》1913年第4期

茶业概谈

陶嗣侃

立国于地球上，非实业不足以图存。振兴实业之方针，首当注重输出品。盖输出品者，吸取外资之媒介，富国利民之关键也。英德工业发达，以工艺物为输出，故英德之实业政策，先工而后言农。米佛农产丰富，以农作物为输出，故米佛之实业政策，首农而后及工。吾国工业，尚属幼稚，工作物不足以言输出，可为输出者，生产富之农作而已。故我国之实业政策，是不能不注重农业，以推广输出为前提也。我农产物之输出种类，非仅一端，属通作物者，米、麦与豆类是也；属特用作物者，红茶、绿茶、乌龙茶、胡麻仁油、罂子桐油、蓖麻仁油、紫苏油、棉实油、芸苔油（并油粕）、大豆油（并豆粕）、花生油、茶实油、皮油、栌蜡、漆蜡、白蜡、黄蜡、漆液、草棉、苎麻、大麻、亚麻、黄麻、青麻、山蓝、蓼蓝、英蓝、薄荷、黄连、芷芨、姜椒等是也；属养蚕业者为绢丝；属园艺业者为果物蔬菜；属畜产业者家畜类之皮、毛、骨、肉暨家禽类之毛卵等是也。而其中输出额较多者莫若绢丝，贩卖途最广者首推茶叶，丝之输出额居世界总产额中三分之一，茶之贩卖地在外国植茶未发达以前，全世界均仰给于我国者也。今仅就于茶叶，欲略为详述焉。

茶之学名 Thea Sinansis, L. 植物学上之位置，属于显花部，双子叶门，离瓣花区，山茶科，亚细亚东南部之野生植物也。初发见此植物者，自我国始，且采其叶而供吾人之饮，以解吾人之渴。又拾其实莳诸熟圃，以繁植其种类者，亦自我国始。故我国实为茶树原产地之先觉，印、日诸国之植茶，均为后进者也。以下分述各产茶地之历史及其产额。

（一）我国。我国茶之发见，始于神农氏。《本草》云，茶味甘苦，微寒，无毒，服则无痿疮也，小便利，去疾渴，消宿食。《食经》又云，茶茗宜久服，令人有力悦志。据此可见，当时实已明其效用矣。迄夫魏晋，茗饮渐盛，唐初始有碾茶之制法（以蒸叶入臼舂成粗末，更入型中固结为饼，称曰腊面），而揉茶之法，实创于明，今则有砖茶、香片、乌龙、毛尖种种之制造。我国茶输出最盛时代达三亿磅（一磅约我国十二两左右），近数年之输出，仅一亿数千万磅，比较畴昔，约减少三分之二矣。

（二）英领印度。印度原有茶树自生于野，北纬二十三度至二十八度地较他处尤多，然初未尝知之也，故1780年，由我国购入茶种，始行栽植。既而彼之自生种发见，遂竭力推广。至1860年基础即固，在二十余年前，其输出额不过七千万磅，今则达二亿五千六百四十三万五千五百八十六磅，世界茶业之霸权，已归彼之掌握中矣。其所以至此者，非仅气候土壤之关系，实由英之锐意经营有以致之也。

兹将近数年间印度茶输出数量列举如下。

单位：磅

国家和地区 ＼ 年份	1908年	1909年	1910年
英国	177 378 681	189 234 427	183 120 832
俄国	19 351 086	24 011 260	31 121 482
独逸	1 084 417	698 747	381 617
土耳其	301 823	302 352	274 065
佛国	49 667	78 951	64 370
奥国	188 294	23 184	43 277
白耳义	2 587	28 280	38 357
和兰	107 658	14 885	18 914
其他欧洲诸国	58 895	48 078	30 199
计	198 523 108	214 440 164	215 093 113
埃及	1 189 556	633 843	860 956
东阿	250 347	238 821	339 408
喜望峰	44 586	66 132	148 912
拉达尔	4 605	5 735	46 406
其他亚非利加	25 028	28 178	24 698

年份 国家和地区	1908年	1909年	1910年
计	1 514 122	972 709	1 420 380
加拿大	8 157 792	8 945 883	8 355 122
合众国	2 101 710	2 458 513	2 346 223
智利	8 000	40 000	18 696
亚尔然丁	19 336	100	1 000
其他亚米利加	12 716	无	180
计	10 299 554	11 444 496	10 721 221
中国	5 739 689	6 207 582	8 216 823
锡兰	3 909 126	3 809 106	4 570 029
亚细亚土耳其	3 316 001	2 617 788	3 641 510
海峡殖民地	178 219	340 717	462 108
波斯	905 595	387 308	312 614
巴列印岛	318 666	346 020	269 586
亚丁	379 935	176 364	141 801
亚剌比亚	47 268	57 789	111 828
其他亚细亚	51 822	6 055	84 269
计	14 846 321	13 948 729	17 810 568
濠洲及新西兰	8 788 369	8 606 838	9 347 200
以上由海路输出合计	233 971 474	249 412 936	254 392 482
阿富汗北部	543 088	526 288	1 224 272
阿富汗南部	212 912	228 816	265 328
勒里司巴达巴其亚尔	168 784	153 440	312 256
那达格	65 632	41 328	77 504

年份 国家和地区	1908年	1909年	1910年
其他国境各地	127 212	158 256	163 744
以上由陆路输出合计	1 117 628	1 108 128	2 043 104
总输出额	235 089 102	250 521 064	256 435 586

上输出额中绿茶之数量如次：

单位：磅

年份	1908年	1909年	1910年
绿茶	1 432 010	1 075 174	3 048 555

印度茶输出额之多，贩卖途之广，览上表更能得其详。

（三）锡兰。锡兰植茶，始于1842年，其茶种亦购自我国。栽植之初，生育颇劣，既而该岛特产物咖啡树，因罹病害，几乎全灭，遂改而植茶。茶园之面积，因此增加，栽培之方法，亦逐渐进步。1885年之产额，约四百三十七万磅，现今之输出总数一亿八千六百五十七万一百零二磅，其进步可谓速也。

兹将1908年至1910年之输出数量胪陈如下：

单位：封度

年份 国家和地区	1908年	1909年	1910年
英国	92 960 823	95 134 435	93 327 581
俄国	15 369 607	20 445 644	26 199 599
其他欧洲诸国	5 358 516	5 341 164	5 137 823
美国	10 373 483	13 557 460	12 162 242
加拿大	11 033 102	10 943 146	10 067 096
澳洲	17 586 412	19 826 574	18 662 050

年份 国家和地区	1908年	1909年	1910年
新西兰	4 493 202	4 710 156	4 522 594
其他	22 887 562	16 659 563	16 491 117
合计	180 062 707	186 618 142	186 570 102

（四）爪哇。爪哇之植茶，去今三十余年前，和兰人由日本购入茶种，始行试植，其后以我国种更之，迩来又改植亚沙漠种（印度所产）。最近之输出额二千二百九十六万二千九百四十三基（一基约我国二百六十六钱），自前年以来制茶会社，逐渐增设（现在共有八处），且有司加布米农会尽力提倡，急图进步，将来之发展可以预料也。

前年与昨年之输出数量如次：

单位：基

年份 国家和地区	前年	昨年
和兰	8 547 414	10 295 202
英国	5 943 071	7 046 146
澳洲	580 155	2 535 731
新嘉坡	1 806 214	1 471 624
俄国	48 417	911 494
加拿大及米国	—	183 545
其他各地	1 547 086	519 201
合计	18 472 357	22 962 943

（五）日本。日本植茶，始于西历805年。是时有僧侣名最澄者，自我国输入茶种，植诸近江国台麓，今所谓池上茶国是也。其翊年又有僧人空海者，始以制茶法教授国人，是为日本制茶之起点。自兹以往，茗饮之风潮盛，制茶之法遂逐渐改良，未几而有宇治法出焉，未几而又有嬉野法出焉，未几而玉露茶制法（玉露茶为

日本特产），又创始于小仓皇氏矣。虽然，明治维新以前，其产额不过仅足供国内饮用，输出之数，尚寥寥无几也。迨明治二年，日政府忽然注重茶业，特加奖励，茶园扩张，盛于斯时，明治七年之输出额（向美国输出）遂即增加。而明治十六年以降，屡开制茶共进会，时设制茶讲习所，且定茶叶组合制，禁粗劣不正品，并于农务局内设茶叶课，筹振兴之方法于东京，建试验所，图栽培制造之改良，又或向印、锡派出调查员，探求英人之良法，亦或利用外国博览会，谋贩卖之扩张，倾心向前，力求进取，以故制法日进精巧，茶园遍于各地，所谓浅刈、深刈、平刈、南倾刈之茶园所在皆是也。而输出额之增加，据昨年统计，已达八百五十七万八千二百七十四贯（一贯约我国六斤四两），我绿茶贩卖之美国市场，几被日本茶独占矣。

单位：贯

日本茶之种类	主产地	产额
煎茶	静冈县	494 486
玉露	京都府	75 338
红茶	高知、熊本、福冈县	24 626
砖茶	熊本县	55 363
碾茶	京都府	99 308

日本输出茶，以煎茶为主，玉露次之，红茶又其次也，又有所谓天下一茶者，专向美国输出，为美国上流妇女所嗜好也。

（六）拉达尔。拉达尔位于亚非利加东北端，茶之栽培制造法，纯似印、锡所产之茶，富有香味，是其特长，惟劳动价过昂，将来之发展，殊非易易，输出额约二百四十一万磅。

（七）尼亚沙兰特。尼亚沙兰特所产之茶叶，饶有香气，优于锡兰茶，且劳动价廉，交通亦便，故美人谓尼亚沙兰特之茶业，将来颇有望也，产额约五万六千磅（据美国实业杂志）。

（八）美国。美国农务省茶叶报告云，加洛勒那州农事试验场植茶以来，成绩甚良，曾应用剪枝机械以代人工，摘叶机亦在试验中，前年之产额约一万二千磅（据日本时事新闻记载）。

此外比尔麻海峡殖民地、摩格沙司诸岛、格印司兰特、非及列岛、伯剌西尔安南加索诸地，亦出产茶叶，然为数甚少，不过仅足供本地人民之需用，兹则略而不赘（安南茶之一部分每年略向法国输出）。综观以上所举印度、锡兰、爪哇、日本各地之植茶，实皆后于我国，而各地之气候土壤，又非优越我国者也，然而彼等之输出额逐年增加，我国之输出额反逐年递减者，其故何哉？约而言之，略有三焉，曰栽培、曰制造、曰贩卖是也。盖外国之栽培法也，利用植物生理作用，我国之栽培法，任其自然；外国之制造法也，应用精致机械，我国之制法，纯赖人工；外国之贩卖家，多属团体的，且富有商业之技能，我国之贩卖家，多系个人的，并乏经商之手腕。夫耕耘不讲则生产减，制法不善则品质劣，加以经商乏人，贩卖无术，此我国之茶业所以日形退步不能与外国茶竞争也。彼俄、英各地，本系我国红茶之畅销场也，渐受印、锡茶侵夺，北美合众国，又为我绿茶之出售路也，几被日本茶独占。嗟夫！我茶叶之不振，可谓达极点矣。设使不从速改良，则将来之颓败，更不知伊于胡底，宜乎遵古人来犹可追之旨，效昔日亡羊补牢之方，孳孳勿怠，力图振兴，庶几乎有挽回之一日也。兹特不揣固陋，略陈管见如下，与关心斯业者一商榷焉。

（一）制茶法宜改良，改良之法略有三端。

（甲）速开制茶讲习会（以养成多数之技术员为目的）。讲习时应注意之事项略有五。

（子）摘茶法及摘茶期。

（丑）生叶贮藏法。

（寅）制造上之改良（就于绿茶而论，揉捻与蒸焙之温度是也；就于红茶而论，搓揉与发酵是也）。

（卯）以实习为重，务使熟练。

（辰）当讲求外国制茶法（如印度红茶及日本绿茶制茶法，均可仿行）。

（乙）宜速刊行制茶法书籍（以供制茶家之参考）。

（丙）各种农学校及农事试验场宜详细研究制茶法（以改良制法及机械为目的）。

（二）设立大规模输出茶制造所。宜就于产茶地适中处设立，以相当价值，从栽培家购买生叶，专行制造输出品。欲输出美国，则制造绿茶。欲输出欧洲，则制造红茶。设立此种制茶所，其利益有四。

（子）能获多量之纯粹品。

（丑）既设于产茶地方，则附近之热心于茶叶者必众，许其任意入所内见习一切，易使制茶法普及。

（寅）制品既多，则制法必能逐渐改良。

（卯）制品多则职工众，于此可行职工奖励会、竞技会等法，遂可养成多数之技手。

（三）开茶叶品评会（对于优者宜给予奖品，以资鼓励；对于劣者则告以不良之故，劝其从速改良）。

（四）严禁着色茶并粗制茶。

（五）凡产茶省份于制茶期中，由该省实业司暨茶业改良公共团体派人赴乡间游说茶业利益及制茶法，并监督制茶家，以免有着色等弊。

（六）禁止着色茶输出。自美国禁着色茶输入以来，我国输出之茶屡被拒绝，外人非难我国茶之声，盈盈于耳，故宜禁止以维持贩卖之途。

（七）设立输出茶检查所。

（八）调查贩卖地之市况（在外国之商务代表应常时报告外国市场之状况及他国茶畅销之原因）。

（九）直接向贩卖地输出。

（十）输送上政府应予茶业家以便利（如轮船汽车运输费，在外国有特别减价之例）。

（十一）出售广告，宜随时登载于外国之新闻杂志。

（十二）茶税应减轻。

（十三）速设模范茶园（俾植茶家有所模仿）。

（十四）产茶省份，宜设茶务专局（专经理茶业上一切事务，并宜附设制茶试验所）。

（十五）设全国茶业总会议所（合群智、群力讨论改良进行之方法）。

要之茶为我国输出品大宗，影响于国家经济及民国经济，殊非浅鲜。惟冀负言论之责者，大声疾呼，提倡于前；实业家及商业家，共起直追，实行于后；速图改良，富国利民。呜呼！余执笔至此，不觉渴望之情，沛然丛生矣。

《实业杂志》1913 年第 8 期

布告据闵行乡议长呈改良茶捐请出示晓谕

案据闵行乡议事会议长朱承鼎呈报二年春季常会议决改良茶捐建议案,茶捐一项前经禀准,有案充本乡学务、卫生、工程之用,向系每碗捐钱二文,是取之于茶客,非取之于茶馆。主理应代收代缴,嗣以漫无查考,改由各茶馆认捐按日征收,无如习久玩生或有意延欠或硬搭砂广统核收数,殊属有名无实。现议仿照松江办法,视茶台之多寡,定捐数之大小,每馆每日每台认捐钱十文,本乡通融酌减,每日每台认捐钱八文,逐日照收铜元,不得稍有拖欠及搭用砂广小钱。呈请出示晓谕,如有抗违,就近报告行政官厅追缴,业已议决通过,照章呈请查核等语。当以查核理由尚属正当,批令移交乡董执行去后。兹据闵行乡乡董呈称查茶捐一项,向以碗计,嗣后漫无稽考,改为认捐。讵各茶馆有意图吞,每假托于生意之清淡。现经议事会议决仿照松江办法,按台征收殊为公允,且较之认捐之数,无甚出入。惟恐有无知之徒藉词刁玩致碍公益,理合遵批,呈请出示晓谕,一体遵照,如有抗违,准即就近呈请官厅追究以儆效尤等情。前来除批答外合行布告,仰该乡各茶馆人等一体知悉,须知征收茶捐系属充作本乡公益之用。现在仿照松江办法,已量为减少,务各遵章缴捐,毋稍隐匿以全公益。倘有藉词抗违,定干未便其各遵照特此布告。

《上海公报》1913年第9期

种茶良法

英学士高怡 G.A.Cowie,M.A.,B.Sc. 原著　《大同报》主笔英国高葆真译

第一节　茶种

茶树于植物中为岁寒不凋类,产亚细亚中央与东方诸地,系野生。印度东北曼

伊伯州Manipur茶树成林，其高自二十五尺至五十尺（英度，下仿此），中国茶树则无此高者，南洋爪哇Java岛茶树作尖圆塔形，皆野生也。

种茶者栽植其树，以刀修剪，不使甚高，自三尺至九尺而已。茶之木质坚致，而其皮光润，嫩时棕色，老则变为灰色。老叶深青，而嫩叶淡绿，最嫩芽叶，有细毛。其花则或白或淡红，或单朵，或簇朵，种与山茶花Camellia相类，而形不同，其结果如钮子，小而实，内有三核，似枇杷。

茶树大要分二类，一为中国茶树，一为亚撒玛Assam茶树。中国茶树性不畏寒，且耐霜，亚撒玛茶树则必恒热之候、恒湿之地。中国茶叶如不剪，可长至英度五寸，亚撒玛茶叶不剪，可长至九寸，且因气候较暖于中国，其长亦倍速，保存嫩性亦较久。印度锡伦农学格致家能将中国之茶树与亚撒玛茶树接种，分配合和，多寡从心（或中国茶种十分之六七，亚撒玛茶种十分之四三，或亚撒玛茶种十分之六七，中国茶种十分之四三，或二种平均），则他日别成一种之茶。由此法式，因其地气，往往生出各种。印度极北希马拉Himalaya山，其高乃天下最高之山也，去平地一万二千尺，上产茶树，锡伦则平原热地，亦产茶树，格致家因其地气树种，配合而变化之。此诚业茶者之幸福已，苟不明此，安有如此之良法乎？

凡植物皆须成熟，乃可用，惟茶则不然，愈嫩愈妙。制细茶者，但用嫩苞二叶，第三叶已不用，粗茶则苞叶三四五皆用之。

印度平原之地，凡愈热则产茶愈多，然味较逊，若较凉之地所产虽少且迟，而味色较美。至于高山，则愈高其叶愈美，惟生长亦较迟。又茶树宜及时雨水以养之，过多过旱，皆所不宜，以故树下辄有排水之沟，恐过泾也，此理凡农学皆然。又所栽之处，若临山陡绝，亦不宜，盖恐雨水冲刷，将淡质肥料不留其树也，此亦不可不知。

第二节　修剪之法

茶树之须于修剪者，盖有三意：一茶树不修剪，则其干渐高至十五尺，在印度之地，或至三十尺，如是则采叶不便，故务为剪削，使其枝干低亚也；一茶树既修剪，则木质之长少，而嫩苞、嫩叶之长多也；一茶树既修剪，则根柢深厚，抑敛其气，发于四枝，其叶益茂也。

修剪之法其初动刀时，必视其树之情形而施之。大约初栽树秧十八个月后，乃剪其枝头，去地九寸至六寸，而必留一二枝略高，去地十五至十八寸。盖如此剪削，乃激其树液长养旁枝。次年再修十五至十八寸者，可容渐长至四十寸之高，后再修剪，则择其枯者、弱者去之，细小之枝亦勿留，则激生肥大新枝，逼近根株之条亦宜削去，免生花果，徒耗树力。如是则全树精液，注于嫩叶矣。又此等修剪之时，宜于冬令，大凡在西正月间，盖是时树液息敛也。

昔印度锡伦茶业衰颓，茶树或成材木，结果累累，叶老无味，厥后施以人力，或将其树修削至于平地，欲令其根激生新枝。近年人知此法不善，故亚撒玛有英士某君，实验其事，阅五年而后报告曰，以余所调查，此人力修削之工，实与茶树有损，纵能一时生出新枝，而此枝易于败坏，不可为例。然有行之者，亦必壅之以肥料也。

第三节　茶树元质

长养植物之理，与长养动物之理相同，必给以不可缺少之元质，而后乃能长养。树之所以生长之元质，则多由于空气（即炭质，由炭养气所化），亦有出于土壤者，出于土壤，则必先在水中，化为流质，始能吸入树根，然后向上发生（其实土壤养树之质，八九分皆坚质，否则遇有大雨冲刷尽净矣。遵化学之法，此质渐化于水中，以壅之则可年年生养其树）。

凡植物得炭质于空气，而后叶出。此炭质即在干木百分之九十八九，干叶百分之九十五中。试将干木叶燃烧，其所得之灰，即其根由土壤所出之质也。实验此灰中，有四要素之元质，一淡质，一钾质（即硝中要质），一磷质（火柴头所用即此），一钙质（石灰要质）。因此四要素，皆为茶树所需用，宜时以肥料补之。盖有土壤之不肥，或致其瘠者，皆因此元质之缺乏也。德国某君尝实验干茶叶焚尽之灰十二种，统计其质，列表如下（按百分计之）：

钙养	镁养	磷酸	钾养	钠养	铁养	绿气	硫强酸	砂酸
14.82	5.10	14.97	34.30	10.21	5.48	1.84	7.05	5.04

英国某君以实验法，查得每英亩（每百英亩合华亩六百六十亩）所栽茶树，其叶四百四十五磅，每次由土壤所出之质，其表如下（表以磅计）：

钙养	镁养	磷酸	硫强酸	钾养	淡质	绿气
2.47	2.52	6.41	2.32	11.96	27.83	0.28

由此可知茶树多出于土壤者，淡质也，而钾质较淡质约半，磷质较淡质约五分之一。欲其土壤恒肥，务必保存此三质。如其质将尽，则必以肥料壅而补之，此培

养茶树之要诀也。

第四节　栽种土壤

栽茶之地，宜先掘深坎，翻松其土，然后栽之，则细小根株，埋入土中，亦俱可通空气。栽后既久，亦必时行此法于四围。盖茶树有长根直下，乃能使其上之枝叶扶疏，若土脉未开，则根难下长也。

培土之法，务令其土块大小相间，则多通空气，土块过大固不可，过小亦不美。盖过小则易于黏塞，空气不通，雨水难透，其根难长而发荣少矣。栽时之土，又必略坚以扶其树，而过坚则阻其根之生出细小根株。故初栽时，必以掘松土脉为要点。

以腐植土置沙土中，愈多则其土愈松；以腐植土置黄泥土中，愈多则其土愈窒，亦恒理也。

栽茶之地，须于树下时去其草，而掘此草土有浅深。浅掘之候，大抵在霉雨时节前，可掘五六寸（英度），如此，土之上层，可得雨气与日暖之相蒸。深掘之候，岁不过一次，乃在霉雨收歇绿叶成阴之后，其深可至十二寸，凡一切野草，掘埋土中，愈深愈妙。此等工作，宜于大晴炎日之时。掘土除草之外，又须以小耨，犁其土面，使空气能达树根。

土壤有不容生长根株者，则其地亦不宜栽茶。遇有此等，则必掘成深而且狭之沟使肥其土，则所栽始能茂盛。凡用肥料，在茶树每株之间近根处，掘为沟，用腐植质及牛粪等，于沟中壅之。

肥料中水汁，必有数类盐质在内。茶树之根，吸收此质数分，余数分则由沟流出，而此盐质，有由雨水来者，有由腐植质及腐兽质来者，亦有由土中各质化成。

凡土壤之肥沃，只赖土中最少之要质而已，此不可不知。盖茶树所需之要质，约有十二类（以四类为最要）。此十二类中，如有一类欠缺，或竟无之，则虽有其余十一类，亦难兴发。茶树所需之十二类，其序次多寡可以实验法表明，故如有土壤不肥者，大约必因十二类中有一二缺乏。倘实验此一二缺乏而补之，即可变为肥土。

实验肥土之质，虽不必指其树所需要质若干，亦可列表如下（按百分计之）。实验之土有二等：一细沙土（谓之轻土），此土易泄，必恒加肥料；一腐植土（谓之重土），此土多含肥质，然必时常发掘，乃见其用。

	有机质	铁养	铝养	钙养	镁养	钾养	钠养	磷酸	莫能化之沙质	余外之淡质
轻土	2.27	0.91	2.13	0.04	0.11	0.10	0.20	0.30	0.72	0.09
重土	11.61	6.92	11.92	0.02	0.81	0.77	0.34	0.11	0.51	0.26

第五节　肥土之法

土壤内各质滋养树木，设有某质缺乏，则其树不荣，急宜设法补之，此肥土者总要之理也。土壤不加肥料，则其树长短不齐，然长者必因其土旧有余肥，或常施犁锄之工耳，若新土无论何等肥沃，其质一二用尽，迟早亦必致此，且茶树由土壤特取之物质（如淡质、钾质），较甚于他树。又栽茶之地，若在山腰，则土壤肥质易被雨水冲刷，更宜勤壅。盖无论在何处栽茶，迟早必加以最要之肥料也。

马牛粪，历来用之为肥料，此有益于植物者也。盖其中所含之质，为一切植物所需之质，顾其为物浓厚，每吨中四分之三为水，与树无大益，若加粪于轻沙土，则甚有益，以其能使土留存是水，而不易泄故也。又重泥土得粪，能使其土不过窒，而雨水空气得以达入。设遇无腐质、无淡质之土壤（此二质已罄之土），则需此尤甚，苟用之，能使其土顿肥，成为栽茶最肥美之土矣。

马牛粪在土壤之大功用，则以能补其腐质。盖土壤所有之腐质，久旱则干而无用，加之以粪则复湿，仍使有用，于是新旧并呈其功，不独粪之肥其土也。

今考用马牛等兽粪，须加化学肥土料数种，增其功用。盖以粪为独用，则每英亩所需，自十吨至二十吨。若是之多，殊难得之。若以猪粪居其半，亦颇不易，故须加钾硫养盐 Sulphate of potash 或加石膏粉（即钙硫养盐 Sulphate of calcium）在此粪中，则易为力焉，且又能存其中之淡质。

凡壅肥料，须在春季，以小耪（或作小锄）调于土面。又不可待其土之肥质已尽，而始壅之，免致地力之竭，此种树培养之法也。

第六节　植物质之肥料

土之所以肥者，其中最要之质为淡质。凡植物得此则茂盛，设或茶树不茂，则必缺少此质，宜以天然之法补之。其法用金花菜并豆类之草数种，掘埋土中以腐之。盖近十年来考察而得，凡腴壤中含有微生物甚多，与将空气中之淡气化合以成其肥，一切土壤淡质皆由此，此古今微生物之功也。此微生物亦居豆类之根瘤形处，所谓豆类者，按植物学曰雷古闵 Legume，此类中有金花菜及三叶合一之草，土壤有微生物则生雷古闵，故以此等为肥料，则茶树之畅茂可操左券也。今植物化学家，特制所谓淡质微生物汁 Nitro-Bacterine 者，出售为农业要品，用以浸种浇土，雷古闵得此较常益茂，于是遂有特种雷古闵，而转以培壅茶树者。

英植物化学家某氏，取雷古闵草三等之茎叶及根，分验其中所有之淡质，其表如下：

未干之茎叶	一等	二等	三等	晒干之茎叶
淡质（按百分计之）	0.73	1.13	0.99	3.84
未干之根	一等	二等	三等	晒干之根
淡质（按百分计之）	0.39	0.56	0.47	1.76

观于此表，可知是草之茎与叶所含之淡质，较多于根不啻二倍，故在印度锡伦等处栽茶之人，辄取雷古闵埋于茶树近根之土中，则其茂盛较寻常者十倍。

又修剪之茶叶嫩枝，亦可掘埋茶根。锡伦有业茶者某氏，谓用修剪弃余之枝叶，有三事宜慎：一须掘埋六寸之深，免被修犁草土时为锄所拔去；一剪下即宜速埋，若候至干时，则益于土者殊少；一恐有白症在嫩枝上，宜用炉灰等质偕埋。印度北方有大茶业家某氏云：余每次壅埋修剪之枝叶，必先以石灰调和，则无白症之患，又一切老枝弃而不埋。此法在种茶者不可不知之，实一举两得之道也。

第七节　化学质肥土料

上节所载植物肥料及兽粪等肥料，其功用在于土壤中渐化以助之生长，然茶树所需者，于此等肥料究属无多。盖必先腐烂其质，始能被茶根吸取其肥也。当茶树欲壅肥料孔急之时，而此肥料，一时尚不能腐，则宜用化学质料为善，且植物兽粪所腐，其渣滓太甚，故最美之法，则莫如径用化学质料于茶树。前言茶树所需之质，最要者有四，曰淡质，曰磷质，曰钾质，曰钙质，应以何料补助土壤，试详于下。

淡质料

淡质者，气也。其原质量，居空气中百分之七十八，与养气等气相杂而未化合，而用以肥土之淡质，则皆与他质化合，而成盐类之料。考茶树叶中淡质颇多，苟无淡质，则其叶不茂，且土壤所含之淡质，最易被大雨冲刷，故所用之淡质料，宜于其树发芽、长叶之时，则庶免徒劳枉费之憾。

茶树所用肥料之淡质盐，必消化于水中，钠淡养强盐 nitrate of soda 亦易化水，而即被树吸受，较之用一切植物料、兽粪料尤速百倍。盖此二料，必藉土中之微生物渐蚀，而始成淡质盐，乃能为用。阿摩呢亚硫养强盐 Sulphate of ammonia（阿摩呢亚即淡一轻三化合）虽易化于水，而必自受分化，始能被茶树吸用，以为肥料也。

亚撒玛地试验种茶局员云：肥壅茶树，最便宜而最有效验者，用含淡质之料，即油渣片也，而阿摩呢亚硫养强盐次之（此料由煤气厂可买），用此料者，宜间用石灰调和，亦须间用植物肥料以配之。盖因其内无植物质也，土中植物质若已罄尽，则土无养树之资，一切皆废。惟此料于茶叶几长满时可专用之，以助其树更生嫩叶，然而当大雨时，此二料每被冲去。

麻子片、棉子片、茶子片，并一切油渣片，皆大有益以肥土，其所出之淡质虽缓，而性则耐久，不致即废。

兽血致干，亦可用，以其中有淡质至百分之十二。兽角、兽骨及鱼刺，亦可磨粉，制为肥料。

钾质料

硝即钾养淡三质化合，而无大益以肥上。惟灰硫养强盐，有益于无石灰之地；钾绿盐，有益于有石灰之土。

磷质料

磷质用在茶树较少，然而亦为要品。昔用碎骨供取磷质，觉其效甚缓，今有化学料可代用之，即于制造钢铁厂及大商家有专造磷质料者购之。

钙质料

石灰即钙养轻三质化合，亦为茶树所需用，可调于土，致百分之五，而先与修剪之料相调为美。

无论用何化学料，不宜埋于树本挨近之处。其树栽在山腰，则第一次须在各树上首掘一坑，深一尺半至二尺，宽一尺至一尺半，置肥料于其中，而以仪器与下层土调之，后复以所掘之上层土掩之；第二次用肥料，则可在树之四围散播，以人脚端平，再以仪器略调入上层土壅之。

华茶之今昔观及筹挽救之方法

谢恩隆

天下事不盛则衰，不盈则绌，万事皆然，古今同辙。达者知其然也，于是竭其脑力，穷其才智，事之不善者变之，物之不良者改之，结绳纪事何如文字之适宜，野处穴居何如厦屋之安便，物换星移，民智日启，沧桑几度，始成此数千余年地大物博之中国。在昔闭关时代，尚知有所改良，奈何门户大开，在竞争潮流之世，反不知急起直追从事商战与列强争为长雄、驰骋宇宙，竟任其国之萎靡不振，朝乾夕惕，惟恐覆亡至于此极也。

欧洲列强开化未久，观其进步之迅速，商业之发达，不惮改良，争妍斗巧，不但中国之所能者尽能之，更益求其精而夺我之利权，抑发明人所未有者而开其利薮，物不厌精，心不厌细，勿庞然而自大，不守满以持盈，人心如此，智识如此，又何怪其雄视人寰凌铄弱肉也哉？反观吾国则何如耶？百业凋敝，工物钝拙，固有者不能改于至善，未有者何所望以发明。人心厌粗恶而好华丽，喜价贱而畏价贵，优胜劣败，相形见拙。自必有舍其固有之土货而趋赴于异国之航品，亦必然之势也。吾国今日土货滞销比比皆是，吾不论其他，独专言乎茶。

茶为我国出口最大宗之品，亦为我国固有之利权，今且半夺于他国。昔之超群独步，为人所独嗜者，今且鄙夷而厌视之，人心好恶之不同耶？反求诸己，毋亦世界文明物质进化，徒守旧法，不足与人争奇巧耳。抚今追昔，触事兴怀，吾于此得书其梗概而研究之。我国茶叶在16世纪时，已销流于外国者，惟英与俄，至1657年，英人始设茶肆于伦敦。16世纪时，驻俄华使持绿茶以赠俄人，大得俄人欢迎，彼邦人士浸假而有卢仝之癖，是为华茶销流外国之始点也。其后印度、锡兰、缅甸、爪哇诸国，皆能植茶，日形兴旺。吾国之茶受此影响，依然守旧如故，绝不改弦而更张，遂使后来居上。吾国固有之利，忽攫诸他人掌握之中，可胜慨哉。

知各国用茶之多少，则知茶为日用所必需，而振兴茶业为不可缓矣。考用茶最多之国，以每年每一人所用者，为奥大利（即新金山）、新丝兰、英国、坎拿大。而每年全国销茶之多者，当首推英、俄、美、坎拿大、奥大利、新丝兰焉，表之如下，以见梗概。

第一表

国名	每年每人平均所用之茶（1903年至1907年五年内之平均）
奥大利	5.17斤
新丝兰	5.13斤
英吉利	4.58斤
坎拿大	3.25斤
美利坚	0.87斤
俄罗斯	0.80斤

　　然则外国所用之茶，既如是其多且巨，则其为重要亦可知矣。今更将各国每年全国需用之茶，及华茶之销流于外国者占若干额，列表以明之。

第二表

国名	每年所用茶额	每年所用华茶额	每百分华茶所占之额
英吉利	189 989 171斤	22 475 940斤	11.80
俄罗斯	113 685 000斤	71 869 060斤	63.20
美利坚	73 655 940斤	20 152 420斤	27.30
坎拿大	17 483 630斤	1 284 700斤	0.07
奥大利	19 498 259斤	436 220斤	0.02

　　统视上表，则英国用茶为最多，而华茶于每百分中仅占十一分，其余之八十九分则为印度、缅甸、锡兰、爪哇之茶矣。至于坎拿大、奥大利所用之茶为数亦巨，而华茶更于每万分中仅占七数、二数，为额甚微，几乎吾国之茶可绝迹于彼等国门也者。若夫俄、美两国华茶销流似为最多，然尚非能优占世界茶业上若何之权利，亦不过比英、坎、奥三国为数略多而已。然则日前吾国之所谓固有权利者，果安在哉？物腐虫生，则吾之所以致失其权利者，其故可恍然悟矣。

　　五十年前，欧洲所用之茶皆赖吾国，因其时世界无产茶之地，故中国竟能独步于时也。然而各国人民程度日异而月新，猛进不已，不若我国人之食古不化，不求进取也。故自西国科学大明，农事一门，日益进步，种植新法，日出不穷，且锡兰、西印度等处既经试验，谓能种植茶树，于时商人争先恐后，竞作茶商，更于施肥、修剪、制造等事研究有素，纯用科学上之方法，甚至制茶亦用机器以代人工，物无参差之弊，货得整齐之功，事半而功倍，物美而价廉。以彼视此，彼国之茶安能不蒸蒸日上，吾国之茶焉得不江河日下乎？

尝考世界用茶之多者，首推英国，而我国之茶，出产又最先。当各国尚未产茶之时，吾国自与英通商后，茶叶出口日见增加，可见欧洲列国非不欢迎华茶，特日久弊生，不免归诸天演之淘汰。从此投袂而起，力争进步，未始不能与他国并驾齐驱也。兹再列一表，纪自1800年至1906年间，吾国输运于英国之茶额，以比较其消长。

第三表

1800年	15 269 120斤
1820年	19 284 701斤
1840年	23 787 000斤
1860年	57 600 000斤
1886年	78 169 500斤
1906年	8 727 000斤

比较上表，自1800年华茶之销于英国者，有加无已，至八年前（即1906年）忽然顿减。1886年销于英国之茶为七千八百一十六万九千五百斤，又1906年为八百七十二万七千斤，又按英国于1886年共用茶数为一亿三千四百一十六万八千二百五十斤，1906年共用二亿四千零八十九万二千五百四十八斤。观此则知，英人于二十年间用茶增至两倍，而华茶之输于英者，反减至八倍而有余，其退化之机至此而一落千丈，不可收拾，谁为为之？孰令致之？盛衰之感，今昔之观，其又安能已于怀耶？

虽然福生有基，祸生有胎，溯本穷源，则茶业失败，履霜坚冰，其来也渐。盖非一朝一夕之故，政府乏维持之力，人民鲜锐敏之智，苟安旦夕，坐致一蹶不振。摘其致败之由，约得数端，货品不良，其总因也。其他厘金、出口税、入口税之重，运输费、栈租费、经纪费之多，与乎内地中人、入口代办人、卸卖者、零卖者、代理商人等之利之烦，诸如此类。转折重重，展转输将，糜费遂重，糜费重则成本贵，将来发售自不能不善价而沽，求免亏折。是故我国之茶于英国而论，即非上等之货，每磅亦须银一元，而印度上好之茶，每磅所值仅七毫而已。夫以制作未精，更非上等之品，而欲与价廉货美之货相争逐，设身处地，畴不欲舍此而就彼战？要之凡今之世，纤芥之微无不日言竞争，利之所在人争趋之，非具远大之眼光，敏捷之手腕，鲜不甘居人后者也。是以吾国虽得土地膏腴之利，而物不见精良者，人力未尽也。语曰：工欲善其事，必先利其器，亡羊补牢，桑榆未晚。不揣固陋，亦欲书其管见，而筹挽救之方焉。

（1）种茶、制茶宜求改良新法。世无百年不变之法，天旋地转，民智日增，人之眼光不同，则百物当因时制宜，以求趋合人心，且改良云者不独求适合时宜已也，工多者求所以省之，本重者求所以节之，不如此不足以言商战而获厚利也。即如用旧法制茶，则上等华茶只能制成二等或三等之印度科学所制之茶而已。如用科学上之种法、制法施诸华茶，则二等之华茶能与印度头等之茶相匹。盖吾国天然地利有足以制胜他人故也，果能逐渐改良，获利当不可量。其他用机器以压茶则工省而物美，栽种合法则产茶无参差良莠之害，是当师人所长以求改良，勿畏难而苟安，勿作辍而无常者也。

（2）厘金宜豁免，出口税宜轻抽。厘金为苛税，最病商民，当然豁免，人皆知之矣。然我国出口税重，入口税轻，轻重失宜，亦殊解人难索。查外国出口之税，大抵甚轻，所以鼓励商民，振发其贸易观念，俾与他国竞争，换他人之财，销流己国之货，殊于财政机关大有关系也。印度、缅甸等国茶叶出口之税，甚至全然豁免，其故可想矣。我国能体恤商艰，轻减或酌免出口之税，使营茶叶者以航海贸易为有利可图，出与他国竞争，庶几，固有者振兴之，未有者发明之，金融流通，国家人民两受其益也。

（3）宜广登告白以寓提倡。既有此货则宜大声疾呼公之同好，以广招徕，务使妇孺皆知，家喻户晓，夫然后人之试用者始多也。外国贸易极重告白，虽破巨费，在所不惜，英国每年商场中所卖告白之费，统计不下十万万元。他如山度食品公司，每年登卖告白费至百二十万元。又如匪格罅士马戏公司以二十万元之资本，而告白费用其十二万元，真所谓将欲取之必先与之也。若非重要，彼心计最工之东西人士，谁肯以偌大资本投之告白之途乎？近英国有华茶会者，专事提倡劝用华茶。自经此提倡之后，华茶确略有起色。本部以其有助于中国，每年酌酬津贴，以谢其劳。夫告白者，固提倡事物之利器也，若知所改良，辅以提倡之力，名誉之隆，当不胫而走，勿以为迂远而玩视之也。

（4）国家宜设验茶局稽验出口之茶。商人通弊莫甚于欺伪，贪一时之微利，忘永久之损害，失信用，丧利权，皆此欺伪阶之厉也，谬孰甚焉。昔有茶商掺以染色茶叶输至美国，美政府致有颁布严格取缔华茶之例，此其前例也。至国家检验局之设法甚良美，出口之茶，若查有作伪之弊者，议科其罪，其有制作完善，难能可贵者，从而表彰之、奖励之，俾为出口之模范，以示鼓舞。若夫制作未精，参差不齐之品，则督策以令改良。诚然政府维持于上，商民奋发于下，互相劝勉，互相观摩，然后出口之茶无昔日混淆之弊，茶业中兴或有日耳。

（5）产茶之区宜设联合制茶厂，以成划一之茶而省工费。华茶退化原因莫大于优劣不齐，式格难一。若有一联合制茶厂制造，则此弊可免，且货良而工省。厂为该区全体业茶之人开设，该处茶户采茶若干，悉送至该厂代为制成划一之茶，并代售诸通都大邑，或直接转售外国，沽得之价若干，由该厂除回佣工等费，其余照数归诸本人。至此法能行，则业茶者省无数零碎费用，沽价当较诸自制者为优，可预言也。苟彼此能相见以诚，业茶者必又以联合厂代制为便矣。唯是凡事图始为难，况此创见之举，人民心理信用难周，言之匪艰，行之维艰。似此殊非易行之事，然一得之愚所见如此，姑一吐之以快吾意云尔。

概观前篇所论，审察人情，足征华茶衰败之故，后果前因其来有自矣。然而以镜为鉴可正衣冠，以古为鉴可知兴替。须知盛衰无常，半由人事，鉴前车之既覆，念来轸之方道。吾愿我邦业茶之人，以从前之失败为鉴，而知其弊在于守古；以外国商业之发达为鉴，而知其道在于改良。借人设鉴，绳己之愆。一鼓作气，蹈厉而前。再接再厉，心苦意专。精诚所至，女娲尚可补其天。夙夜匪懈，精卫亦得填其川。不然徘徊观望，顾视流连，鹰瞵者窥其后，虎视者在其旁，朘吾膏血，攫我利权。思之悱恻，言之可怜，能不心惊于江河滚滚成于涓涓，绳锯木断，水滴石穿也乎？

《农林公报》1913年第21期

华茶宜乘巴拿马博览会以恢复其固有之利权论

谢恩隆

事必有竞争而后有进步，物必有比较而后有优劣。此在20世纪天演潮流之世，东西列强商业之发达者以此，我国百物之衰败者亦以此也。尝考华茶失败之原因，其故至不一端，鄙人于本报本年第21期，尝著论研究之矣。夫以丝、茶为吾国出口大宗之利权，今以不知改良之故，致被别国后来居上，夺利权于掌中。以土地适宜，物产精美，不愁销滞之品，今竟致有向隅之叹，岂物产有今昔之不同欤？毋亦优胜劣败，相形而见拙，所谓人谋不臧已矣。夫名誉者，难得而易失者也，合千万人之智力，费百十年之光阴，搅脑焦思以求发达而不足，而三五年不知改良，十数次失信用之事，破坏之而有余。此我国之茶，故有今昔之观，而鄙人对于此事有不能已于言也。

中国近日之商务衰败极矣，蔑以加矣。出口之额不能加，而输入之额反有日增月累之势，国势如此，言之寒心。若再不求改弦更张，一反从前之所为，以后吾国所处之地位，于国际上永无自由贸易之余地，则惟有坐以待亡，卒至枯瘠而死已矣。尚何地大物博之足云？虽然以言今日之中国百废待举，事事须待维新，而此篇立论，仅言乎茶者何哉？盖以鄙人前期华茶之论，所以言维持之者，意有未尽，故不惮其喋喋而更引伸之也。抑以茶为吾国固有之利权，若不欲振兴则已，如其欲之，则投袂而起，稍一转移，不难恢复旧观。盖保持固有者易为力，发明未有者难为功，此又此论之本意也。

从来振兴商业，亦多术矣，探本穷源，无非因时制宜，以求适合乎人心，循世界进化之轨道，以应乎世界之需求，如是而已。故无论何货，若能生人乐用之心者，则其物自能不胫而走，即如航来品物，吾人明知其为洋货，所以攫我利权者也，然吾人乐用之心，不因其为洋货而稍减，抑欲禁止之而不能，此其彰明较著者也。故华茶所以为当务之急者，无过于改良，其次则宜力求推广，到处表扬，不如此亦如深山穷谷，虽有华林，而知之者鲜，安望其能得识者之赏鉴耶？然而，识时务者为俊杰，表扬之道，不可不审，此巴拿马博览会所以为我国人民当亟为注意者也。

美人于1915年，以巴拿马运河告成，举行美国博览大会，此为空前绝后之举，千载一时，为全球视线所集。查巴拿马运河若成，则南北美太平洋沿岸与欧西美东交通日便，商务益旺，而中国恰对峙于东，适当其冲。若处之得宜，则商务将随之而兴，若或不然，则脂膏亦随之而竭，而永无恢复之期。故此事关系于我国商业前途者甚大，我国业茶者，亟宜乘此时机，急与赛会，一则可以推广商业之进步，一则可以表扬中华物产之精良。一面赴赛会，一面于国内亟求改良，庶使已去之名誉失而复得。俾外人有目共睹，知中华人心未死，大有人在。然则巴拿马之会，直可谓为我国商业生死存亡、绝续之交，未可漠然视之也。

夫赛会为发展商业之要素，人皆知之矣，将来华茶赴会时，愚见以为宜选择精美之茶，盛以瓷器小瓶，装磺华丽，分赠与各邦赴会之人或其名誉较著者。盖藉上流社会之揄扬，其效力又胜于登告白卖广告也。且瓷器为中国著名，夙为外人所爱，故英美人称瓷器曰China，译之为中国，使外人得此瓷瓶之茶，一望而识为中国之物，更知中国之内有此佳品，不独足以留为纪念，抑有意味存焉。但投赠之事，所费不赀，必须藉商人之筹措，政府之赞助，庶能集腋成裘，惟此伟大之业，希望无穷，更不容有所吝惜而瞻望不前也。外人于商业上，若有可为推广其事业者，虽巨费有所不惜，如登告白、卖广告等事，无不特别注意。吾人试一出通衢，其光怪陆离，纷然触目者，何莫非外人广告之标志乎？以彼寻常贸易且然，况大焉者哉。

抑犹有说者，华茶之销行于外国，现在尚无非容足之地，不过为人攘夺，输出额减去而已，权利犹未尽失也。抑闻外人中赞许华茶者，所在多有，以其质佳故也，但吾人无志求精，致行退化，遂使嗜痂者，亦爱莫能助。苟利用此举，乘四方云集之会，一炫所长，则恢复固有之利权，殆意中事也。不然者，吾国商业，已不能与人竞争，苟并此稍可销流外地之茶业而失之，商业前途更不堪问矣。不独此也，近日外国输入之额，已如是其巨，若巴拿马运河既开，输入之货又多一终南捷径。我若不搜集固有之国货，乘机输出，以谋国际贸易之发达，以图抑制，则此后外溢之财，更不知骤增几许也，热心祖国者，尚幸留意焉。

《农林公报》1913年第23期

一九一四

世界茶业消长之实况

英国勃洛克公司1913年所造之茶务周年报告(香草译)

近数年内，世界销茶之数，大有蒸蒸日上之势。去年茶之销路，虽无前数年之畅旺，然亦有增无减。茶之销路，既日益膨胀，出产之数，亦日益增加。故自1912年至1913年，世界产茶各地之茶叶出口总额，已由七万万三千七百万磅，增至七万万四千九百二十五万磅。于此巨大产额中，占多数者，为印度、锡兰二地，其次则为中国、爪哇、日本三地，余如缅甸、苏门答腊、暹罗、南洋群岛以及那脱尔（英属殖民地，近非洲东南海滨）、耶萨伦、乌根屯（两地均为英之保护国，在非洲中部）、尼琪利亚（英属殖民地，在非洲西部）、斐琪群岛（在南太平洋，属英）、巴西、比鲁、伽米卡（在英属西印度）、合众国、玛利亚斯（在印度洋，属英）、高加索山、阿索尔斯群岛（在北大西洋，属英）、安德曼斯群岛（在印度孟加拉海湾）等，亦多种茶者，惟现今之产额甚微，故于世界产茶总额，无甚关系也。

本年印度产茶之丰，为历年所未有，其出口之数，较1911年至1912年，约增一千八百二十万印磅。故印度自种茶以来，产额之增加，实以本年为最巨，考其原因，则由于该处种茶之法，大有进步故也。今将最近二年内，印度茶分销各地之数，列表如下：

单位:磅

年份\分销地	1911—1912年	1912—1913年
英国本部	183 739 100	189 249 900
澳洲	10 098 400	9 346 900
美洲	7 808 000	7 958 500
俄国	31 394 700	42 747 000
其他各地	12 672 800	15 047 600

年份 分销地	1911—1912年	1912—1913年
印度北部所产总额	245 713 000	264 349 900
印度南部所产总额	18 985 100	20 161 500
（印度所产总额）共计	264 698 100	284 511 400

　　由上表观之，可知印茶销路之增加，以俄国为最多。盖俄商于1912及1913两年之间，不特在喀尔卡答购入之茶，较前大增，即在伦敦转购之印茶，亦远逾曩昔。故此两年之间，由伦敦转运俄国之印茶，较前增加二百七十五万余磅。

　　锡兰一处，本年产茶之额超过前年，然出口之数，总不及1909年之巨。究其原因，盖由于该地将橡树与茶合种一处，致茶多受损伤，故前此将两物合种者，今多专种橡树矣。惟专种茶树各区之产茶额，并不减色。此一年中中国所产之茶，已经消耗若干，无从调查，故产茶总额，不得而知。惟其出口之数，实较1911年至1912年。减缩一千九百五十万磅，其在欧陆各国与非洲北部之销路，虽较前略有增加，而在其他各地，则有减无增，在英国本部与俄国之销路，尤远逊于前矣。

　　今请将此一年中世界产茶情形，细加研究，则爪哇一处出口之茶，已较前扩充，计自1912年9月至1913年8月，此十二个月内，出口总额为六千三百三十三万六千一百磅，较上年之五千九百七十三万七千八百六十二磅，实多三百五十九万八千二百三十八磅。上项出口总额中，只荷兰、澳洲两地之销数，较前稍减，余如英国本部、北美等处，均有加无减，而以销俄国者为最多。至于日本之出口茶叶，则不如上年，较之1910年至1911年，尤为减色。按上年合众国曾禁销中国之着色茶，日本遂趁此机会，运无数绿茶赴美行销，继因中国运无色茶赴美，美人欢迎之，华茶源源赴美，以致市上存货过多，日本绿茶之销路，因之大减。

　　缅甸所产之茶，几以全数造成一种之选茶，用之者多作加味之料，并不以饮品视之，故于全世界销茶之数，无甚关系也。苏门答腊现正在广布茶树，将来定可收莫大之效果。有某君者，熟谙世界产茶各要地之情形，最近曾至苏门答腊游历，据云，彼调查时所经过各种茶场地中有一处，将来出产必大有可观，彼预计1914年（即采茶第一年）每亩可产三百磅，下一年可产六百磅，再下一年可产一千磅。

　　非洲那脱尔之产茶额，并未增加，殊出一般意料之外。其实该地今年之产额，不过一百八十万磅，已较上年减缩二十五万磅。该地停用包工之印人，实产茶额减缩之大原因也。惟那萨伦一地之种茶，颇有进步，计自 1912 年至 1913 年，该地出口之茶已达六万七千七百二十六磅，即较上年增加二万三千八百五十磅。现在种茶之地已有二千八百十二亩，较前增加二百十九亩，且该地现已开始试用最新式之机器，将来茶业之发达，可操左券也。

比鲁种茶未久，而业此者已确信将来必能大著成效。故彼等所希望者，不特以该国所产之茶，供该国之用，实欲供给南美各国也。非洲乌根屯与尼琪利亚两地种茶，尚在幼稚时代，惟闻茶树情形颇好。

美国南卡洛利那省之产茶额，既未增加，种茶之地，亦未见扩充，大约因该处工党时起风潮之故。又该国德克萨斯省之种茶试验场，因无甚效果，最近已由政府取销矣。

俄人对于高加索山之种茶事业，多方奖诱，不遗余方，政府且颁发子种，一面复以种茶之法，遍教当地种茶之人民，而茶业终苦无迅速之进步。世界销茶之增加，既如前所述，惟其增加也，亦有迟速之分，今请先言英国本部。英国本部今年销茶之数，较前约增万分之七十五。此种增加，系与人口之增加相俱并进，不得谓为销茶数之扩张。考其原因，厥有数种，一因英国本部中有数处人民，富者多欲购买品质优美之茶，而贫者力不能及，又不屑购品质较劣之茶，因之茶叶销路，颇为减缩；余如百物昂贵，缴纳保险金以及旅行游戏各种支出之增加，亦为茶叶销路减缩之数原因；而皮酒销路之膨胀，又为此数原因中之重大原因也。惟据英国商部之调查，则合英国本部人口总数计之，每人销用茶叶六点五八磅，已较前略有增加矣。兹将产茶各国所运销英国本部之茶以及百分数，按照商部所造九月三十号以前之统计册，列表如下：

产茶国名	1912.10.1—1913.9.30	百分数	1911.10.1—1912.9.30	百分数
印度	170 415 293 磅	56.23	166 831 749 磅	56.68
锡兰	91 319 126 磅	30.13	90 929 153 磅	30.90
中国	8 777 493 磅	2.90	12 412 373 磅	4.22
各地（以爪哇占多数）	32 575 729 磅	10.74	24 142 887 磅	8.20
总数	303 087 641 磅	100.00	294 316 162 磅	100.00

由上表观之，可知英国本部于 1912 年至 1913 年所用之印茶，实超过 1911 年至

1912年所用之数，惟在百分数上略为低落耳。至华茶之销路，则较前大减，其在百分数上，只占二点九零之数，概可知矣。计此一年中销用茶叶增加之数，几以爪哇茶占全部份也。

统计澳洲及南洋群岛各地所销之茶，合人口总数计之，则每人销茶之数，仍超过世界各国。然此一年中茶叶销数之增，未有如俄国之盛者，而其中尤以印茶与爪哇茶占重要位置，计印度茶之运销俄国者，在1911年至1912年，不过三千五百万磅，在1912年至1913年，则骤增至五千一百万磅，锡兰茶亦由一千七百万磅增至二千四百万磅，爪哇茶则由三百五十万磅增至六百万磅。故自1912年10月至1913年9月30号，于此十二个月中，印度、锡兰、爪哇三地运往俄国之茶，共达八千二百十一万九千六百九十五磅。其在上年不过五千六百六十四万一千一百六十二磅而已，且本年由伦敦转运赴俄之印茶，亦由五百五十万磅增至一千万磅，则视前亦几加倍矣。

印茶征税委员会尝设法使合众国人民喜用茶叶，现仍到处进行，不遗余力，因此颇著成效，然该国销茶之数，较之其他用英国语言之各国，终觉望尘莫及也。

法国饮茶之习，较前大盛，巴黎一处之饮食店，每日下午今亦多售茶者，故该处之"五时茶"已风靡一时矣。德国进口茶叶，亦逐渐增加。奥国饮茶之习，尤有年盛一年之势。即合欧陆全地计之，茶之销路，虽不猛进，终日见加多，其在欧陆北部，尤见佳好之进步。波斯进口商品中，现以茶占第三重要位置，虽本年之销茶额，尚无从调查，而1912年进口之茶，超过1911年约一倍有余，此系实在情形也。

印度西北边界以外各地，如阿富汗卑鲁斯坦等处，销茶额之增进极为迅速，故运销各该处之印茶，其总共价值在1910年至1911年，不足六十万鲁比（即英金四万镑），而在1912年至1913年，则增至九十七万五千鲁比（即英金六万五千镑）。此项茶叶尽系绿茶，惟各该处所销之他国茶叶，增加尤多，其总共价值已由十二万五千鲁比，骤增至二百三十二万五千鲁比矣。至印度自用之茶，究须若干，实无可靠之计算，大约每年约须二千五百万磅，其中以印度本产茶占一千五百万磅，余则多属锡兰之茶末与中国之绿茶。综以上所述而观，则俄国所销之茶，较前大增，其他各国，亦渐进无已。夫茶业既有日益发达之势，则凡与此业有关系者，孰不利赖。惟目前茶价綦昂，故获利者只在种茶之一方面人，茶商则正在扩张贸易，不斤斤于目前之利，将来茶价一旦稳平，则茶商之获利，正未可限量也。

《时事汇报》1914年第4期

中国出口茶税之减征

霆

中国出口货，素以茶为大宗，乃以种种失败，致出口额年复减少，外国市场，几全为锡兰与日本取而代之，殊可慨也。据海关记录，最近三年来之出口额，一如下表：

年份	出口额（比克尔）
宣统三年(1911)	1 633 000
民国元年(1912)	958 000
民国二年(1913)	825 000

由此可知，中国茶叶之出口额，实有江河日下之势，以宣统三年与民国元年较，则民国元年之出口额已减去百分之七。若再与民国二年较，则竟减少百分之十四矣。至于今年，则自欧战开始以来，出口额顿为锐减，恐更非前二年可比矣。推其失败原因，亦非一言能尽，然大概不外下列之数点：（一）制造法不良；（二）奸商以伪货充数，致市场信用全失，他人得乘间取而代之；（三）中国出口税太重，商民多有裹足之叹。今日中政府有鉴于此，闻已设为种种方法，为之改弦而更张矣。其最先着手者，即将出口税减轻，以苏商困。前日每比克尔之茶，政府抽收税银一两零百分之二十五，今则将减为一两，如是计之，海关税收入当短少二十万两有奇，于政府究未大伤，且于各国赔款亦无抵触，而暗中扶助本国之商业不已多乎？至于取缔奸商贩运劣货之办法，则农工商部，将在各处茶叶出口地设立检验所。每箱茶叶之出口者，均须详为检验，若再有着色或失味或劣等之货，贩运出口者，则罪其商人，此诚切要之图也。其余推广营业之法，如分设支行于各国，广登告白，改良装置之法，皆为刻不容缓之事，尤当急起而图之。

说　茶

霆

考之古史，世界产茶最早之国，端推中华，当纪元后三百五十年，泰东西人民方安于草昧时代，而中华即用茶业称雄寰球。盖中国茶之著称于世，实与磁器等，故西人一言及中国之出产，无不以磁茶二者相提而并论也。今日印度、日本、爪哇等国，虽亦产茶，然此不过近世纪事，而其茶树之种，均来自中华云，然则谓中国为茶之父母之邦者，谁曰不宜？

西人呼中国磁器为China者，而其呼茶为"体"Tea者，其语音亦转译之中国，可见二者皆为我中国之特产。盖中国福建人称茶曰"体"（语音），而中国茶之最先出口者，厥惟闽茶，西人遂顺从其音，而为自己之名称，故法人称之曰The，意大利人曰Te，日耳曼人曰Thee，英吉利人曰Tea，而辨其语音，皆由吾国福建之音转袭而来。然则吾国磁茶二业，在世界上之位置，顾不重且大耶？吾人宜如何发皇奋利，以保守此固有之名誉也哉？考之英国百科全书，中国人平均年食茶量可五磅许，则全年消耗当为二十万万磅。其他出口之额，尚不在内，当亦不下千万磅，其产额之巨，诚可以俯视侪辈矣。今印度、日本等国虽其产额年有增添，然欲与中国同日而语，则尚不逮远甚，故中国非特为产茶最古之国，亦最富之国也。

中国茶业既占世界上最优胜之位置，则请将其种植情形与夫营业状况，略为论列，倘亦为当世留心实业之士所乐许者乎。

一、中国茶之制造法与采收法

中国茶业之称雄寰球也。既如此，然其种植方法与其他诸邦，如印度、锡兰、爪哇等国迥不可类，何言之？印度等国之茶，田连阡累陌，动辄以千万亩计算，管理之权，咸操之于一大田主或大公司之手，收采既讫即运之一大工厂中而选择焉，而分类焉，而烘晒焉，一皆以机器之力为之，未尝假手于人工，而厂中工作终岁不停，亦未尝有限定之时间焉。中国则不然，其所谓茶田者，东鳞西爪，至为奇零，或植之于荒山之麓，或种之于篱落之旁，从未有一大田主，坐拥千万亩之茶田者。其忙碌时期，则始于阳历之四月中旬，至于五月下旬为止。茶叶采收之后，曝以阳光，然后售之于茶贩为之分类焉，烘晒焉，直辗转相卖，几易其手而卖入行家，于是由行家转运出境，得为大宗之营业，其手续不可谓不繁矣。中国茶叶之收采，可分为三大时期，其第一时期，为自阳历四月之中旬至五月中旬为止，农人名之曰第一获，第一获所产之叶最嫩、最香，故价亦最贵；其第二时期，为自阳历五月下旬至六月下旬为止，农人名之曰第二获，其味虽犹佳胜，而色香迥不如第一获之所采者远甚；至第三获，则始于八月而终于九月初旬，色、香、味三者，不及第一、第二获多矣。

中国北部第一获之产额为四千万磅，第二获之产额约为七百五十万磅，第三获之产额则约为二百五十万磅，然此特为约略之统计之耳。盖吾人于第一获之收成，尚易为精确之统计，而至于第二、第三获，则往往以市间供求率之相差，而全部产额亦因之不同焉。以农民见市价过低，占益殊少，则自然怠于采收矣，此亦一定之趋势也。

世界茶叶价值，年形增加，宜农民所得利益亦随之俱增，此在各国为然，而非所概于今日之中国。农民胼手胝足，孜孜屹屹，惟恐不遑，而及至收获以后，不过得一极平常之普通代价而已，其坐享大利而为奇货之举者，反为上下其手之茶贩。农民徒愁苦叹息，莫敢置一辞也，再加以不良之税，则重苦吾民，而吾民益焦头烂额矣。故今日农人所得茶叶之代价，为每斤一百五十元，直与前五十年前之价值无以异也，而政府并不有所设法以保护其权利，坐令奸商之上下其手而有不均之患，此真可叹息者也。中国茶业之不振，殆以此乎？

中国茶叶之收获，共分三期，而尚有较早者，即以早春新叶初抽之际，农民即将其新叶收采，居为奇货。闽省该种茶叶产额约为自六千箱至一万箱不等，其色、香、味三者，并不甚佳胜，而波斯国人酷嗜之，其价亦最贵，每担需金二百元至四百元云。

最初之收获既讫，于是第一、第二、第三获以次着手，然中国农民于收剪茶叶之际，往往任意摧残，毫不注意茶树之受损与否，故第二、第三获之产额常不能大满人意也。若在印度则不然，茶树性质几经英国植物学家之研究，故第一获宜收采至若何程度，第二、第三获宜收采至若何程度，皆有一定之限制，农民遵守无违，其产额之有进无退，职此故耳。

中国茶叶之制造全用人力，与印度、锡兰等处之纯用机器能力者迥别。当茶叶收剪之后，即盛于竹筐中，而以阳光曝之，未几，其叶即卷缩如猬，而茶绿色亦因之转变，乡人遂以足蹴之，使之团结成块，然后装箱而为出售之计，此实中国制造茶叶之最初步也。洎入茶贩之手，则再以日光曝之，务尽去其湿气而后已，而后再以温火烘之，使之软熟，然后为之淘汰焉、选择焉、分类焉，举以输之市场，而中国茶叶制造之能事毕矣。

二、茶叶之种类

（一）绿茶

茶叶一经剪取，即铺置于竹篮之中，为时约可三数小时，待其自干，然后再置之温火之上烘之，且以人手振动之，防其焦灼，于是叶渐作卷形，放出湿气不少，阅几分钟，即可取出，欲其颜色转绿，因用一种颜料以粉饰之，而绿茶之名始著。

中国绿茶销场之在美国本为最大，特美国会自通过慎食法律以来，绿茶为着色之品，因亦在取缔之列，故中国绿茶遂竟无立足地矣。特欧洲大陆尚无此种法律，度取缔之日，亦为期不远矣。中国茶商之所以必欲将茶叶着色者，亦有种种原因，请详述之。据惠廉氏所著之《中国》一书，曾述其源委，谓昔日茶叶之由中国出口者，仅为福建之红茶一种，绿茶输出殊为偶然之事，西人以其色、香、味三者殊较红茶为胜，于是人皆酷嗜之，而红茶之销场，绿茶几完全取而代之矣。然茶之由华运美或欧者，当时为时须五六月之久，而茶叶固有之绿色将完全失其本来面目，于营业之前途大有妨碍，固不得不为此着色之计。然着色固多易露破绽，中国茶商经验颇富，其所着色之品与真者无异也。

按：美国之以绿茶为饮料，由来已久，在一百四十年之前，即1773年，美国大革命之秋，波士盾人民以不胜英国之苛税扣率，将美国贩来之茶几千箱，尽行投之海中，其茶亦即今之所谓绿茶也。当时大诗人霍尔麻斯氏曾记其事，不难历历可考也。（未完）

《协和报》1914年第9期

说茶（续前期）

霆

（二）茶砖

中国茶砖之第一销场，端推俄罗斯，每年出口达千万吨以上。今自西比利亚铁路告成以后，交通益形便利，向之恃驼背为运输机关者，胥由铁道输出矣。故将来输出额之有加无减，可以断言者也。至中国茶砖之其次市场，则为中国西藏是已，川省制造茶砖年输入于西藏者，为额亦殊巨，不过质地不及输入俄国之优美耳，输出总额亦无翔实之统计，可以核算，以藏地偏僻，尚无人为之实地调查也。

中国茶砖优劣不等，大约以土法制之者为劣。福州、汉口、九江等地，俄人设有茶砖制造厂数十处，一切制造之法，纯恃机器，与土法迥别，故所出之货亦较佳，其所用之原料，竟有非中国产而用印度、锡兰、爪哇茶叶者。据人调查，谓印度等处茶叶，每年输入中国，以制造茶砖转运入俄者，今年竟达二万五千磅。

茶砖每重二磅半，每箱装七十二块或五十六块不等，先由轮舟自各埠运至海参崴，然后起陆登火车，由西比利亚蒙古分运至各内地，或由京汉、京奉线运往西比利亚，举无不可。

下表所列，乃中国茶砖在近来输入俄国之确数，兹乃据海关报告，当无差误焉。

年份	输入数额
1897年	8 441 466磅
1886年	49 361 600磅
1907年	80 563 433磅
1913年	82 226 400磅

至于中国茶砖，输入于俄国方面者，将来发达至何程度，殊难逆料。以西比利亚之铁道，既横贯欧亚二大洲，而两翼之支线，又年复推广，则商务之发达，正将与交通之发达，循同一直线进行也。不过今日战事既开，中俄茶业必受巨大之影

响，数年之中，当无大起色也。

西比利亚及中亚细亚之居民，不但以茶砖为饮料之需，且以脂肪质和之作为食物之用，诚闻所未闻者矣。

西藏茶砖商业，本为中国所独占，今闻印度之英国茶商方设为种种方法，为染指之计，此又中国茶商不可不注意者也。

（三）红茶

中国红茶，分南北二种，而南北之中，又各分有种类无数，五花八门，非具有最深之经验者，莫能为之一一加以区别也。其区别之法，大约以色、香、味三者为之标准云。

红茶之佳者，以香味胜，然红茶所具之香味，并非出于天然，乃以南省所产之一种茉莉花和合之，其香味遂远过平常多矣。

北地所产之红茶，与南地红茶迥别，即其叶较阔大，其味较温和，而尤以祁门一种为最佳胜，至其种类，则大都可分作为汉口货及九江货二者。汉口货纯为湖南、湖北产，九江货则系来自安徽、江西二省，祁门茶即所谓九江货也。九江共有茶行三百二十四家，汉口共有二百四十七家，与十年前无大异，足征中国茶业在近来未有若此之大进步也。

三、中国茶叶输出之状况

中国今日之茶业，虽四面受敌，然犹得雄于世，谓非大幸不可得也。兹据去年世界产茶额之调查，一如下表。

单位：磅

国家和地区	产茶额
印度	240 000 000
锡兰	181 000 000
爪哇	75 000 000
中国	110 000 000（除去茶砖82 000 000磅）
计	606 000 000

按：1886年，中国产茶额达二亿九千六百万磅，以今日视之，能无有相形见绌

之叹乎？是皆农人之不知改良，商家之不知竞争，政府之不知保护，有以致之也。兹据海关报告，谓去年红茶之出口者计七千三百三十二万七千七百三十三磅，绿茶则达三千六百九十七万八千七百三十三磅，销往于各国市场之详细数，则如下表。

红茶出口额

国家和地区	磅数
欧俄	8 180 267
西比利亚	3 683 600
阿穆尔省	8 061 066
太平洋省	9 521 067
香港地区与澳门地区	14 250 533
英国	9 816 933
美国与加拿大	7 247 333
德国	4 203 200
奥匈	1 462 933
印度支那与暹罗	1 180 000
澳洲及新西兰	1 136 400
法兰西	968 267
荷兰	819 467
新加坡与意大利	848 000
日本与高丽	449 600
土耳其、波斯、埃及、亚丁	413 867
比利时	282 533
其他诸国	802 667
共计	73 327 733

绿茶出口额

国家和地区	磅数
美国与加拿大	13 282 000
俄罗斯	9 247 467
法兰西	7 578 533
英领印度	2 064 533
土耳其波斯	1 688 800
德国	1 204 533
香港地区	638 667
澳洲与新西兰	354 533
英国	327 867
西班牙	327 600
其他诸国	264 200
共计	36 978 733

以上表观之，则中国茶业所有之市场，不可谓不多，其出口额，不可谓不巨，而且此固有之市场，将来皆有推广之望，深愿中国茶商之勿故步自封也。

四、中国茶业在英国之趋势

数十年前，英国者，实为中国茶业之大顾客也，中国全部之红茶出口额，几全入于英国市场。今日则每年仅销去一千万磅，其半五分之四举为极平常之品，每磅计值六先令。所谓佳胜之品，全销售于俄国市场，倘将来俄国市场亦为他人取而代之，则汉口如茶似火之茶业，直可以匿迹销户矣。言念及此诚可寒心也。

按：中国茶业，在英国市场所以衰退之故，实由于印度、锡兰等处茶商之竞争，着着进取，而其品既较华茶为良，价又较华茶为贱，一兴一败，谁曰不宜？故中国茶商而不欲与他人竞争也，则亦已矣；如欲竞争，而恢复固有之市场也，则必先自改良种植之法，且贬损其价值始矣。

中国茶业，其次失败之原因，则由于不知市场大势，而谬执一成不变之局，不知稍为变通是也。如市场货物充斥或货物缺乏之时，彼于此时运往之货，不知量加增减，仍以原有之额运往彼处，以致失败者踵相继，谓非可叹之事乎？若夫印度、锡兰之茶商则不然，各国市场皆雇有专员探听市情，货缺则运货加增，货多则运货减少，亿则屡中，获利千万，诚非苟焉已也。

欧战声中之茶业状况

霆 公

自战事开始以来，咖啡价值逐渐低落，而茶价则继长增高，适与之相反。按茶价之贵，不特在今日战争时期为然，即自最近二十年以来，其价值亦步步加增，从未稍形低落，此正茶业前途无穷之希望也。推茶叶价值之高，实缘供求之率，今已相差无几，价额遂不得不因而增高，而咖啡之销场，则年见退步，价额自不得不因此低落。惟自军兴而后，茶业受有种种之影响，其价值之增高，遂轶出常度以外，其影响何在？请略为研究之。

（一）茶价之增高，非因收成之不丰也。世界产茶之国为中国、日本、印度、爪哇、锡兰等处，五洲茶市盖无不取给于此焉。今日战事大启而后，试问之数国者，曾受有战争之影响乎？中国严守中立，固毫不与闻战事，虽青岛一隅亦被兵革，然战事范围究竟狭小，况东省又非产茶之乡乎。由此观之，则中国茶叶之收成，完全未受战事之影响者也。至于日本，则因强占青岛，加入战争，然其所活动者，仅在于海军方面，故国内之农商各业，亦未受有重大之影响。至于爪哇，则为荷属，亦确守中立。印度虽为英领之故，参与战事，然所受影响亦至为细微，农人仍可照常工作。由此可知，今年世界茶叶之收成，并不以战事之故，而稍形歉收也。

（二）茶价之增高乃由于海运之不平稳也。夫茶之出产地，多在远东方面，其欲运至欧美市场者，必经过太平、印度二洋，而德之巡洋舰队，方在此二洋中到处游击。如英国商轮惠却斯脱号，载有值银二百五十万之茶叶，一大宗为德巡洋舰苛尼盘号所虏去，其余印第斯吸克来号商轮，一满载值银数百万两之茶叶，自客尔客太城启行，即为德巡洋舰爱姆顿所击沉。于是商旅戒心，而欧洲茶市遂有缺货之虞，价值因之而增高矣。况战事既启，前敌军士之饮料，莫不以茶为之，供求之率，因以大差，宜价值之飞涨也已。

《协和报》1914年第12期

茶号与茶贩之比较论

俞 燮

茶贩者，贩买业户之毛茶，装以布袋，运至屯溪，投落茶行，复由茶行代卖于各茶号者也。茶号者，则贩买茶贩之袋茶（近虽各茶号亦自发水客，向茶户采买，然以屯溪一埠论，则以贩买茶贩之袋茶为最多），特加一番制造，装以锡罐箱桶，运至上海，投落茶栈，由茶栈代卖于买茶之各洋行。换言之，茶号非能自销茶，亦一茶贩之类也。买茶之洋行，贩买于中国，亦非能自销售，仍须运至英美各国批卖，质言之，亦未始非茶贩也。兹之所谓比较者，不言外国，但言中国，不言洋行与茶号，但言茶号与茶贩，阅者诸君幸垂察焉。

茶号与茶贩有何比较之足言乎？然吾之所言比较者，非仅比较其事实，特有以比较其精神也。以事实言，茶号所制箱茶，多则数百箱、数千箱，少如乌龙号，或百箱、数十箱、十余箱不等；茶贩所贩袋茶多亦数百担、千余担，少或百余担、数十担、十余担、数担不等。茶号之箱茶，则以贩运上海销售为其目的地；茶贩之袋茶，则以贩运屯溪销售为其目的地，规模各异，形式各异，而究之均以贩运谋利为主义，则无或异也，此事实上之比较也。以精神言，茶号贩运箱茶，其销售之目的地则以上海为止境耳；茶贩贩运袋茶，其销售之目的地，固亦以屯溪为止境，然有时以屯溪茶市疲坏，竟不甘受茶号之杀贱，遂能自行合股，设号制造贩运上海，与茶号争同等销售之地；茶号则不能以上海茶市疲坏，亦不甘受洋商之杀贱，而自行合股贩运英美，与洋商争同等销售之地，可见精神上之作用，业茶贩之人实有优于业茶号之人也，此精神上之比较也。

虽然此不足以短业茶号之人也。盖贩运英美与贩运上海，其中难易之判，迟速之分，夫固有不可掩者在也。夫贩运上海，域则同在国中，界则仅隔一省，道路则仅延长千数百里，数日可以运到，且沿途通过税率一切悉有定章，守辙循途，固自易易。若贩运英美，则重洋远隔，达到其商埠时，非一月半月余不可，且国殊俗异，语言文字，又复相悬，出口之税，又较加重，又无驻外护商之兵力，又无自制出口之商船，种种困难情形，诚茶商自有之责任，抑尤国家共有之责任也。

何谓茶商自有之责任也？盖茶商既以制造、贩运洋庄箱茶为其营业谋利惟一之目的，似宜发达其思想，宏远其谟猷，必以能设法达到直接谋利之地，为无负其营业之职，所贵乎外人所谓有独立性、有冒险性也。若戈戈然以依赖间接者为足，尽其营业谋利之方术，是犹倒持太阿授人以柄，固无惑乎？任人操纵，而茶业之能获利与否，全在于未定之天不可知之数也，非茶商自有之责任乎？

何谓尤国家共有之责任也？中国出口货物之大宗，固公认惟丝茶两种。准以各国国家奖励出口货物之先例，则中国国家对于洋庄茶业，亦应如何减轻出口之税以示奖励，或仿外国国家资助，增多出口货之良法，以作茶商贩运出口货之计画之进行。斯与民国，首以国利民福四字宗旨相副矣。盖国由民而立，苟无民何有国，欲求国利，必求民利，民苟有利，国孰与不利，此事理之显然者。前清国家惟以聚敛苛税为事无论已，今则于落地征收正税之外，凡通过一省，又征收一重通过之税，报出洋关，又征收一重洋关之税（据云即出口税），近世又行一种印花税矣。国民有纳税之义务，虽稍苛刻，似亦应尽，独惜茶业现势正在失败时期，在茶商方虑无法挽救累年之亏折，而国家于维持茶业之法，又顾之不遑，乃于征收茶税之事，竟思之极密。中国茶业，恐终无振兴之日矣，非尤国家共有之责任乎？

然则必如何始无负其责任乎？是在茶商一方面，贵有独立性与冒险性也，茶商人人能具此两种性质，则于沪上茶市疲坏之际，自能集合群力，组织绝大公司，不远重洋，自由贩运，不至全依赖间接贸易，为谋利之止境。讵复终受驻沪购茶洋商齐心杀贱之困，如虑语言文字之不同也，则沪上各茶栈之通事，及茶商中之子弟，岂尽无一能熟习者乎？如虑英美无中国之市场也，则清光绪之季，苏君锡第总办茶磁赛公司赴美赛会，其会场房址尚在美国，讵不足以设法规复欤？美国亦有中国茶业公所在焉，讵不足以设法扩充欤？凡此皆茶商一方面所宜共同注意者也。在国家一方面，尤复有维持保护之力焉。何以维持？则于茶商不甘洋商杀贱时，苟欲组织贩运英美之茶业公司，或以经济不充，国家因而资助之是也。何以保护？则于茶商贩运英美诸国时，国家胥派驻以兵轮，如外国商人之在中国各大埠是也。国家苟能行此维持保护之实力，茶商庶有恃而不恐，自足与洋商争同等销售之地。而驻沪之洋商，知吾有自由贩运出口之预备，亦应不至仍前之操纵自如，则吾茶业之利权或可以长保未可知也。岂独让茶贩有与茶号争同等销售之地，为精神上之独优乎？或曰手续繁重，事实上或未能办到耳。曰是曷不思前数年间茶商中有号治吾君者，曾著有《敬告我徽茶业诸君书》，其曰：为今之计，则唯涣者联之，散者合之，一力不能举，举以众力，一策不能达，达以群策乎？旨哉言乎，实足为吾茶商进行之把握也。吾业茶诸君，幸勿河汉视之。

《协和报》1914年第39期

茶　业

中国茶业，本可主盟地球，乃以种植不良，竞争无方，加以商人之贪图小利，而无远大眼光，遂致日就凌夷，一落千丈，亦至可感慨之事也。二十年前，中国茶之出口，计二倍于印度，而在俄国之市场，中国茶亦占有百分之六十，今则异是，英国则几全用印茶，俄则亦有舍而他去之意，中国茶进口降至百分之四十，美国商场则英人方用全力以印茶输进之，中国遑焉四顾，几无立足地矣。而为中国茶之劲敌者，除印度、日本外，又有后起之爪哇，去年出口计有六千万镑之巨，真可畏哉。按：中国茶之失败，价值太高，亦为其惟一大原因，价高之由，因于商人居奇者半，因于税则不良者亦半。

至去年，中国茶叶收获至为不良，计减去常年百分之三十，则以种植之不得其法，斯产额年见减少耳。又中国商人，喜贪小利，不顾后日状况，如输进美国之茶，往往以着色之品，代以真货，如绿茶之类，卒被美国饮料卫生局查出，上之当道谓以后美人所用之茶，不当往中国购办，而印日茶业遂日形兴旺矣。嗟乎！此非至堪痛恨之事乎？

《中华实业界》1914年第8期

调查本年五月间汉口茶况

致远

  汉口所谓头帮茶，即系第一次所摘取者，前期大半已出，至今二帮茶又上市矣。总计出数，虽有十二万一千九百二十八箱，然头帮茶市情，各地仍不稍降，即二帮茶亦较历年为昂，祁门茶每担大都三十五六两，两湖茶以十八九两之货为多。宁茶品劣，颇无声势，倘以后出产优良，尚堪恢复名誉，即每担值四十三四两，受主尚多。本期出数，祁宁茶至一万五千九十三箱，两湖茶至十万六千八百三十五箱。自开市以来，总计出数，达四十九万八千三百九十八箱。兹揭出本期产茶，与洋商交易之数如下：

五月二十五日　天裕洋行

产地	交易数（箱）	每箱最高值（两）	每箱最低值（两）
祁门	3 052	70	39
武宁	605	—	25
高桥	3 187	21.25	17.25
桃源	523	—	22
安化	1 725	22.50	21.25
湘潭	486	—	15.25
羊楼洞	1 847	18.50	16
通山	142	—	15.50
长寿街	1 763	20.50	19.25
聂家市	781	17.35	16.60
平江	650	—	19
五月二十五日交易数总计	14 761箱，其中祁宁3 657箱、两湖11 104箱		

五月二十六日　源泰洋行

产地	交易数（箱）	每箱最高值（两）	每箱最低值（两）
祁门	491	41	38
桃源	805	—	25.5
安化	2 037	22.50	21
高桥	492	—	17
聂家市	316	—	15
羊楼洞	360	—	17
计	4 501	—	—

五月二十六日　慎昌洋行

产地	交易数（箱）	每箱最高值（两）	每箱最低值（两）
祁门	567	36	32
武宁	535	—	27
宁州	759	—	58
长寿街	340	—	17.20
安化	2 238	25.25	19.50
高桥	850	16.75	16.10
羊楼洞	598	17	16
通山	298	—	15.75
大沙坪	280	—	19.50
醴陵	625	—	17.25
北港	501	—	15
计	7 591	—	—

五月二十六日　顺丰洋行

产地	交易数（箱）	每箱最高值（两）	每箱最低值（两）
祁门	2 138	46	35
宁州	912	75	43
安化	553	—	22
醴陵	1226	17.25	16.25
通山	162	—	15
计	4 991	—	—

五月二十六日　新泰洋行

产地	交易数（箱）	每箱最高值（两）	每箱最低值（两）
祁门	691	44.5	40
安化	2 003	24.50	24
计	2 694	—	—

五月二十六日　柯化威洋行

产地	交易数（箱）	每箱最高值（两）	每箱最低值（两）
祁门	2 714	40	29
武宁	340	—	2.55
宁州	809	75	46
浏阳	333	—	16.25
安化	1 818	22.40	20
长寿街	1 224	21.40	19.25
高桥	1 763	16.50	15.75
羊楼洞	150	—	—
湘潭	713	—	15.30
计	9 864	—	—

产地	交易数（箱）	每箱最高值（两）	每箱最低值（两）
五月二十六日交易数总计	29 641箱，其中祁宁9 956箱、两湖19 685箱		

五月二十七日　天祥洋行

产地	交易数（箱）	每箱最高值（两）	每箱最低值（两）
祁门	2 658	36	30
安化	7 365	23.10	19.25
长寿街	2 396	20.50	18.40
浏阳	337	—	15.25
大沙坪	450	—	18.60
计	13 206	—	—

五月二十七日　新泰洋行

产地	交易数（箱）	每箱最高值（两）	每箱最低值（两）
祁门	9 720	44.50	40

五月二十七日　杜德洋行

产地	交易数（箱）	每箱最高值（两）	每箱最低值（两）
祁门	3 068	40	31
安化	3 739	25.25	21
聂家市	935	—	15
浏阳	661	—	16.30
桃源	425	—	20
高桥	1 481	16.40	16.25
大沙坪	262	—	17.90
计	10 571	—	—

五月二十七日　百昌洋行

产地	交易数(箱)	每箱最高值(两)	每箱最低值(两)
祁门	698	32	28
羊楼洞	255	—	17.25
湘潭	1 585	14.75	14.60
聂家市	250	—	14
长寿街	150	—	19.25
浏阳	865	—	16.60
通山	683	15	14.75
桃源	200	—	22.50
武宁	307	—	25
宁州	2 941	58	27.50
计	7 934	—	—

五月二十七日　顺丰洋行

产地	交易数(箱)	每箱最高值(两)	每箱最低值(两)
祁门	1 921	41	31
武宁	408	58	27.50
宁州	229	43	30
安化	2 356	29	20
长寿街	581	—	—
计	5 495	—	—

五月二十七日　阜昌洋行

产地	交易数(箱)	每箱最高值(两)	每箱最低值(两)
祁门	635	63	38
安化	2 244	25.25	23.50
杨芳林	214	—	16

产地	交易数（箱）	每箱最高值（两）	每箱最低值（两）
计	3 093	—	—

五月二十七日　怡和洋行

产地	交易数（箱）	每箱最高值（两）	每箱最低值（两）
祁门	1 762	40	32
武宁	56	—	24
醴陵	1 230	—	17.80
湘阴	1 372	—	15.10
北港	581	—	15
聂家市	415	14.25	14.05
计	5 416	—	—

五月二十七日　协和洋行

产地	交易数（箱）	每箱最高值（两）	每箱最低值（两）
祁门	5 530	45	30
宁州	738	37	26
醴陵	744	—	17.40
湘潭	688	—	15.25
安化	7 737	29	19.85
高桥	2 271	17.90	16.50
浏阳	680	—	16.40
崇阳	164	—	15
通山	1 298	16.50	16
大沙坪	805	19.75	19.35
长寿街	588	—	23.50
计	21 243	—	—

产地	交易数(箱)	每箱最高值(两)	每箱最低值(两)
五月二十七日交易数总计	76 678箱,其中祁宁30 671箱、两湖46 007箱		

五月二十八日　美最时洋行

产地	交易数(箱)	每箱最高值(两)	每箱最低值(两)
祁门	2 500	56	29
安化	1 850	25.25	19.50
平江	409	—	18.50
长寿街	286		20
计	5 045	—	—

五月二十八日　履泰洋行

产地	交易数(箱)	每箱最高值(两)	每箱最低值(两)
祁门	1 267	42	29.50
聂家市	460	—	15
安化	721	—	19.10
高桥	602	17.10	16
计	3 050	—	—

五月二十八日　新泰洋行

产地	交易数(箱)	每箱最高值(两)	每箱最低值(两)
祁门	1 699	53	40
五月二十八日交易数总计	9 794箱,其中祁宁茶5 466箱、两湖茶4 328箱		

五月三十日　天祥茶行

产地	交易数(箱)	每箱最高值(两)	每箱最低值(两)
祁门	76	—	30
安化	6 962	22	19

产地	交易数(箱)	每箱最高值(两)	每箱最低值(两)
大沙坪	351	—	18
桃源	1 130	20.25	19
平江	383	—	17.10
高桥	207	—	16.85
宁州	2 319	31	25
计	11 428	—	—

五月三十日　百昌洋行

产地	交易数(箱)	每箱最高值(两)	每箱最低值(两)
祁门	849	27.50	26.50
宁州	784	28.50	28
安化	1 429	18.50	17.50
湘潭	1 123	—	15
源山	104	—	14.25
计	4 289	—	—

五月三十日　新泰洋行

产地	交易数(箱)	每箱最高值(两)	每箱最低值(两)
祁门	1 431	42	32
安化	2 582	29.25	21.50
高桥	827	—	17.10
宁州	148	—	30
计	4 988	—	—
五月三十日交易数总计	20 705箱,其中祁宁茶5 607箱、两湖茶15 098箱		

　　本期总计销数为十五万一千五百七十九箱(祁宁茶五万五千三百五十七箱,两湖茶九万六千二百二十二箱),加以前期销数总额,计二十二万二千九百三十九箱,

即知开市以来，销数总额达三十七万四千五百十八箱，然前月杪预定之货，已有十二万三千八百八十箱云。

《中华实业界》1914年第8期

汉口华洋售茶公会之报告

前据华洋售茶公所报告云，大岛洋行购买长孝寨茶二千七百三十四箱，二十一两一至二十二两；荆门茶一千一百六十五箱，四十四两至五十两；萍江茶三百五十四箱，十八两五；安化茶二千零五箱，二十一两五至二十三两一；羊楼洞茶二百三十四箱，十六两七钱五；李家寨茶五十箱，十五两。

福利洋行购买安化茶一千六百八十八箱，二十一两至二十八两二钱五；李家寨茶一千三百四十七箱，十四两至十六两五；沙坪茶八百六十八箱，十两五；羊楼洞茶六百五十五箱，十七两五；桃源茶四百零三箱，二十五两五；荆门茶一千四百七十一箱，三十六两五至四十九两。

华丰洋行购买荆门茶四百五十一箱，五十二两至五十七两；安化茶九百零五箱，三十三两五至七十五两；沙坪茶二百八十六箱，二十五两五；羊楼洞茶四百三十箱，二十两五；李家寨茶四百九十箱，十七两六钱。

永兴洋行购买荆门茶九百七十一箱，五十两至六十八两；安化茶二千九百八十七箱，三十两至三十七两。

永兴洋行购买荆门茶一千四百九十七箱，四十三两至五十五两。

立泰洋行购买荆门茶一千二百八十一箱，三十六两至五十两；黄洞茶一千四百二十五箱，十六两五；长孝寨茶八百九十七箱，十九两三钱；李家寨茶二千一百八十八箱，十四两八钱五至十六两五；通山茶五百零八箱，十七两；云齐峰茶四百五十二箱，十六两九；蓝田茶一千一百零八箱，十九两二钱五至十九两四钱；浏阳茶七百八十一箱，十六两六。

赉费生洋行购买荆门茶六百六十二箱，五十两至七十八两；安化茶一千二百零六箱，二十七两至三十两五。

大岛洋行购买荆门茶二千六百六十一箱，四十两至四十三两；安化茶一千三百三十五箱，二十两；羊楼洞茶二百六十箱，十六两。

饶德洋行购买荆门茶三千七百四十三箱，三十六至五十八两；羊楼洞茶四百三十八箱，十六两五；黄洞茶六百三十箱，十七两二钱五；长孝寨茶一千七百二十七箱，念三两五；安化茶二千三百九十五箱，念六两七钱五至二十八两；萍江茶三百七十八箱，十八两六；李家矶茶七百七十箱，十五两；武陵茶五百五十箱，二十六两；云齐峰茶四百五十二箱，十六两九钱。

《中华实业界》1914年第9期

对美制茶贸易善后策

日本伊藤农产课长调查报告

日本绿茶销美之需要。凡商业对于输出上欲求推广销路，必先研究销品地方之人民习惯风俗及嗜好，然后可定推广营业之计划。从来我国人（指日本国人）仅传闻美国人之嗜好喜红茶，不喜绿茶，实以未经调查，不知彼地之状态耳。余（伊藤自称）今实地研究，确知美国红茶、绿茶均有销路，且纯粹喜饮绿茶者亦甚多。近有该国有力之大茶商某氏，竭力鼓吹绿茶之利益。我日本茶商，苟能乘此时机，研究绿茶广告，则不难夺印度、锡兰茶之利益，日本绿茶在美之销路，不患不能推广。况近来美国红茶之市价昂贵，本年三月上旬，锡兰红茶每一英斤须售美金三角，而日本之绿茶，每英斤仅售美金二角三四分，以现时价格比较，日本之绿茶，尽可乘时输入美国，与印度、锡兰红茶竞争，竭力推广销路，将来必可望大发达也。

推广销路之手段。从来日本茶叶输入美国，推广销路之方法，悉采用茶业组合中央会议所之计划，以余（伊藤氏自称）今回之调查，最可信服者，约有二端，略述如下：（一）为于各处影戏馆中，赠送日本各处名胜风景及采茶、制茶之实况照相片子，引起观客之兴味，于无意中将日本制茶情形，映入美人之脑筋，使其信仰试用。（二）为现今美国芝加哥地方，于夏季七八月之间，均以冰茶与牛乳混合，以代咖啡，大为流行，而日本之绿茶，色青而清香，最适于夏季冰茶之用。日本茶商欲诱导美人以日本绿茶代红茶作冰，养成其习惯嗜好，为将来永久之销路发达起见，于是不惜成本，于芝加哥、圣弗朗西司阁等处之各旅馆中，将日本绿茶广为赠送并附广告，说明绿茶适宜作冰茶之特色效用，使美人实验信服，以普及绿茶之销路。以上二法，已于本年实行，对于推广日本绿茶之在美国销路，定有绝大之效力也。

价格维持策。就去年日本输入美国绿茶价格大跌之原因而论，近三年来，日本输入美国之茶额，平均每年大抵由三千三百万斤至三千三百五十万斤之间，实为供给过多之关系。又适值先年实行禁止着色茶叶进口之法，至翌年中国茶叶输出，仍不减少，以粗恶之茶，运销各处，日本绿茶遂受影响，因此将来对于价格维持之策，约有二大之要义。（一）预先调查美国绿茶之需要额，以定输出之多少，凡二三等粗恶之茶，概禁出口。（二）竭力研究改良制茶之方法，以成本减轻，品质精良，装饰美丽，为最要之目的。

着色茶问题。现近美国改正着色茶检查规则，已决定从礼特式。日本绿茶销美之成绩素佳，原无不合格之品，然而着色茶输出之原因，在茶商之目的，为希望美观广销，殊不知与印度、锡兰茶比较，略觉退步，致目前大受影响。务望茶业商人，宜抱远大之思想，选择纯粹精良之茶叶，输入美国，万勿再蹈着色之弊。

将来之努力。总之日本绿茶之将来，欲希望在美国与印度、锡兰茶商业上之竞争者，须知印度、锡兰之茶商，每年约投数十万之巨资，竭力注意推广销路，假或日本茶商，再墨守成法，沉沉如故，自弃权利，则前途不堪设想，势必失败而落人之后。务望我日本茶商，从速努力改良制品，研究广告之法，投美人之所好，以图销路之推广。明年美国举行巴拿马万国博览会，我日本茶业商人，正可利用此绝好机会，从事各种广告方法，为日本绿茶将来在美国畅销之基础，万勿自误而致后悔也。

（译者）按：我国茶叶，素为输出品之一大宗，比年来渐落人后，研究原因，未始非品物不精选，装饰不雅观，广告不注意之故，失信外人，日减销路，殊堪痛哭。日本茶叶输出之额，三年前已超越我国之上，今方注意于印度、锡兰之茶叶，急急欲谋相与竞争之法，如影戏中插入制茶实况照片，又于芝加哥、圣路易斯等处各旅馆中，广赠绿茶，希望美人以日本绿茶作冰茶之用，谋夺印度、锡兰红茶之利，苦心经营，朝野一致。近三年平均每年输出额，已增至三千三百万斤至三千三百五十万斤，而伊藤农产课长，犹殷殷以改工制品，推广销路，勉其国人，而对于着色问题及赛会问题，又叮咛劝勉，一则曰印度、锡兰茶，再则曰印度、锡兰茶，而对于数千年产茶之中国，绝无顾虑，一若对美茶叶输出上，除印度、锡兰茶而外，莫与敌也，不知我国茶业诸君闻之，亦痛心否耶？感触否耶？明年美国巴拿马赛会，日本已准备十万元基金，特设一"日本村馆"，有富士山，有温泉，有瀑布，种种点缀，华丽壮观，引人兴味，计划书早经宣布，通告我农商部矣，而对于茶叶输出之广告，所谓制茶实况之影戏，以及冰茶贩卖店等，预料必发现于日本村馆中，绝无疑义。不知我国茶业诸君，对于巴拿马赛会之出品，有竞争思想否耶？有之，则时机急矣，如何选品，如何装饰，如何陈列，如何广告动人，如何研究说明，以及赛会后如何与美人订约贸易，应及早筹备计划矣。若再观望不前，坐失时机，势必天然淘汰，一蹶不振，噬脐之悔，亦无及矣。侨居三岛，痴望神州，既有对美制茶贸易策，触我眼、刺我脑，不得不急译之以告我国茶业诸君。

《东方杂志》1914年第11期

皖南之茶

转录《申报》旅行记者抱一

皖南一茶世界，茶时山中高高下下，弥望皆茶。祁门产红茶，以汉口为行销中心点；婺源、休宁、歙等处产绿茶，以上海为行销中心点。而屯溪实为绿茶转运机关，常年出口红茶，约七十万箱，内祁门产约占九万箱。绿茶出口约四十万箱，内自屯溪转运者十七万箱。

红茶制法，采下后，晒之使软，次揉之使卷，次窨之使燥，次拣之使净，次装箱运售，则茶号事也。绿茶制法，采下后炒之使软，次揉之使卷，次焙之使干，以上为茶户之事；次筛之、拣之、簸之、扇之，使匀净，每次须焙之使燥，次装箱运售，则茶号事也。茶细者每箱五十斤，粗者每箱三四十斤。

茶丛生以种于山麓为宜，土质黑而湿润者最佳。每丛相距约五尺，丛之大者，每丛年可收干叶二十斤，茶户所制成曰毛茶，每鲜叶二斤半成一斤，茶号每毛茶五斤成一斤。若细茶最上品之针眉，于普通茶百斤内仅能拣得五斤多或七斤。

茶由贩客向各地茶户收买售与茶行，茶行售与茶号，茶号售与上海茶栈，茶栈售与洋行，而贩户之本资大抵由行贷给即定购其所收之货焉。屯溪现有茶号七十二家，茶行七家，现价毛茶每百斤自十七八元至四十二三元不等，成茶头批最佳者银百两或九十两，末批四五十两，尾庄子茶二三十元不等，若前年冬最贱时，每百斤仅银十六两。

茶之为业，实包农工商三种，种植农之事也，制造工之事也，装饰运输商之事也。谋改良者宜分别从事而揉碾不洁净，实为诋毁华茶者一大口实。此行考察颇特别注意此点，且乘机为之劝告，大抵皖南茶户平时起居虽未必（十）分清洁，而其视茶事非常郑重，故尚不至污秽恶浊。譬如揉茶大都用手不用足，尝行歙县北乡某村落，入蒋姓家观其制茶器具，非常精洁，彼且自陈此，于行销外国，大有关系云云。余深为感动，窃意茶业公共机关，一方宜用语言或文字广劝制茶务从清洁，一方宜将业已改良之现况传播，咸知或于茶业前途不无关系乎。（下略）

拟改良徽州茶业意见书

俞　燮

　　甚矣，以今日而言，改良茶业夫亦易穷则变之义也。中国产茶非一省，制洋庄茶亦非一省，如宁州及徽州之祁门红茶，江西、浙江、徽州之绿茶皆是也，然红茶、绿茶两种要皆以徽州为佳。清道光以前，徽州止制绿茶，与洋商交易全在粤东省城，时洋商进口止于澳门，惟购茶许至粤东省城内。林文忠督粤东国权正盛，予限交易不容逗遛，兼之山价极廉沽盘极贵，徽州茶业是为最获厚利之时代。道光中叶，上海开辟通商口岸，茶业交易去彼就此，是为徽州茶业变迁时代。然犹自有主权利，虽不及粤东交易时之厚，亏折二字尚未有闻。光绪以来，则业此者苦乐不均，盈亏各判，不逮上海初通商时远甚，不逮粤东交易时尤觉远甚，是为徽州茶业中落时代。降至今日年见亏折，获利者百难得一，直为徽州茶业失败时代矣。究其原因，殊觉复杂，窃愿以平昔闻诸父老见之事实，参以己见，约略言之。

　　昔者吾徽出产之茶不逮今日之半，且外国爪哇、日本、印度、锡兰均未有所出产，今则较中国出口之茶加多数倍，此失败之一原因也。昔者茶户采制既不草率，各茶号购就后仍复加工拣焙，分类别色考究异常，圆形之珠茶为一类，长形之雨前为一类，不成长圆形之熙春又为一类。每类之中又分数色，是谓大帮。每一大帮不下数百千余箱类，洋人购买必连类而及，未能挑剔抑压也。自清光绪季岁，俄人莅沪开设洋行争购熙春，于是茶商心思杂乱，而制法为之一变。购者虽百箱、数十箱、十余箱而奇零提取，售者亦百箱、数十箱、十余箱而奇零批发。人以其箱额不嫌数少，于是制百箱者设一号，制数十箱、十余箱者亦设一号，则所谓乌龙号是也。成本不多制运又速，于是业茶者纷起而茶号加多矣。茶号加多，进山买茶莫不争先放价，于是山价日昂一日，而茶户以为不患难售，其采制之草率亦日甚一日。彼爪哇、日本、印度、锡兰诸国之培植制造则又日精一日，相形见绌，此又失败之一原因也。昔者吾徽制茶之号不惟制造精良，其于装潢上如装茶之箱桶也、锡罐也，以及糊罐糙箱纸之料也必求精美坚厚，熟茶装入既不透风亦难沁湿，闻箱茶运至粤东有积至二三年始售，其颜色香味仍不稍变者。后以清政苛税除皮太轻之故，大都改用轻量之桶罐矣，凡糊糙之纸料又多浇薄，且以制百余箱、数十箱、十余箱，为数不多各思捷足。至于拣工、焙工多不及昔时之精研，运至沪上稍久囤积虑其受伤。故一到沪又莫不争先求售，洋商以其求售之亟，始则略放其价值，予最少数箱茶以微利俟。各号箱茶麇集，逆忆吾茶商心理，咸欲速售也，则又故意骤贬其价值，茶商安得而不亏折乎？此又失败之一原因也。其余如茶商之漫无团体、了无远见、安常蹈故、贪小计微，种种失败原因更无论已。

　　然而近数年茶业中尤有一极可危之事，不可不亟告知同业者：即爪哇、日本、印度、锡兰诸国之茶将有倒灌中国之势是也。如清宣统三年，汉口茶砖厂有十余万担无税之锡兰茶末输入；民国元年春季，又有外国茶叶一百零八担进口；民国二年春季，又进口有一万六千四百余担。三数年间其进口之茶骤增至十余倍焉，此见诸民国二年六月十二日《时事新报》披露者也。讵不大可危乎？中国向以茶为第二大宗出口之货，今反以外国之茶运输入口，中国茶业真一落千丈不可收拾矣。所幸中国茶叶有天然美质，尚非爪哇、日本、印度、锡兰出品所可几及者。苟徒恃此天然美质，遂不复预为改良之计画，恐将来利权外溢靡有底涯，有心人用是兢兢矣。燮，徽人也，习闻习见者徽州，徽州有红茶、绿茶两种，燮现厕身绿茶商场，习闻习见者绿茶，兹特就茶营业所应亟宜改良之处，谨以管见笔之于书。愿同业同志诸君有所匡正，且急起而图之，则补牢未晚，未始非徽州茶业之大幸也。

　　改良茶业有两种问题：一属工行为，一属商行为。工行为则茶户与茶号两方面改良之研究，是根本上之解决也。商行为则茶商一方面改良之研究，是经营上之解决也，请分晰言之。

　　工行为所当研究改良者列之如下。

　　（甲）茶户所应改良者有数事。

　　一培壅。培壅之道无他，在于勤捍浇而已。捍浇不勤，则根本既亏枝叶必难畅茂，茶户改良之事是宜首先注意者也。捍浇每岁至少须三次，配阴历孟春夏秋及孟冬之时间，先锄其土使松并须理其土面上之草，埋之茶树根际，然后施以肥料。肥料以草汁为上品（夏秋间刈取嫩大茅叶窖于树下尤妙，而他嫩草亦可），犬粪次之，人粪为普通。施肥后一二日，仍复将根头之土壅起，则根本厚而枝叶必盛，且浓厚醇绿香味必佳矣。此务枝培本之法也，此茶户改良之一事也。

　　二整顿。茶树最壮盛时期不过十年二十年耳，过此以往稍欠培壅必至老干纵横，新枝寥落，甚或枯槁而萎矣，是不可以不整顿也。不观爪哇、日本、印度、锡兰诸国乎，其所植之茶树长成之后三五年必斩割一次，俾其本根之生长力日益充足。故斩割之后，次年发出新枝自然雄壮，其叶必浓绿深厚、润泽柔软无疑矣。此不惟外国然也，尝见吾徽茶户，有以茶树太老之故，一俟夏茶采后将树全行斫去仅留数寸，然后以稻秆秸置其上以火焚之，使土暖热，焚后浇以肥粪。一至次年春间，所斫去之树根必重发新枝，一二年后益枝强叶茂、色泽光润、深厚柔软，真有一种可爱之致，其明证也。惜茶户未深明其理，不过为偶行之事，岂知此正务新除旧，获取佳茗之一大好良法也。但中外土性不同，虽不必效其斩割之勤，然于枯老将萎发枝不旺之树，须以旧法施之可也，此又茶户改良之一事也。

三保护。培壅整顿之后，保护法不讲，则茶树仍不免有受伤之虞。盖茶树之性，颇怯严寒，立冬以后霜雪交加无以保护，则桠枝受寒威凌逼，每有因而枯萎者，抑或不萎然其受逼太过，次年春间发出枝叶必形单薄不能畅茂，则保护尚已。保护之法宜先于立冬时，以稻秆将茶树厚为束缚，缚时须顺树性不可过紧，总以不使桠枝散漫为度。又切忌将茶树编辫遏其生长之机，一至仲春之初，即当解其束缚以手将茶树拨还自然之致，以便吸受旸露成其发荣滋长之功也。且无特别牧场之村落，茶园四周须编竹篱或木篱以遮护之，否则或排植以叶有针刺之树，以免放牛啮去茶苗，每见茶苗屡被牛啮茶树遂亦以枯萎者，此尤茶户改良所当注意之一事也。

四采摘。采摘不慎不但于保护法有所破坏，且于制造法种之恶因，又安可不研究之乎。采茶切忌将桠枝攀下满握抢捋，既伤嫩枝又多断叶，成熟之后茶梗累累不成条线，大半职此之出。昔时婺北茶户采茶异常谨慎，采时必以一手扶桠，一手以两指爪视其叶之可摘者就叶蒂摘下，否则置之。每一茶树非经摘至三四次未能竣事，故嫩枝不伤无两叶相连之弊。间有夹带在筐者，归家后必就筐内提剔一过，及至制成毛茶时，茶梗绝少条线可爱。是时制洋庄茶叶者，婺北特擅名于时，近十余年来，此法传染婺东一般村落，婺北则未免略形草率耳。故近十余年婺东之茶遂较婺北为胜，推求其故，向则婺北茶数既少，人工又足，工价又廉，且不惜延长采摘之时日，今则婺北所产之茶数倍于昔，人工又少，而工价又高，采茶时日又相习短促（以各号抢买茶叶茶户采茶未下树，而已先寄洋袋于山户定购故也），势不得不草率从事矣。然婺东之一般村落此后亦难保其常循此法也，盖迩来如此慎采之茶户，山价较高，因之咸增植其茶树，断此出茶之数必将加倍无疑，出数既加人工所有不足，鲜有不弛。其良法者，要之出茶数多，采摘原不必拘泥，然究不可过事草率，满握捋之，蹈伤枝伤叶之弊也，此又茶户改良之一事也。

五制造。制造重在茶号，尤重在茶户。制造不良则茶叶之原本既劣，无论茶号购就后，如何焙制，如何设色，莫掩疵矣。茶户制造时，切忌袋装足踏、烘胚晒胚诸病，袋装足踏则茶叶扁裹不能圆心条直，烘胚晒胚则茶色紫黑，闻之且有烟日气，虽本美质变为劣品矣。故茶户制茶时先宜留心采下之茶片，如遇雨天采下者，必须摊爽以去其数叶相贴之弊，一如晴天采下者，然而后置之锅内炒熟，炒熟之后置之茶床，以手揉之。揉茶之床有以竹丝制成、竹篾制成两种，但竹篾弦方有锋，尚未免于伤茶，竹丝亦宜取圆滑者，最妙莫如用石块（即石茶床式长方可容二三人并揉不定，面必铲使平，再以小尖划刻成横线用之），取其揉茶不致有断碎之弊，揉茶又重于法，大约须揉至二三百次，务使其转熟成条而后已。揉转成条之后谓之茶胚，又须将茶胚撒布筐内，透风使爽，然后再置锅内以手簸之，谓之焙茶。焙茶胚时，火力不宜大，大则茶胚收束不及，必至有贴锅焦扁之病，一经开水冲泡必有焦气苦味，令人生嫌，是与日烟之气同为劣品矣。故焙茶火力宜小，小则收束均匀，自然成条紧结，且色必漂绿，气更芬馥，味必甜和也，此又茶户改良之一事也。（未完）

《中华实业界》1915年第2期

拟改良徽州茶业意见书（续）

俞　燮

（乙）茶号，茶号所应研究改良者有数事。

一采办。自美国宣布不准有色绿茶进口，各茶号采办毛茶，辨别不可不益加精细。稍一忽略，虽号中制造无色茶叶时，监察如何严密，而本来之作色，末由补救。一经洋商验出，退盘割价，受亏匪浅。讵不大可惜乎！至于休歙两县，一般之茶户，晒胚烘胚之茶，茶号贪扯均堆，随便采办。纵或少数，究之瑜不掩瑕。是故各号至茶户采办毛茶，须首先辨其作色与否，次则凡晒胚烘胚之茶，虽价极廉宜，均宜以不贪买为是（苟无人买，茶户必自思改良矣）。庶乎茶之本原既无夹杂，而制成必为佳品无疑矣。此茶号首先改良注意之一事也。

二制造。近十余年来，一般茶号以争先恐后之故，于制造时如做工、拣工、焙工，多从疏略。运至沪上，与洋商交易时，经洋行茶师品视，或嫌做工之不净，或嫌拣工之太毛，或嫌焙工之未足，以此贬抑价值者。时有所闻，讵非咎之自致欤。闻之昔者，茶号制造茶叶极为研究，就拣场论，每发拣一类之茶，看拣者必先拣一小样，为之标准，且时临视各拣茶桌案，明白指示、谆谆告语如塾师之授儿童读书者然，其审慎周详为何如乎？至于司管锅、司做场诸工，亦莫不各自尽其职，而无或疏略者。茶号改良制造，于此不可不效也。此又茶号改良之一事也。

三装潢。洋商无论经营何业，于装潢上莫不极意讲求，虽甚细微，所值银元不过数元、数角、数分之物，要皆别有一种精致耀目，坚美可爱之装潢品式，足以供人把玩不置者。就使其物已经食用无遗，而其装物之箱，或罐或瓶或匣，均有为人假作一种适当之用，而不肯轻弃。故往往其物之食用，或不能与价值相当，或非为人所必要，而购物者之心理，亦明知所食用之物，与价值固不相当，然其装物之箱、罐、瓶、匣，亦得其用，而因以购之者；亦明知所食用之物，本非必要，有爱玩其装潢之美，而因以购之者。洋商营业之精巧如此，所由无物不厚获其利也。徽州箱茶价值如何，权不我操，姑且勿论，就以成本计，每箱须合九八元二三十两、四五十两不等，使装潢过自陋劣，万一茶有受伤之处，讵不先自亏折其本欤？每见茶号装茶之箱桶也、锡罐也、糊罐糙箱之纸也，无一不采用其浇薄者，以至成均上箱，非锡罐先自破裂，则箱桶先自损坏，临时张皇补苴，敷衍了事是无惑乎？箱茶运沪与洋商成盘后，而洋商行复苛索吾茶商之破箱费也。果也箱罐坚实，洋行岂故为是苛求乎？然则装潢之事，甚未可以吝惜小费，而淡漠视之也。至于内牌或刊印说明书，外牌则精刻招牌纸，是亦茶号中一种信用美术之条件。夫又安可少哉？此又茶号改良之一事也。

以上所陈改良之事，皆属工行为者，是根本问题之解决也。请再就商行为者言之，商行为所当研究改良者，分列如下：

（甲）茶号，茶号所应改良者有数事。

一化散为整。化散为整之办法，有两种手续，一自动的，一他动的。自动的由各制少数箱茶之乌龙号，仿公司集股之法，自行结合，成为制多数箱茶之号是也。他动的则由行政官厅规定则律，分为上、中、下，上则准制若干箱额，中则准制若干箱额，下则准制若干箱额。凡欲开设茶号者，须先认则领帖，方可设立，否则以官厅命令禁止之是也。然自动的进行，全在各茶商有绝大智识、绝大眼光，以公共之心为团结之力，乃为有效。然必待各茶商人人有是程度，事实上似未易办到，且彼乌龙茶号，以制少数箱额获利者，亦未必乐从。诚不如他动的进行易易也，但他动的进行，迹又近于专制。虽然有裨于茶业大局，实非浅鲜也。

何言之，认则捐帖，以设立茶号，则如近十余年来之乌龙号，不能随意增加。茶号必不若近来之散漫，号不散漫，则凡采办毛茶，各有标的，不至以争先之故，乱放山价，一益也。捐帖之号，资本必不至短绌，用栈水脚银两必不多，不大受茶栈子金之鞭逼，卖茶之时，自有把握，不至以急于归结之故，客心纷乱，争先抢卖，二益也。近十余年来，茶业之坏，大半由各茶号抢买抢卖所致，山价本未高也，因抢买而高矣，沽盘本未低也，因抢卖而低矣，讵非自作之孽欤？要皆乌龙号阶之厉耳，捐帖设号，此弊庶几除矣！

或曰，捐帖设号，则凡小资本家不能经营茶业。殊非事理之平，曰是不然。捐帖设号，责之一小资本家，固力有未逮，合之数小资本家，则力必有余，是何妨仿公司集股之法，合数小资本家而共同经营乎？或不能认上则，亦可认中则，或不能认中则，亦可认下则。如此则茶业各有秩序，而利益仍可以均沾也，不亦善乎？

试思吾徽昔者茶业最获厚利之时代，徽州六邑所设茶号，以屯溪一镇为最盛，亦不过十数家，合六邑通计，不过二三十家、三四十家而已，殊不及今日十分之二三。彼时每一茶号制造箱茶不下五六千箱，多至成万箱不等，分次运销，每次不下千余数千箱之多，少亦不下五六百、七八百箱不等，合毛茶四五百担或八九百成千担之敷。其向茶户采办时，价皆相仿，无贵买之虞，其与洋商交易时，盘皆把定，无贱售之虑，而今异矣！

何异乎？异乎昔日则茶号少，今日则茶号多，昔日茶号箱额多，今日茶号箱额少耳。箱额之少，莫如乌龙茶号，茶号之多，亦莫如乌龙茶号。其采办毛茶或五六十担，便可制箱茶百余箱；采办毛茶二三十担，甚或十余担数担，均可制箱茶三五十箱十余箱，各配一次运售，而皆设为茶号焉。其散漫为何如乎？昔者每一茶号预备办毛茶若干担，制若干箱额，可以陆续采办，始或略放其价值，尚有以次递贬之余地（现洋商购买箱茶，始予少数以微利后或骤贬其价值，以扯始放之盘，则利用此术），故通扯买价，尚不至十分昂贵也。今则茶号如林，当采买毛茶之时，各号齐出，几几乎有须经一次买足之势，山价所由愈放而愈高。在制少数箱茶之号，虽宽放高盘，所费尚属有限，而在制多数箱茶之号，跟放高盘，则所掷殊觉不赀，益以凡百腾贵，累年来箱茶成本之巨，亏折之大，实由于此。然而制少数箱茶之乌龙茶号，可以赶快运销则间有获其利者。

虽然正惟制少数箱茶之乌龙号，赶快间有获利。于是其他茶号争步后尘，始有放价抢买之事。岂知抢快制运，亦断无同时赶到之理，就令能同时赶到，洋商苟出其始放骤贬之惯技，一例贬价，将若之何？讵不同归于尽欤？且不成一中国第二大宗出口货之商务也，同业须以为维持大局计，胥注意于化散为整之法，共策进行之为愈也。如此则庶有把握，内与茶户不必抢置，以自大其成本；外与洋商不必抢卖，以自损其价格。不但此也，且各按部就班，不争先恐后，则凡竹木漆锡各行之工价，与运箱茶之船价，均无所恃其垄断，而茶商先自隐获其利矣！夫非化散为整之利益哉！此为商行为茶号改良所当第一注意之事也。

二登刊广告。推广销路、开拓利源、驰名邀誉，则刊登广告是凡经营商业者，所必不可少之手续也。盖先入为主，心理普同。凡百品物，当美劣未形时，自久耳其名为美者视之，则遇物莫不以为美。自久耳其名为劣者视之，则遇物莫不以为劣。无他，其感觉于未遇物之先，早有一美劣之见，存乎其间耳。不观洋商之美孚煤油公司乎？胜家之缝纫机器乎？极之微细如仁丹、如香烟乎？其品式效用，日喧闻于各报纸者，既踵事而增华，且于各大商埠、各小市镇，甚至有数家店铺之村落间、墙头屋角，几无不有此数种字样映入眼帘。故其销场日辟，利源日开，此其先例也。中国各商业，如汉沪及各通商大埠间，亦有刊登广告之招徕贸易者。惟茶业则未之有闻焉。讵非经营茶业之手续上一大缺点欤？刊登广告之法，须于每批箱茶成均时，先寄登中外各报，详载某某茶号，第几批（高庄）（中庄）（低庄）箱茶，采自何处，茶质如何良好，制造如何研究，装潢如何坚美，色香味如何佳妙，有何效用，比较他国所产，有何独占优胜之处，合何成本，一一说明。先印入于买茶洋行之茶师心目中，如此则箱茶到沪，市样出售，洋行茶师，其有不着意品视，而高下不别者，盖亦寡矣。且可使向未购试华茶之国，亦将有所观感而兴起焉。此又茶号化散为整之后，所当研究改良之一事也。

清季英国曾设有华茶茶业公所，通讯有云彼在英国，每年刊登华茶之广告，三数年间，比较其所销华茶分量，递增至数十倍。惜经费未充，意欲内地茶商相与协助，适值光复，迩来消息梗塞，究不知是否停滞也。特附记之。

三确定招牌。信用二字，为人持躬涉世之必要。况中外互市，尤当以信用为主，洋商于此二字最为珍重。茶业为中国特色之业，茶商尤为外人注意之商，茶号招牌正所以代表茶业。茶商信用之具使一茶号招牌，今年用某某字样，明年又更易之，又明年又更易之，屡次更易，实足以启洋商之猜疑，而交易之间，遂不能无审慎迟回之态度，而信用失矣。

不闻历年既久数家老牌子茶号乎，其箱茶一经到沪，栈家为送样于洋行，洋行茶师略为品看，遂予以相当之价值，且有时其箱茶未经到沪，而洋行茶师已先向栈内董事询问者。此等茶号往往不甚亏折，非确定招牌能坚信用之明证欤？此同业诸君所共知者。此又茶号商行为上改良之一也。（未完）

《中华实业界》1915年第3期

拟改良徽州茶业意见书（再①续）

俞 燮

（乙）茶栈，茶栈有应研究改良者有数事。

一限用水脚。茶号制成箱茶，运至沪上，投落茶栈经售，领用茶栈水脚银两，向以箱额支配，每箱不过五两，稍宽七两八两为度，且须俟茶号箱茶开运时，茶栈始肯给付。近十余年来，沪上茶栈日增，以贪多箱额，争接号客之故，茶栈所放水脚，遂各从宽，约每箱放用九两至十两，或至十余两不等，且不待茶箱开运，而先送票于各号，藉以定事。近来益复加增，只要有一茶号，并不问其有无资本，多少箱额，竟随意付用，甚至有未定设号与否，亦劝用劝设备至，是直等于茶栈放资本，不似茶栈放水脚矣。于是从未设号者，亦以为有人放资本，亦何妨作孤注之一掷，而茶号加多矣。茶户闻茶号加多，以为茶业必大获其利，亦不免奇货之可居，故各号至茶户采办毛茶，茶户固必争求善价，而一般乌龙号制造箱茶，不必自出资本，且需毛茶不多，亦不惜放盘抢买（尝见茶号至沪与洋商交易时，欲求加一两或五钱之盘，均非易事，而茶号向茶户买茶时，如年来放盘之高，乃至较旧多一二十元不等，一若忘其近十余年之亏折，而反若大获其利也者，甚可怪也），累大市成本，加倍昂贵，细为绌绎，茶栈滥放水脚银两，实为一种大原因也。是则非由各茶栈一致改良，限用水脚不为功者也。

限用水脚奈何必须画一规程，如昔者之以箱额支配，每箱水脚以五两至十两为度，且必须审慎茶号牌子之新旧，资本之有无，尤必俟所制之箱茶开运，始行给付。则开设茶号者，知领用水脚之不易，不惟不敢徒张空拳，则即薄有资本者，亦必不敢孟浪从事，势必邀合多数股东为之，则化散为整之法易行矣。茶号能化散为整，则将来达到组织绝大公司，自由出洋贸易之目的不难矣，茶业发达，岂真无望哉？且能限用水脚，于栈号两方面均有裨益，茶号一方面，以限用水脚之故，在在须出其实本，对于茶户买茶时，必不敢轻于放价，制茶成本不至太高，非茶号之益欤？茶栈一方面，以茶号成本不至太高，虽代沽出之盘稍逊，获利无多，必不至倒空栈款，非茶栈之益欤？诚一举两得者也。

---

① 为区别题名，"再"字为整理者添加。

或曰开设茶栈，须求接号客多，而箱额始广，乃可以获利，使限茶号领用水脚，其如号客之难接何？曰是无虑也，要视茶栈之得人否耳，果茶栈代客卖茶之通事，皆贤者能者，加以主盘之人，复又精熟茶况，通达市情，代客卖出之茶，不至令客人受亏，则必有一人传十，十人传百，相彼号客，且将相率以偕来，而茶栈方有应接不暇之势矣，尚虑号客之难接欤？吾未之信也，此茶栈改良之一事也。

二开设公报。茶栈与茶栈声气隔绝，于是各栈所接之号客，间有狡黠者，既领用过此栈水脚，复又领用彼栈水脚，而茶栈无由得悉，倘沽盘不佳，一至归结时，有彼此均受其空者矣，不亦冤乎？是茶栈与茶栈，贵互通其声气也。

互通声气奈何？鄙意宜于徽州适中，茶业最盛之屯溪镇，仿沪上小报，及前清辕门抄体例，设一茶业公报，所有关于茶栈接客放汇以及茶号买卖，一切关于茶务纠葛种种事件，皆须访查公布之。如此则茶业中一般狡黠者，无所遁其形，而于经营进行上尤有所策应，况又邮电机关亦在，于是内而与各县，外而与沪汉，消息均易传递，此不第茶栈之利也。且于茶号及关于茶务各方面，胥有利赖焉，倘所谓公益者非欤？

或曰茶栈招接号客，各营各业，此中放汇，各有权衡，接号多寡，各凭信用，使必此栈彼栈互通声气，则合设一公栈可矣，何必各标门面乎？且于招接客号，似有所妨碍，曰苟能合设公栈，则诚茶业莫大之福。正惟未能臻此境界，以致仍复各标门面。正惟各标门面各逞智力，于是始有彼此受累之事。设栈所以求利，非所以求累也，苟有可以弭累之方，夫亦何惮而不为乎？如虑妨碍招接客号，则又有说，夫招接客号，固属以多为贵，使我栈代客沽出之茶，比较他栈有所亏负，能必号客之仍投我栈经售欤？此理之显然者，可知互通声气，开设茶业公报一事，有益无损，而于茶栈招接客号，殊无丝毫妨碍之理由也。此又茶栈改良之一事也。

以上所陈改良诸端，皆就茶户、茶号、茶栈各方面现势之所趋，发摅管见，与业茶诸君之同志者一商榷之者也。

虽然燮涫迹茶业，已四载于兹，慕茶业诸君，爱茶业诸君，更惜茶业诸君者甚深。特于商榷改良之后，对于茶号、茶栈两方面，尚未能恝然于怀，愿进最后最有密切关系之忠告，幸茶业诸君之同志者亮察焉。

诸君讵不大多数知今日中外互市之时代，一商战剧烈之时代乎？曾亦知此商战之时代，固贵乎以争奇斗巧者，特与洋商战，甚非以图私谋己者。我华商之自为战也，知与洋商战，则吾中国茶业尚可以振兴；若止知华商自为战，则吾中国茶业前途之危险，将有所不忍言者矣。况乎凡百贸易，买者皆须先向卖者问价，价之多寡，其权自卖者操之。惟茶则不然，箱茶运至沪上，投落茶栈，由茶栈通事送样于买茶之洋行，向洋行茶师讨盘，经洋行茶师品样之后，始定价格，价格高低其权自买者操之，卖者仅有向其加价之要求而已。昔者粤东通商，茶之交易则异是，此所以昔之业茶者，尝大获其利，今之业茶者屡见其亏折也，间亦有稍获其利者，一则制少数箱茶之乌龙号，一则由于山价之廉宜耳，凡此皆非能获洋商之利也。

　　何谓非能获洋商之利乎？其由山价廉宜，不必论矣。其在制少数箱茶之乌龙号，所获之利，则所谓洋商始则略放其价值，予少数箱茶以微利也；然当多数箱茶闻风纷至时，则骤贬其价值矣。予彼取此，试一为之统计，获利者在最少数，而亏本者则为最多数。试问彼最少数所获之利，获之洋商乎？抑仍获之华商亏折之资本乎？而最少数获利之乌龙号，辄自诩为捷足先得也。抑亦不思之甚矣，推其用心，适成为华商自战之用心耳，长此自战，惟有同归于尽焉耳，不诚大可惜哉？究其原因，要在业茶者，未免智识局囿，眼光短近，乏公共之心，少团结之力，夫固无可讳言者。

　　惟然变故有无穷希望，希望业茶诸君各具绝大智识，放绝大眼光，内则顾念中国之茶业，有一落千丈之危，宜如何同舟以共济；外则思爪哇、日本、印度、锡兰之茶业，有一日千里之势，宜如何急起而直追。果人同此心，心同此理，则公共之心、团结之力，未有不勃然而兴者，诸君不观夫茶号所需之竹工、漆工、锡工乎？莫不各有公共之心、团结之力，故竹工一集议，则络箱工价一律增涨，茶号不能对抗也。漆工一集议，则糙箱订箱之工价亦一律增涨，茶号不能对抗也。锡工一集议，则爞罐日有限数，工价亦有定程，茶号亦不能对抗也。此外如成衣业有帮，小贩业亦有帮，要皆一经集议，筹定规则，莫或有违。凡此一则为劳动家，一则为小本经营家，其公共之心、团结之力，尚若是其坚固，岂堂堂制造洋庄之茶号，成本之巨大，经营之宏远，而反不若劳动家与小本经营家之为，讵不自觉哑然失笑欤？此茶号、茶栈所由不可不早结团体也。

　　各茶号能结团体，则采办毛茶时，不至有争放抢买之火气，及箱茶运沪与洋商交易，洋商骤欲贬价时，亦不至客心纷乱，漫无把握，有愿降其价格，争先抢卖之状态。各茶栈能结团体，则放汇一循轨率，无有太滥，始则致茶户山价飞腾，中则致茶号成本昂贵，终则不免茶栈自受短空之累。茶栈与茶栈能互结团体，则代客售茶时，此栈与彼栈自有互相照应，互相标榜之善意，无互相忌嫉、互相猜嫌之褊心，其于市情尴尬之时，尤有互为维持镇定之毅力，则裨益茶号、裨益茶栈，甚非浅尠也，业茶诸君其有意乎？

或曰屯溪已设立徽州茶务总会矣，茶号非无团体也。上海设立茶业公所矣，茶栈非无团体也。且曾设立川、粤、苏、浙、皖、赣、湘、鄂八省洋庄茶业联合会矣，是茶号、茶栈亦非不互结团体也，顾茶业何以迄今不振也？曰诚然诚然，是固不可谓非团体也，所惜者团结之实力有未足耳。有团体而无团结之实力，虽百体如无一团体也，然则奈何？夫有一团体，必有一团体之宗旨之进行方法，宗旨定矣，进行方法有矣，尤贵人人之智识眼光，不甚相远，而胥有公共之心也，有公共之心，然后有团结之力，有团结之力，然后团体乃能坚固，不与等于悬壶市肆而不卖一药材也，此尤爕所朝夕为已有之茶业团体期之者也。第就以上所云，遂谓足尽茶业改良之事乎？然而未也，盖以上所云，不过急则治其标之事耳，尚犹有治其本之事在，请一毕其说可乎？天下事须事实与学理兼至，乃可以云完全，此不第农工商事业然也，然惟农工商事业为尤要。徽州茶业为产出口货之大宗，多数生计是赖，殆兼农工商之性质者也，骤观事实上之所为，亦似已能普通矣。特业是者，多非由讲习而来，凡佣茶号之人，甚或不能粗通字义，一味临时学制，安望其能洞达茶业之机宜乎？其于学理上固未充足，夫亦无可讳言者。中外互市后，凡外人之以农工商业战胜我中国者，盖无一不由学理与事实均有充分之研究，而谓中国徒以事实之陈迹与之对抗，固无怪其败也。前清当轴者有见及此，曾于南京城内设立茶务讲习所矣，惟南京非产茶之区，设所在彼，未免齐传楚咻，难收庄岳之间之效。识者曾建议请分拨款项，就徽州屯溪镇设立，闻已邀准，适值光复，遂寝其议，甚可惜也。果能就屯溪设立茶务讲习所，招集子弟，肄习其中，一面研究学理，一面实地练习，是不惟于改良茶业之前途立其大本，且于推广茶业之将来植之始基矣。此尤希望业茶诸君与当路达者，为之特别注意也。

《中华实业界》1915年第4期

调查皖苏浙鄂茶务记

陶企农

欧亚互市以来，彼族吸取我之脂膏，其术不止一端，而商务为最。以我国地大物博，人民蕃庶，乃竟坐受其困，幸稍资抵制者尚有丝、茶二项。挽回利权于万一，无如工用高曾之矩矱。商乏远大之计谋，居奇垄断，不知竞争而专事欺伪，以致江河日下，构成今之现象。丝既日即衰落，茶亦势渐弩末。然亡羊补牢，时犹可为，苟能急速改良，尚不难恢复前规，重收美果。下走学识孤陋，于实业素鲜经验，惟十数年来，历游皖浙沪汉，上及绅商，下及农户，旁及外洋之回国者，凡有关于茶务，靡不细心研究，一得之愚，敢以贡之世人。

按印度、锡兰产茶甫六十年，缅甸交界地方，亚山最多，每岁产茶三百兆磅。内地运出外洋，以两湖为多，行销之地以俄为大宗，岁可六十万石，其次则英美及南洋各国。以外洋茶与中国较，其色味香实远逊，而近年出产，中国日渐递减，外洋日渐发达。推其原因，盖中人之业茶者，种植、培养、烘制、运销各法未能细心研究；外人不惜工本，又能静心考求，故有进无退。余眷怀时局，因之一力注意于此。又谓个人之心思才力有限，欲从根本计划，尤在群策群力，收效乃宏，遂于清宣统二年，有皖北茶务讲习所之组织，用植其基。时值南洋劝业会甫经开幕，苏赣茶务讲习所、湖北茶业研究所亦次第成立。余首先驰赴皖北各属，如六安、麻埠、霍山等处，为著名产茶之区，诚能于此次提倡、鼓励促其进步，必可事半功倍。然非亲身入山，将其山势、土性、种植、培养、烘制、运销各法注意及之，又不足以悉其内容，知其缺点。于是亲历各山，切实考验，先去管驾渡、舞旗河（此为内山），又至与儿街、毛坦厂、七里河（为外山），两河口、流波礓（西山），诸佛庵（正南山）。考茶之质地，以内山为上品，西、南两山为中品，外山为次品。而近半年来之生意衰旺参差不等，则又不拘乎茶之质地。生意最旺之区，莫如流波礓、毛坦厂、麻埠、八里滩，若两河口、诸佛庵、舞旗河、与儿街虽不过旺，亦尚平平。至七里河、管驾渡、霍山、黄栗杪则衰败不堪。皖北茶业全局，预算将来，第恐衰者愈衰，即目前畅旺之处，亦将转旺为衰，其中原因则有六大弊，请进言之。

从前皖北茶业销场，以苏州、周口、京都为大宗，其次则庐州、正阳、亳寿两州之店庄，又其次则含山、和州客商以及河南、湖北肩挑负贩，率多屯集于此。彼时税轻食贱，工价、运费均小，又无本地偷税之茶及他处新出之茶相抵制。故业茶者有盈无绌，因之致富起家者不乏其人。今则不然，厘税递增，而山僻之外卡、分卡，凡提调卡委耳目所不及者，司扦更复敲诈留难，即或应报之卡，苟免无事，而沿途验票之卡，尚许多为难。即如由流波至周口，凡卡十四；由管驾渡、舞旗河至周口，凡卡十六。若云各卡查验放行，毫无胥索，其谁敢信。呜呼，中国之厘税，足以致商人之死命而有余，此一弊也。近年生活程度日高，百物腾贵，以致摘茶女工、制茶男工、运费脚力无一不增。竟有家植茶树，任其叶老而不摘者，预计所入不敷所出也，其弊二。从前皖南之茶不销苏州，继而屯溪、毛峰渐做苏庄，始而尚收皖北之茶，参半出售，以毛峰性质不如皖北茶也。近则毛峰拣制日精，苏销甚畅，加以由屯至杭，徽河水涨时，三日所抵。由杭至苏，小轮火车，早发夕至，赶先熏花，较皖北便捷。故近来皖北苏庄，日见其少，实为皖南毛峰所抵制，此三弊也。此外尚有争先之处，如舒城东乡之夹水湾与庐江连界，清光绪末年新产茶，岁可百石，此茶最早，每岁茶厘未开之先，即减价售于含、和、庐、巢等地，冀免厘税。又舒城东乡之汤池，与潜山、庐江连界，近亦岁出茶四百余石，走三河、巢县，撇裕溪口，销含山、和州。自有此两处之茶，而含、和、庐之销路由此递减，其弊四。又英山属之罗田，与湖北麻城连界，岁出茶二百余石，然人极蛮横，向归土豪按篓抽厘，全销湖北。自此茶兴，而湖北之肩挑亦渐稀，其弊五。皖北茶业自周口兴后，每岁新茶上市，由该处商家委人来收，或就本地土庄制成运往，历有年所。近来土庄，亦以食贵税重，运费大，不愿去。而该处民智渐开，颇具思想，私相计议，金谓皖北三河之水，时涨时涸，舟不能行，以竹簰运。水小则簰行不动，水大簰不能行，行至正阳又须换船，即平正无事，尚须念日，乃能抵口，设有阻滞或留难，迁延时日，不能及时熏花便无利益。不如由皖北收买茶子，回籍试种，且土质相宜，将来此茶果兴，不独周口之茶，可以土出土销，即京都、山东、正阳一带，亦必由该处径购，而皖北之茶益加失败，此六弊也。有此六弊，销路即狭，价值渐低。每岁除去资本、运费、厘税之外，所余无几。无怪乎业茶者荡产倾家，植茶者任情荒废。余目击情形，至深悯惜，曾邀集绅商，详为演说，劝其先行效法皖南，改制红绿茶行销洋庄，以辟利源。讵商人狃于守旧，且未识制法，骤闻改销洋庄，尤有难色。料知商情锢闭已深，非徐为融化，难期振作，于是改变方针，由余遴雇茶师，于麻埠地方设厂试制红绿两种，实验皖北茶品，于改制洋庄是否相宜。并邀各茶商研究制法，经茶师当场实验，改制红绿均甚相宜。余当将改制之茶，装潢完备，运往南洋劝业会，就便考察会中陈列各种茶品，并参观南洋茶务讲习所之规划。

迨至南洋，将所制之茶交会检查，即至农业馆，考察洪绅其香督制手工制茶器具模型，计十五式，三十八件。复将该馆陈列各种茶品记录，便与各馆比较。又至江西、两湖、皖、滇、粤、闽、浙各馆，将各种茶品分别研究，并访查制茶机器。惟暨南馆有机两部。一系东洋出品，价值七百元；一系协昌机器厂梁祖禄制造，价值一千六百元，能卷叶烘筛。至每日能制若干，并未注明，询之该馆执事，亦不能答也。复至南洋茶务讲习所，访陆君澄溪，悉讲习所悉已指定钟山旅馆。会场未闭前，则暂借新安会馆开办，经费四千五百两。常年经费月九百两，招生额百二十名，宁、苏、皖、赣各三十，附设植茶试验两场。一在距城十五里之青龙山，一在距城八里之钟山，取意将来制茶时，与浙、皖、鄂、赣四省联络一气，结为团体。设总栈四处，即张家口、福州、汉口、上海，规划甚当，特四省商界能否团结一气。另一问题，南洋查毕，旋即赴沪，至茶业会馆，与商董金价堂、洪敬斋讨论讲习。会议四次，金、洪两君云：“讲习所如能成立，须在根本讲求。首要劝导产茶之山户，普种茶树，研究外人种植、烘制各法，参以中国人民地土之所宜，不必全行效法外人，亦不必尽弃外人法则。择其能行者而行之，果能事事讲求尽善，然后考察运道，总以轮船、火车直达产地、销场为最便。其次，则由内河商船转运，若产地或销场非由陆路不可，至多不得过五十里，以过多则每石存本即需多费，且一经陆运，必至走湿、走风、变色、变味。资本占多，货物复劣，若不减价求售，必至无人问津。至裁减厘税，尤为要义，讲习所设于产茶最多之地，令山户子弟入所讲习，教以讲求种植、培养各节，必大获益。”

中国产茶之地，向系种茶者为山户，知种而不知制。制茶者为工人，知制而不知运。运茶者为舟子、簁户，为车夫、扛夫，知运而不知售。售茶者为行户、栈主，至售于外人，仍须另请通译。层层剥削，节节欺舞，不知联络一气，甚至同一货物，同一售户，甲非价高不售，乙则情愿折本，自相冲突，反受外人勒抑。欲求不败，顾可得乎？诚能设所讲习，逐节改良，俾种茶、制茶、运茶等事，统归一气，再能减少厘税，以纾商困，自必有盈无绌，其发达不期然而然。又询上海出洋茶叶情形，每种价几何，近以何处产品、何种牌号为畅销，箱篓式样以如何为合格。据云上海茶栈十五家，分平水、安徽两帮。平水六家，安徽八家，专代客商销售外洋。平水茶每年约销十八九万箱，箱重二十五斤，销美十之六、英十之四。近制贡熙销俄属孟买、白通两处在二万箱左右，价值每百斤约二十两。大帮之花色九种，曰蚁目、蜜目、蚕目、蟹目、虾目、贡目、贡眉、凤眉、熙春，均价在二十五六两之间。头号目茶在五十两外，下至十余两不等。其茶汁清而无味，惟目茶做工尚佳，其次不如徽茶多多。徽帮亦有十种，曰新牌熙春，销俄属地，曰桂珍牌熙春，亦销俄属，一在四十两，一在二十两外。以上两种，近来销场甚大，约十五万箱。鼎盛牌茶有八种，曰麻珠、宝珠、圆珠，价值五十两至三十两不等，以上全销英美；曰秀眉，百斤值二十二两，销英、法、非洲；曰蛾眉，值二十两，亦销英美；曰眉雨、熙春，值十六两，销英、俄、印度。以上八种，近来销场不多，计万箱左右。八种同时均价出售则为大盘，分售为花色或曰摘货。此外尚有不拘牌号十种，曰麻珠、贡熙等名，为大帮茶，上等专销美，次销英，近之销路，亦日少，只十万余箱，去英十之六七，美只三成而已。然顶货可值八九十两，下亦四五十。惟贡熙又名乌龙，近极发达，今年已二十余万箱，专销白通、孟买，价值由二十两以至九十。洋人视货评价，本无定格，牌号由售户编成，花色则分之制茶之工人。至于箱篓式样，用杉木板，厚三四分，高一尺四寸五分，宽一尺三寸六分，里用铅盒衬以表芯。大帮之茶，每箱须加篾包箝紧，正货又需用套箱，平水箱之式样与徽箱同，惟尺寸各小一半，而茶之分量亦半之。装箱时，须松紧得宜，松则走风，紧则易碎，不得其宜，亦能减价云云，在沪所闻，大概如此。

上海查毕，由杭至徽，经过杭垣，就便将浙茶考核。据茶号及绅商云，浙省十一府，惟嘉兴地属平原，土质膏腴，不宜种茶，余如金、衢、严、温各处，宁、绍八府，均属产茶之地。而杭州之龙井、天目，湖州之武康、孝丰，尤为著名，且居多数。考其行销内地者，制造之法，罔不洁净精良；行销洋庄者，则全用粗茶，以滚带制成为粒，掺以铜绿，涂以锅煤，使之润泽有光，而香、味、色已大减。询之山户，金谓洋人购此，均燥食不和水，不知此言何自而来，此法何自而始。积习相沿，诚不可解，闻之殊为浙茶危也。匆匆不及多延，遂由杭至徽，先赴屯溪，以屯溪为皖南巨镇，茶商萃会之区。业绿茶者多集于此，抵屯后访洪绅朗霄，宁绅尧三，考察其制法、花色等情。据其所说，证以前次调查情形，大略相同，惟屯镇制绿茶家，向以白蜡、洋靛青、滑石参于茶内，取其有色。近外国医院研究茶品，谓茶中白蜡、滑石过多，有碍卫生。已告驻沪茶商，谓此后如泡出浮油或灰末，皆系此弊。概不准售靛青，虽未禁止，然亦不敢多用矣。其茶号亦多收买毛茶制成花色，所用茶师，均婺源人，拣茶纯用女工，茶箱以杉木制。箱有三号，为方箱，为三七箱，为二五箱，箱内铅盒亦分三等，重者五斤，轻三斤。绿茶收市最慢，由二月至八月方止。运道由徽河运至杭州，由杭至沪，落栈出售。（未完）

调查皖苏浙鄂茶务记（续）

陶企农

　　屯溪查毕，即赴祁门，至茶业公所访谢绅余庆、徐绅文卿，又至城乡各茶号，逐节参考。据云祁门改制红茶，始于清光绪二年，由黟县余姓来此试办，四年又有广东人来此改制，江西浮梁仍后五年。祁邑之茶有山茶、园茶之别，山茶制红，园茶制绿。而山茶之中，又以东西分等差，西山高，得云雾之气，故顶上红茶，多出于此。东山较低，所产亦逊，仅可制次等红茶。祁境茶号计九十余家，专收毛茶，制成花色，装置后，分两班由城外之航路运至江西饶州。由饶之小轮运过鄱阳湖，达九江，再由九江运汉口出售。头班每箱重四十八斤，百斤值九十余两，二班重四十六斤，值七十至四十不等。过此以后，则为三班，随制随售，在三十两外，合计茶出总数可二万引，引重百二十斤。顶上茶百斤，抽银二两五钱，九江洋关税如之，惟有八折回扣。红茶收市最快，每岁由谷雨后开烘，不过四十日，即需销售，迟则不利，至于制法，是不可不详为说明。

　　先由山户趁黎明朝露未干之时，将茶摘下，盛于筐内，谓之茶草。俟聚其多筐，使女工拣去老叶、黄叶，复以篾席置于日中，将茶草略为摊晒，视叶之筋络回软，即置于高木桶中，以足蹂踩，踩出茶汁，仍以茶汁拌匀于茶内，谓之软条。俟工夫踩足，由桶取出，置之瓦缸中，以净布盖覆约二三小时，即转红色，再由缸中取出，摊于篾席上，置之日中，勤加翻晒。俟晒干，转老红黑色，以竹篓盛贮，藏于高燥屋内，用粗茶筛将晒成之茶，次第筛之，揭其粗枝大叶，谓之毛茶。约计毛茶一石，需茶草二石，方能制成。成后以布袋装束，售于茶号，经号家察看程式。如果蹂两次，筛口净，货干色红者，每百斤可值洋二十三四元，反之，货潮色滞者，仅值十余元。购定，号家即摊于宽大房屋高燥地板之上，谓之出风。俟可收时，以篾篓收贮，置之高楼，不宜受潮，亦不宜与杂物共置。至收买多数，将炉房各烘炉，以无烟之干栎炭，锤成小块，一齐燃着。将未用过之烘篮，糊纸空烘，烘后以布摩擦，以篾有油，烘擦所以去油。候炉火纯青之时，将各炉用炭灰封盖，每炉各透小孔，再将炉房墙壁门窗封闭完固，止留一背风处之小门，以便搬茶出入，谓之开烘。制红茶家，以开烘为最注重之事，每炉房中，无论炉之多寡，炉圈粗细，炉底浅深，炉口高低，炉火大小，均须一律。烘篮高低粗细，每烘托盛茶若干，均有一定，不得稍有参差。开烘时将毛茶布匀于烘炉之内，须限以时刻，烘之不及，则易于回潮，太过又易于走味，尤须勤加翻搅，以防火力之不均。惟日不足，则继以夜，夜功仅可燃烛，设用香油、石油，则染气味，损茶质。烘后复上风箱，以风扇分三处出口，去尘土，别精粗。风毕过筛，筛有十种，次第筛毕，倘仍不清，又簸之。再雇女工检拣，分花色，拣后又烘，以经人手，恐有汗及气味。倘箱篓未齐，一时不及装箱，俟临上箱时，再烘一次。号家以毛茶制红，佳者需四石乃成一石，祁邑虽曰著名，而该处无人善制。每岁秋季，有江西河口镇揽头来祁，遍询各号，需茶师若干人，由渠至河口包雇。制茶器具，除风箱及十种筛子由江西河口购买外，余均可本地制造。至于红茶箱板，亦有一定，可知天之生物，无一废材。按建、祁两县，多天产枫树，当红茶未盛之先，枫树除劈薪而外，别无他用。迨改制红茶，风气既开，都人士研究枫木气味，与红茶相近，且较杉木为坚，价值亦廉。且红茶较各茶分量重，若以杉制板，必从厚，厚则装茶少，而价减。枫制不妨从薄，无用之材化为有用，尤为合宜。相沿日久，凡业红茶者，无不以枫制箱。近之土人，亦乐于植枫，无枫之处，自宜用杉，其余杂木，概不能用。枫箱每重八斤半，无轻重大小之不同。铅盒重三斤十二两，以薄无砂眼为佳，盒口四边，参以好锡，取其坚也，惟黟县锡匠最长于此。装箱时以十八两秤，秤足四十斤装箱。洋人向择极轻之箱过磅，倘一箱分量不足，以后即均照此核算。箱外加以篓包，篓包之上加以油布箱套。以洋人察看茶箱之时，设外面印有水痕，无论其中受潮与否，概呼之为泡箱，言定目价，先将泡箱另置一处，谓之提泡。然后将不泡之箱用筒签样，与茶栈所送小样相符，方能过磅。提泡之箱先行退回不收，终则抑勒商人减价求售而后已，祁门情形所得如此。

祁门查毕，即赴建德，博访茶商，并至尧渡镇之各茶号逐节参考。据云建邑产茶年份最久，县邑物产志货之属凡三。一曰食货为茶，出茶坑者佳，文献通考宋饶池茶片，有福合、禄合、莲合、庆合诸名，今六县皆有，然无名称矣。建邑改制红茶，行销洋庄，始于前清同治五年，有粤人携带茶师、器具来此试制。由是风气渐开，祁门、浮梁又在其后，比年以来，益臻进步。建邑产茶之区分上中下三乡，茶质美，茶树多，均以中乡为最，上乡次之，下乡又次之。而中乡之中，又以金家村之大岭头最高，产茶最美，统计三乡产茶七八千箱。三箱为一引，由尧渡河运至九江，由九江至汉口落栈。茶市亦分三帮，但茶质虽美，制法虽精，一落人后，价又不高，至于制法、装法，其他一切，略与祁同，无庸琐琐。建德查毕，本拟就近赴江西产茶各山，一为查考，以各处勾留，半年有余，翻山越岭，附葛攀藤，又值炎蒸天气，精力已困，遂由长江回皖休息。

入秋又赴汉口，抵汉后至茶业会馆，与经理诸君接洽研究。据云，汉口茶叶有六帮，即山西、广东、两湖、安徽、江西，专以湘、鄂、赣、皖所制之红茶行销外洋。茶栈除山西帮长盛川、湖北帮彝兴栈及广东帮之兴商公司三家常年开设外，其余则春来秋去。又以近年营业不旺，栈主之资本不充，常行更换，惟祁门销行尚畅，所以上海徽帮多设于此。至驻汉各洋行，则有九家，天祥、协和等，以上各行专办红茶末，鄂俗名花香，以供洋人制茶砖之用。生意以天祥、协和、阜昌为最，新泰、顺丰、太平次之，柯化、威加利又次之。常年在汉压砖则有阜昌、新泰、顺丰三行，花香在前五六年岁销过百万，近为印度、锡兰所抵制，不及往年十分之三。大致湖南安化之红茶，每百斤四十两左右，湖北羊娄峒，二十两之间，江西义宁，四五十两，祁门可值九十。计两湖红茶岁销四五十万箱，江西岁销二十万箱，祁门七万箱，数以两湖最多，价值以祁门为高。近来浮梁、建德亦颇发达，花色则以乌龙、贡茶两种为优。总之红茶，英美德俄均甚欢迎，销俄十之五，销英十之三，德、美二成而已，均价在四五十两之间。然近亦时有亏本，盖山户只顾贪利，以水掺茶中，日久则分轻而质变。自贻伊戚，末如何矣。兴商公司则专制茶砖销俄国及蒙古，砖茶尚有三种，一老茶砖，一小茶砖，一米茶砖，纯用机器制造。该公司成本为二十二万，常年经费一万二千，机器三部，采买湖北羊娄峒之茶为原料，不足则以各山之茶补之。厂中规模甚大，自来水、电灯机均自开，开机一部，用工三百，用煤十吨，若三部齐开，止须人工七百，煤十四吨，愈多则愈合算。老砖每箱四十五块，值银十四五两，小砖及米砖每箱八十块，值银十六两，砖之优劣，以茶之头二三交分等差。装箱时以粗细纸包二层，置篾箱中，以篾箱紧，售于俄人及蒙古。俄复以此运至他处，每箱可获利三十两左右，云该公司开办五年，始而不见发达，近来销至六十万箱，较前虽胜，亦不甚获利。以外人常将印、锡茶末运至汉口，制成茶砖，复用原箱运至外洋出售，谓之原箱。出进无税，华人大受其欺。湖北茶业研究所设羊娄峒讲习所以经费无出，尚未开办。汉口情形大致如此，查毕旋芜，由芜又至六安，邀集绅商，反复开导，组织讲习所，许由公家筹款，不取商家分毫。一面编订章程规则，拟于麻埠地方，租赁校址，并于左近相度地势，择一宽大房屋，兼有晒场者，以为改良制茶试验之场。拟再选择宜于植茶之山一所，以为改良植茶试验之场。于是购置书籍、仪器及一切用物，招生招考。开学三月有奇，即放暑假，假后开校两月有余，适值武汉之变，谣诼纷纭。该处人民素称剽悍，土匪乘间而出，所中员司夫役，陆续星散，校址复为他人占据，所有书籍、器具抢掠一空，十年辛苦，遂付云烟，回首往事，徒自慨叹而已。

　　著者为山阳陶企农先生，先生郡城右族，敦朴勤劬如老农，怀实业之志十年不衰。于乡中农作树艺之学，实地经验极有心得。与童次山先生有旧，适童长皖之劝业道，亦敦朴人也，颇思振作，以纾皖北之困，力邀先生出山为助，允之。遂力效驰驱，穷山荒谷，足迹遍焉。凡稍足资生利物，必反复推求，其不辞劳瘁如此。会辛亥事起，先生归淮上，所有规划，都成废弃。偶检行箧，忽得调查茶务状况一纸，先生余舅氏也，垂爱甚至，向者每值一事，不惮十反。观其纤细精密，于兴衰之故、利弊之原，足称茶务历史。想见先生实事求是之至意，不同寻常游记也。原件甚长，择录要者以著于端，来者庶知所审择。且日本、印度、锡兰商人，惟恐彼茶减色，必掺我红茶，假藉面目，远历欧美诸国，鱼目混珠，托名冀售。可见我国红茶，虽疲于内，而销路尚畅于外，安得商人努力同心，事事考求，挽回向之所失。就先生所查，尚为五年前事，最近之绝可惊者，则有某报所记一事，谓英国贝罗克邦特公司（业茶之魁）之报告。去年世界种茶者，为最获利之年，而吾国转致一蹶不振，可知我国茶商知识低下，贻害甚大。印度产茶丰于往年，至一千万磅，英销最旺，其次俄，除大批购用外，茶屑且较往年多二百万磅有奇。各国出产尚不能得其总数，即英之一国出口，已出七万五千万磅增至七万五千四百五十万磅。锡兰产茶亦较往年为丰，运往澳洲及俄属数已大增。此因种植得法，尚非扩充种茶之地，可知科学足与人力战胜。中国出口之茶，其数仍减，据领事报告，中国种茶之地，今多荒废，即出产丰区亦多杂种他物，且茶屑销数奇旺。汉口出口之茶砖共约六千万磅，皆以茶屑制成，中有二千一百五十万磅，来自印度、锡兰、爪哇。华茶质佳美，不肯制茶砖云云。由此以观，愈足证明先生识力之远。悉心研究，实为当务之急，整顿入手，必自设讲习所、立公司始，二者为振兴机关、清源要点。不设讲习所，则无以灌输知识，期其改良；不立公司，则无以结合团体，厚其势力，舍是固无补救方法。及今不图，再易五稔，特不知出门一步，尚有吾人容足之地否也，抚瑟谨识。

《中华实业界》1915年第6期

调查祁浮建红茶报告书

调查员：谢恩隆、陆溁

一、概论

中国为产茶最古、最大之国，自近三十年，印度、锡兰、爪哇、日本之茶继长增高，华茶遂一落千丈。溯厥原因，在种制未能改良，而尤在园户、茶号、茶栈、洋行之分成四橛，为障碍进步之一大原因。现在谈茶业者，皆知华茶销额日短，其实每年沪、汉、闽三埠，并无存茶。即伦敦、莫斯科诸大埠所存华茶，亦极有限，非销路之日绌，乃出额之日减耳。内地产茶各区域，既树老山荒，日就澌灭，外界之印、锡、爪哇等茶复势雄力厚，与我竞争，而我园户、茶商仍泄泄沓沓，毫不注意也。

查 1865 年，华茶与印、锡茶（当时爪哇尚未种茶）销行于英国者，每百分有华茶九十七分，而印、锡茶只得三分。至 1913 年，印、锡、爪哇茶，每百分占九十六分七五，而华茶只存三分二五矣。试将华茶与印、锡、爪哇茶最近之消长列表比较以明之。

年份	1911	1912	1913
英国每人每年用茶数	6.46磅	6.45磅	6.62磅
印度茶销英国者	57.50%	56.00%	56.50%
锡兰茶销英国者	30.25%	31.75%	30.00%
爪哇茶销英国者	7.25%	8.75%	10.25%
华茶销英国者	5.00%	3.50%	3.25%

按：伦敦茶市最大，英国人尤饮茶最多，兹特举英国销茶数为标准，以见世界茶业消长之一斑云。

二、视察各省状况

此次偕同洋员柏来德视察祁门、浮梁、建德茶务。有偕洋员会同调查者，有与洋员分途调查者，兹将所至各地记录如下。

安徽祁门县境之茶山

历口、伊坑、闪里、高塘，以上祁门西乡。塔坊、平里、溶口、贵溪、余坑口，以上祁门南乡。

安徽建德县境之茶山

梅山冲、西参保、四都保、葛公保、南北冲、宝树凹、云峰山。

江西浮梁县境之茶山

磻村、江村、青石滩、杨村河口。

以上产茶各地，所有高山均登临履勘，其气候与印度之大吉岭相同。如历口之历山，磻村之葛坪山，梅山之宝树顶，皆四五千尺之高度，故植茶极为相宜。其土壤皆沙土岩，稍含粘质，惟祁门土皆赤色，浮梁则略带黑色，建德则略兼淡黄色。其茶质则以祁门之闪里、历口为最佳，浮梁之磻村尤为著名，建德之四都保、梅山冲稍次之。其茶商经济则以浮梁磻村之汪某，祁门闪里之陈某，历口之汪某，贵溪之胡某，建德之王某、胡某为较裕。且多自行种茶，以茶商而兼园户，烘制尤极适宜，故售价较高而岁获赢利焉。

三、产地

祁、建、浮虽皆产茶最富之区，但多零星散种，大段荒山尚所在多有。兹将祁、建、浮三县之产茶地名，分别列表如下。

祁门

闪里、历口、彭陇、伦坑、箬坑、高塘、桃源、新安洲、伊坑、双河口、许村、千佛桥、石谷里、石墅、陈田坑、石门桥、赵家、良禾口、张坑口，以上西乡。

贵溪、程村碣、溶口、平里、余坑口、奇岭、周村、卢溪、塔坊、舟溪、板桥山、汉口、坳下桥、月山下、宏公桥、龙源、店埠滩、倒湖、查湾，以上南乡。

又祁门西郊茶山最近，北郊则距城四里即有茶园。

建德

沙滩、马坑、金家村、内分流、外分流、梅山冲、四都保、葛公保、云峰山、柴坑保、锦溪保、历山保、南北冲、河西保、陈家保、葛源保、畲狮保、西参保、家山、抄溪保、抄溪山、小梅保、何家山、官港、南安坂、金村保、金村胡、东参保。

浮梁

磻溪、江村、诰峰、石斛、仓溪、白茅港、勒市、古潭、查村、储田桥、胡宅、状元港、法京、计家港、流口、柘坪、杨村、桃花岭、金竹村、土峰山、清水滩、英溪、兴田、青石滩、城门、方家坞、严坑、桃墅店、茶宝山、西湾。

按：祁茶以内西乡新株较多，如闪里等处，多以雨前白毫为牌面，得价较高。南乡近大河之山，老树过多，又不制白毫，故得价较低，其实土壤之肥美一也。至建德、浮梁，亦内山茶佳，外山近河者，茶质较次，其实皆不知施肥添种之故。如果由官厅劝导添种施肥，则外山运输便利，栽培容易，茶树必较内山更佳也。

四、茶树种植栽培法

（一）栽种

辟茶园者，开宗明义之第一事，即为采集茶子，预备翌年下种。茶树结子，每在阳历九十月之间。采集茶子，即在是时举行采集之法。须选择强壮之茶树，且所产之茶叶质佳味厚者为合格。标准既定，采摘茶子储藏室内，留待明年春季解冻后，至阳历三月初旬，即须下种。是时将地掘成小穴，每穴置茶子五六粒，以土覆之。若所植者全活，则有茶树五六株，成为一丛，相隔约四尺余。种后第一年，茶树高约五寸许。至第四五年，树高已二尺余，此时可稍行采摘。至第七年，则茶树已蔚然可观，此后可实行采摘矣，此为乡人普通种植茶树之法也。但茶树栽种之后，祁门等处土人对于耕耘、施肥两事漠不关心，纯取放任主义，故于种地整理之义，殊欠讲求。夫新辟之土不用肥料尚无大碍，而耕耘一事无论土之新旧，应一律行之，方于茶树有益。而乡人无知，不明种植之理，对于所业，一成不变。虽有子种，勿知改良，虽有土地，难期增产，致可惜也。

按：茶树英文名之曰Tea，科名为Thea Sinensis，属于山茶科。茶为灌木类，颇矮，但若任令生长，不加剪伐，则能高至四五十尺，叶底满布油核Oil Glands，油质藏于核内，茶之香味由油质所出。而茶叶中之戟刺质饮之令人两腋生风，霎然神旺者，则由于一种有机之盐基质，名曰丹因Theine者之作用也。茶子包涵于花苞之内，每一花苞有子房三个，每子房藏有一子，采摘茶子多在十月间。查印度、锡兰于栽种茶树甚为得宜，其法先将土壤耕松，然后作成子床，每子床有沟渠为之界限。茶子撒播床内，俟其发芽后，移之于苗圃。其茶芽移入苗圃后，每当太阳较烈之时，须用蒲席掩蔽，以免曝死。其苗圃四周围以藩篱，藉免动物之阑入。迨茶树生长高至六七寸时，便须移植于茶园之内。未移之前，须将茶园之土壤细为耕松，然后掘成小穴，移树于此。每穴只植茶树一株，每株距离约三尺二寸，树既栽种，以土覆之，惟四周之土，毋须践踏太实，且宜稍令松起，庶几茶之生长得自由也。至种后三四年则茶高数尺，此时复用刀修剪，务使修短合度，树顶四围须成一圆形。如是，则树之健全日增，而茶叶产额亦多矣。

（二）植茶适宜之地位

种茶最适宜之地，恒在纬线二十六度至三十度之间。吾国安徽之祁门县、建德县，江西之浮梁县与英属印度之大吉岭、阿萨姆皆同此纬度。可知中外能产最佳茶叶之地，其相合之点，良以天气相同，有以致之也。然同一地方而产茶之佳否，亦视乎其位置，要知种茶最佳之地为高山，次为平地，再次则近水之地也。如祁门之历山高达三千余尺，所产之茶，每担恒售七十余两。又如浮梁磻村之葛坪山、青龙山，高逾四千尺，所产著名之仙芽，价值且逾八十两。该两处之茶皆味香而色浓，外人乐购之，与锡兰七千尺高山之茶驰名天下者，又印度北部邻近一万二千尺天下最高之希马拉山之大吉岭所产之茶为天下无上上品者茶质相等。由是观之，茶之佳者无不产自高山也。

按：祁门一带种茶者，多在山上辟地种之，惟山地陡斜，绝无梯级，又无出水之沟。每遇大雨，则上层肥美之养分恒为雨水顺势冲下，有智识之山农则于秋冬时用玉蜀黍秆铺于树脚之下，以御风雨而保土壤，法亦完善。但查印、锡茶园，系将山地掘平作梯级形，虽崇山峻岭，有此平坦阶级之地，植茶于此。不为雨水冲洗而茶树之根可免风雪之害，且工人登山采茶异常便利，无崎岖之虑，一举两得，法至善也。吾国业茶者盍仿行之。

（三）土壤

土壤之于茶树亦为一重要之部分，盖以茶叶产额之多少，与夫茶质之优劣，全系乎土壤之肥瘠也。查祁门、浮梁一带之地质为 Porphyritic Sandstone，云斑石状的砂岩，色甚红。经多年之风化，其石易于崩解而变成土壤，故此二县所属各地之土壤，皆呈红色。其土质又极肥沃，于种茶甚为适宜。但浮梁县之高山，土色较黑而带粘质，茶树种此，尤易收效。盖黑土富于腐植质，而腐植质又为土壤中最肥美之物，故土壤之富于腐植质者，不独于茶树为最上之土，即于普通农作物，亦为上品焉。至祁门一带之红粘土，所含铁质颇丰，于种植茶树亦极适合。至于黄粘土则不如黑、红二土之肥美，但此土在祁门并不多觏。而在建德则此土较多，故建德之茶不如祁门，而祁门又不如浮梁之磻村，则知土壤之关于茶树，为效不少，有足征矣。（土壤见各种标本）

（四）栽培

栽培之法，土人绝不讲求，其稍能留心此道可得而言者，则每年当春季约阳历三月茶叶开始萌芽之前，以铁锄行第一次之耕地，将园内土壤耕松，除去野草。至秋季约阳历八九月之交，茶叶已经采摘，茶子正当结实之时，又行第二次耕地。

按：土人所犯最大之病，在乎视种茶为副业，故于栽培两字每不留心，以致茶业日形退化，茶质因以不良。尝见土人种茶，于茶树株间空处，每杂植油菜、大豆之类，大多数则种玉蜀黍。土人种此盖以茶叶所产者为附属品，而以种植粮食为主体，故于盈尺之隙地，犹念念不忘其粮食也。或谓茶树于夏秋之际，须藉遮荫之物以杀烈日，而玉蜀黍于夏末之时长成甚高，能遮蔽茶树，颇为有益。此说谬甚，强健之茶树并不须遮荫，种玉蜀黍于其间，则土中之养料，昔之专供给茶树者，今则有玉蜀黍为之分润。养料既减，则出叶较少，茶质较劣，亦属意中事矣。至于种油菜、大豆于茶园内，虽不甚适宜，然较种玉蜀黍为佳。何则，油菜与大豆虽能与茶树争养料，然此二物皆能吸收空气中之淡气。夫淡气，肥料也，苟能于收获后，将其根茎埋入土中作为肥料，则土壤之肥沃亦可增加，以弥缺陷。虽然园户能种油菜等物于茶园内者，其智识眼光已高人一等，以视无知愚农令其茶园满生野草者，不啻有天壤之别矣。夫野草亦为植物之一，所需地土养料，原与茶树无异，假令绿满田畴，芜秽不治，则茶树所得之养料日少，而茶种有不日就颓败者哉。

（五）肥料

肥料一物，乡农对之，亦如培植之不甚研究，亦无非以茶为副品而轻忽之耳。其有一种能用普通肥料者，百分中不过二三，其用肥料之法若何，请略言之，以见梗概。祁门一县，无处不种油菜，种此菜者，本用以制食油，油既榨出，所余之滓，俗名油枯。油枯富于窒素，且价格低廉，每担值银不过一元四角，用之以作肥料，于茶树颇适宜。施肥之法，以每树应用肥料多少为标准，施肥之前，先将树根四周之土挖深六寸许，然后用菜枯粉拌柴灰，约一小碗，倾入穴内，复覆以土。此项施肥，有每年行一次或二次者，其施肥之时，恒在二三月与八九月之间云。

（六）修剪

欲树木生长茂盛，树体健康，则须剪枝，此于果树所得之效果，已彰明较著者，而于茶树何独不然。但乡农无知，以为一加修剪，则茶叶收获将少，不知树木剪过之后，发达更盛，出叶更多。盖树经剪过，则阳光能于全树放射，空气亦易流通，而剪过之枝，又能多产新枝，致茶叶亦多收获。乡民未知其利，以致枯枝蔓叶不加收拾，其所以然者，或因爱惜太过，或因懒惰性成，故二三十年之茶树从未修剪过一次也。

（七）采摘

采摘茶叶，多在谷雨后四五天（此专指制红茶而言）。本年以谷雨前后，均连日霪雨，遂至谷雨后八九天，方有叶可采（今年谷雨在四月二十一日，各茶号开张在五月一日前后，但浮梁磻村及祁门西乡较早）。采摘之习惯法，乡农恒将每年新出之叶，连同枝梗于首次采茶时，全然摘下。因而树枝受伤，为害不少，且叶与枝之间所出之芽蘖，因无大叶掩蔽，遂致萎谢，而受害于无形，因之全年拥护之枝叶亦遂稀少（去年冬季寒冷致高枝不能发生嫩芽，本年出叶大减者，即由于此）。故经此等不良摘法之后，第二次再发出新叶，能供采摘之时，常在第一次摘过后四十日。而此后摘采之茶叶，即谓子茶，子茶恒因上次摘头茶时，枝梗芽蘖采摘太苛，茶由老干硬茎发生，其质不能柔嫩如春茶，致茶号以之制红茶者其少，殊可惜也。

按：印、锡采茶之法与吾国采茶之法迥然不同。吾国之法则将本年所出之新叶全行摘下，印、锡则不然。每俟新叶发生五六片时，先摘上部最嫩之二叶一尖，其采摘之法，又不将该第三嫩叶全然并摘，但于叶梗处留下全叶六分之一，以为保护树枝与叶梗间之芽蘖，为日后嫩叶发生之地步。以故每次摘过约十日后，前次采摘时所留下之萌蘖及下部三四叶间之萌蘖，又已长成寸许之嫩叶，以供采摘之用矣。如是采茶，每隔十日，便能采摘一次。每年除寒冷之月份不能采摘外，其余约得八个月为采摘之期，计一年可采二十余次。返观吾国产茶之地，其气候与北印度相同，只因采摘不良，以致每年能行采摘之时仅仅两三星期，采摘回数不过一二次，而茶号制红茶之时期，每年亦只有二三星期，此后便无茶可制。以视印度一年之内，制茶源源不绝者，不诚望尘莫及哉。（未完）

调查祁浮建红茶报告书（续一）

调查员：谢恩隆、陆溁

红茶制法。茶叶自茶园采取后，便须立即制成干茶，防质味之变坏也。制红茶之法，须经五种必不可少之手续，经此制作后，始成一最佳之饮料，名曰红茶。制法若何，请于下详论之。

经晾青、搓揉、发酵三种手续而成之茶名曰毛茶，为种茶园户所制者。毛茶有干湿之不同，而价值亦有贵贱之别。园户制成之毛茶，售于茶号，茶号将此毛茶再行烘焙、筛分之，始成为净红茶。盖烘焙、筛分手续綦繁，制造不良，难得佳品。且大批烘筛非有资本不易举行，故种茶之小园户，未敢率尔操觚也。茶号制成红茶，须再经打堆装箱，运至汉口后，须由茶栈转售与洋行。此祁门等处红茶制造之大概情形也。

一、晾青

晾青者，自茶园采下之青叶须经晾干之谓也。其法先置竹席或竹筐于日光之下，散置青叶于席筐之上，务使摊匀，成为薄层，时以手翻之。其晾晒至如何程度始为适宜，有如下之法以验之。

方园户之晒茶也，俟青叶变深青色，质变柔软，然后择一叶之带梗者，持其梗而屈曲之。若已达适宜之度，则梗柔而不断，若断则尚未可也。查晾茶一事，颇极重要，过犹不及，皆于茶叶蒙莫大之影响。据一般乡人云，晾茶须在太阳之下，然后茶叶之湿干，始得平均，其言具有至理。盖曝于太阳者，一则令青叶之晾干颇速，事半而功倍；二则茶叶成绩，又比别法晾青者为佳，虽然未可一概论也。在阴雨之时，晾青之法则须置青叶于光线极足之室，将风扇放开，令炉火之热气，扇于青叶之上，如此既得光线之作用，又藉热气之效力，晾干极速，法甚良也。其有因青叶收下稍迟，已近薄暮，不能再置日下以事晾晒者，则将青叶撒开于空气流通之处，待至翌晨已略干，晾于太阳亦事省而功多云。

二、搓揉

青叶既经晒至合度，其次则行搓揉之法。搓揉者，系将已晾萎之茶叶搓卷之，使其叶成紧细之条。缘茶叶内含之细胞，因搓揉而破裂，胞内液汁流出，而复使之收入叶条，将来泡茶时茶味便极浓厚。若使叶内之液汁不出，纵泡久而味亦不厚也。搓揉之法不一端，土人有用手搓于竹筐之上者，颇为合法，惜稍嫌迟缓。又有置茶于大木桶之中，人入桶内，用足搓揉者，此法比手搓者较为着力，惟足踹不洁之说，日久腾播于外。适足为反对华茶者所藉口，亟应改用一种价廉工省之搓揉机器以资挽救也。

又用手搓揉之法，其迟速须视乎搓揉者之气力如何。其气力大者搓成颇速，而气力单弱者搓成较缓，试以气力中等之人言之。当其置晾透之茶于竹筐之上，以手将茶叶搓结成团。从而压之、揉之，又时令松散其团块，又从而搓之、揉之，回环多次。务使茶叶由片而成条，液汁含蓄于内，至匀细柔软为合度，约须十五分钟，是为第一次之搓揉。既而复将此揉过之叶曝于日光之下约五分钟，然后再行第二次之搓揉，又须十五分钟，而后搓揉之事毕矣。

三、发酵 即遏红

发酵者，将搓揉成条之茶，用法使之发出热力，而令茶味变厚之谓也。其法置揉成茶叶于竹筐或木桶内，用布盖之，置日光之下。亦有先备一竹篓，篓下置小炭炉，将茶叶倾入篓内，用布盖上，移置太阳之下者。二法皆可行之，无关大体，不过行后法成功较速，故乡人因而行此法者亦不少也。发酵时间大约自一时半至二时为度，间有延长至五六时者，盖视天气之寒暖，与夫该地离海平线之高低以为转移也。茶叶发酵至适宜程度，每呈一种光亮赤褐，如新铸出炉铜币之色，且香气芬芳馥郁也。其程度未到者，茶叶只有青色，且无香气，其时候太过者则茶味带有酸气，此其所以为区别之标准也。

四、焙烘

焙烘云者，系将已经发酵之茶，用火烘之使干之谓也。已经发酵之茶，其中所含水分尚多，故须设法令其干燥，方为合宜。前述制茶手续三种，自采摘以至发酵，皆由乡人自办，盖此中手续，浅而易行，无须大资本，乡人为之无不可也。

烘茶之法甚为重要，茶质良窳，全视烘制之得宜与否为衡。茶号之购入毛茶，其干湿之程度不一，茶师则将购入之茶随购随烘，先烘一次，谓之打毛火。因火候甚微，不过先将茶叶湿气烘去，以待随时筛制耳。既而茶叶之收集渐多，便将前此已经毛火之茶，合一炉而烘之，谓之老火。此次之焙烘为即时筛制地步，最宜郑重，茶叶之良否，售价之高下，悉系于此。既经老火之后，在装箱运出之前，尚有一次焙烘，谓之清火。此次之焙烘，全在使香气不走，至将来开箱时气味芬郁之作用，故火候重轻，亦甚有莫大之关系云。

烘茶之法系盛茶于烘罩烘之，烘罩以竹编成，系折腰圆筒形。罩内空通，其中间有一活动竹制之烘屉，以盛茶叶预备烘焙者。其烘炉乃掘地为穴，内炽木炭，烘罩即置其上。此时看护最宜小心，焙火太烈则有伤茶质，而茶味不佳。更有一事当注意者，切勿令茶叶坠落炉内，叶入火中致起熏烟，而茶得焦灼之味，此节应慎之又慎也。

按：乡人制茶殊不一致，且诈伪之事时有所闻。当其将茶发酵之后，略为一晒，便售与茶号，因乡人利茶之湿而分量重，欲藉此多博微利也，是以茶号购入之茶有干湿不齐之弊，于焙烘之际，甚非所宜。故茶号商人屡请地方官禁止湿茶，无如禁者自禁，售者自售，收效甚微。其故盖由于商人无团体所致，茶商虽请官禁止湿茶，奈其中有少数商人，惟恐收茶不能足额，且放子庄争收，贪多务得，即湿茶亦迁就收下。倘茶市销路尚畅，更不惜以重价购买湿茶，由是园户、茶贩有恃无恐，所售悉系湿茶。而大多数茶商睹此情形，苟不买湿茶，将无茶可买，遂不得不相率而买湿茶云。

五、筛分

经焙烘老火之后，因茶身已干而叶梗混合，大小不齐，形式过粗，以故必行筛分之法以齐之，其法详下。

（甲）大茶间，即筛制毛茶为净茶之第一工场。

①毛茶到大茶间，用二号筛、三号筛至十号筛。以二筛筛底交三筛，三筛筛底交四筛，其五六七八九十筛均仿此。三筛筛过之筛面曰头号茶，四号筛过者曰二号茶，五筛筛过者曰三号茶，六筛筛过者曰四号茶，七筛筛过者曰五号茶，七号半筛曰六号茶，八筛至十筛共九号茶。但三号以上茶，在大茶间用风车扇过，交捞头处抖之，三号以下茶则无庸捞头，径送下身间过风车，簸之飘之。

以上大茶间逐筛筛出之筛底即花香。

②捞头一律用六号半筛，用绳系筛于木条上，缓缓抖之。

（乙）下身间，即筛制第一工场之茶为净茶之第二工场。

①捞过之六号半筛底茶，一律送下身间。先用二号半筛捞枝梗于筛面，复将筛底茶再筛之，其筛面曰头号茶，二筛半之筛底茶，用三筛筛之，其筛面曰二号茶，四筛筛之则曰三号茶，五筛筛之则曰四号茶，六筛则曰五号茶，七筛则曰六号茶，八筛则曰七号茶，九筛则曰八号茶，十筛则曰九号茶。

②三号以上茶，风车扇过再簸之，又用六号筛轻轻飘之，然后发拣。三号以下茶，上扇用簸或用飘，无庸发拣。

③三号以上茶，发女工拣净后，用七号筛抖过，再用二号半筛平平筛过，以整齐之，再用风车扇净。

（丙）尾子间，即制作筛头筛底茶为净茶之工场。

①大茶间之筛底茶，以及风车扇出之轻片破叶，抖出之头，下身间之筛底茶以及风车扇出之轻片破叶，簸出、飘出之轻片破叶，皆归尾子间重制。

②凡轻片破叶则盛布袋或竹筐，用脚踏碎，用风车扇之，复飘之。抖出之头则盛布袋白石上打碎，用七号筛筛之。筛不下者，再打再筛，再扇再飘。

③尾子间大茶至三茶，系簸头制成，尚须发拣，四茶则不拣，五茶至十茶则由簸头风车取出不拣。

以上甲项制成之九号茶，乙项制成之九号茶，丙项制成之尾子茶，皆打清火（又名补火），和大堆装箱曰箱茶。

其余不能制成茶者曰茶末、曰茶梗。

红茶之沿革。安徽向制青茶，改制红茶实肇始于建德。当1875年，即有黟县人余姓，在建德尧渡街地方设红茶庄，试制红茶。翌年即往祁门设子庄，劝导园户酿色遏红诸法，出高价收买红茶（指毛红茶），第二年，即在祁门西乡闪里开设红茶庄。祁人胡君仰儒，本南乡大园户也，特自制红茶以为之倡，此为徽茶改制红茶之始。当是时，红茶出额极少，运赴九江、汉口（其时洋商在九江买茶尚未全移汉口），与洋商交易，往往利市三倍。宁波人李姓，开设红茶栈，派人往建德、祁门放款。此为祁、建茶用红茶栈款项之始，而祁建各乡园户，因毛红茶获利，亦遂竞种新茶改制红茶矣。

自此以后，逐年增加红茶庄，祁、建两县遂为红茶产地之区域矣。然自近二十年，各物昂贵，生计日艰，各方面费用增加，茶价虽较从前为高，而园户、茶商获利者少。去年民国三年，祁茶最高价至九十六两，建德高庄茶价亦五六十两，尚难获利。本年欧战未已，金融困难，茶号收茶不敢放价，进本极轻，出数极少，幸汉

口茶市甚佳，各茶商均获厚利，亦不幸中之幸也。（未完）

《农商公报》1915年第14期

调查祁浮建红茶报告（续二）

调查员：谢恩隆、陆溁

制茶成本。茶号制茶费用，至为繁琐，兹举祁门一处，逐类分析以明之。

一、毛茶买价

本年因欧战未终，金融支绌，茶商出价极低。祁门头字茶银二十六元，二字茶十八元，三字十四五元。加以毛茶向来潮湿，制成干茶，仅五六折。本年茶商禀准县知事赵灼熙君，出示晓谕禁售湿茶，故今年毛茶百斤，已有干茶七十五斤。

以上头茶每箱（每箱假定四十五斤），合银元十四元六角二分五厘，合银十两零二钱二分七厘五（本年园户因出茶既减，售价又小，售茶又干，受亏独巨）。

二、子庄开支

子庄者，各茶号派出各乡收买毛茶之机关也（红茶有子庄，绿茶则有茶行无子庄），此项子庄费用如下。

（甲）每庄至少用二人，一评茶人，工银约二十元至三十元，饭食约四元五角；一登账人，工银约十六元，饭食亦约四元五角。

（乙）秤租房租，每收毛茶一担，提银元三角。

（丙）挑运每担每里约二十文。按：此项子庄费用，比较园户、茶贩，直接挑售本庄者，约每担加费用银二元。

以上子庄费，每箱银九角，合银六钱三分。

三、制茶工人

假如茶号制茶五百箱，约用工人六十五名，专司烘茶者约八人，其余则筛扇扬簸。平均毛茶制成米茶，每担工银一元三角，加杂费二角，共银一元五角，饭食在内。

以上茶工费，每箱合银四钱七分二厘五毫。

四、制茶房屋及器具用炭

凡茶客租借房屋，开设茶庄（其自己有厂屋者，亦照提房租一宗开销），譬如制茶五百箱，约每季租金一百余两，又修理制茶器具约银四十两，又用炭六十担，每担价钱六百文，合钱三十六千文，合银十八两，计共银一百五十八两。

以上制茶费，每箱合银三钱一分六厘。

五、拣茶女工

以茶号制茶五百箱算，约需用拣茶女工五十余人。向来每人每季工银三元二角，另饭食二元。本年因茶号减少女工工银，每季只二元五角，饭食二元。

以上拣茶费，每箱合银三钱一分五厘。

六、雇用司事佣人

以制茶五百箱而论，需用司事佣人二十余人，每季约共银六百元，另给饭食约六十元。又茶号管事曰管号，即监督全号及看火之人，关系最为重要，约每季薪水银一百五十元。另茶号赢利，每千元应提花红五十元，但此项用费可包括六百六十元之内。

以上用人费，每箱合银九钱二分四厘。

七、装箱

其费用可分三类言之。

（甲）铅罐。本年铅价，每百斤十五两，每罐用铅四斤，计银六钱，另加熔点铜锡，每罐三两。照点锡每百斤价银八十五两算，计银一钱六分。另做工每百罐工银六元四角，饭食每名工人钱一百五十文，计八人饭食钱一千三百文。一月之工，可做罐六百个，测每罐工银七分六厘，每罐工料银八钱三分六厘。

（乙）木箱。木箱每百个，连运料铁打裱糊皮纸花纸，共银二十五两，合每箱银二钱五分。按：花纸每百箱用五百张，值银三两，此款由木匠工料银内照扣。

（丙）纸张。此项纸张系裱铅罐之用，每罐外面裱心纸一层，毛边纸一层，内面衬毛边纸两层。计每罐需用毛边纸四张，裱心纸四张。毛边纸每罐合银元三分二厘，裱心纸每罐合银元三厘六毫。

以上每箱合银共一两一钱一分零九毫。

八、税厘

其费用分厘税、关税。

（甲）倒湖厘税。每行（百斤）银二元二角五分。

（乙）姑塘常关税。每行库平银二钱零六厘，加耗银每两二钱九分，又除皮耗合二四银每行三钱九分。

（丙）九江海关税。每百斤关平银一两，此项税银，洋商买茶时归还，但照洋行磅数归还，约耗十成之一。另详费用内。

以上厘税（除海关税），每关合银八钱八分四厘二毫。

九、转运费用

自祁门产茶各地，运茶往汉，其费用可分三段地点论之。

（甲）由祁门至饶州，每箱运费合银三角。

（乙）由饶州至九江，每箱运费合银二角二分五厘。

（丙）由九江至汉口，每箱运费合银二钱五分。

以上运费，每箱合银六钱一分七厘五毫。

十、洋行费用

此项费用最大，并计有七类。

（甲）打藤钉裱各费，每箱银一钱八分八厘。

（乙）修箱费，每箱银约二角合银一钱四分。

（丙）扣用扣现，每箱合银三钱三分七厘五毫。

（丁）每字补茶，每箱合银三钱七分五厘。

（戊）压磅，每箱合银一两五钱。

（己）样茶，每箱合银八钱三分三厘。

（庚）税亏，关税银交还时照磅亏算其耗约九折，每箱合银四钱五厘。

以上洋行费约每箱银三两四钱一分八厘五毫。

十一、茶栈费用

可分四类。

（甲）九江钉裱公估各费，每箱合银六分三厘。

（乙）汉口栈用出店各费，每箱合银五钱三分。

（丙）两月利金，每箱合银六钱七分五厘。

（丁）信茶代表旅费伙食，每箱约合银一钱六分六厘。

以上茶栈费，约合每箱银一两四钱三分四厘。

十二、附加各捐

祁门学堂捐，城乡茶及西南乡茶，纳县高等小学捐，每行银元五分。其本乡学捐，毛茶每斤钱二文，归园户负担，兹不列入，又每箱纳茶业公所捐银二分。（未完）

《农商公报》1915年第15期

调查祁浮建红茶报告书（续三）

调查员：谢恩隆、陆溁

以上捐款，每箱合共银三分五厘七毫五。

以上各项费用，计每箱成本银二十两零三钱九分五厘八毫五，合每担成本银四十五两三钱二分四厘一毫。

装潢法。木箱铅罐，外糊花纸。

木箱用本山枫木，长汉尺一尺四寸，广一尺一寸二分，高一尺二寸五分，木板只二分厚。此项原料应半年前即将枫树砍伐，俟干透后锯成板片，合笋成箱，每箱外糊皮纸一层，再糊花纸一层。

铅罐用新金山条，计每罐用铅四斤，用点铜锡三两熔入，先打成薄片十八张，用松香焊合成罐，每罐外糊裱心纸一层、毛边纸一层，内覆毛边纸二层。

花纸用九江所制之花纸，每箱裱五张，每张加印牌号茶名于上，如上品红茶用套箱者，多用花纸一副。

按：印、锡茶箱异常坚厚，并不用纸糊。吾华茶商人倘能将裱纸之费省去，将加厚箱板，则茶栈、洋行复免钉裱修箱诸费，一举两得，计无有善于此者。

运输法。祁门、建德红茶，于地势上以至江西为最便，故多经九江以集于汉口。祁门茶系用小船（俗名饶划子，约每船装六十箱），运至江西之饶州，由饶改装大船（俗称抚州船，约每船装二三千箱），用小轮拖至九江，再用江轮装运汉口。大约由祁至饶，每箱运费约银三角至四角；由饶至浔，运费每箱约银三角；由浔至汉，运费每箱合银二钱五分。建德茶由东流出江，经九江以集汉口，每箱由建至浔，运费银约四角六分至五角，由浔至汉与祁茶同。

销售法。祁、建红茶均运售于汉口，到汉后皆归茶栈发小样于买茶各洋行，由茶楼茶师看定，再由通事与洋商定盘。然后发大样评对，发大帮过磅。茶商售茶如用某茶栈之款，即寓居某茶栈等候售茶。兹将祁门茶销售时，茶栈、洋行各费用分别记录如下，以见茶商困难之一斑。

（1）红茶经九江时之茶栈费用：

过载	每箱银一分至一分四厘	钉裱	每箱银四厘
公估	每箱银四厘	新安会馆捐	每箱银五厘
警捐	每箱银一厘	商会捐	每箱银一厘
红十字会捐	每箱银一厘	保险	每箱银三分三厘七毫
姑塘关税		九江海关税	

以上各费用，除关税外，每箱合银六分三厘七毫。

（2）红茶到汉口之茶栈费用：

栈用	每银千两二十两	各力	每箱银六分
出店	每箱银一分	新安书院捐	每箱银一分

以上各费用，每箱合银五钱三分。

（3）红茶售出时之洋行费用：

九九五扣现	每箱十两扣五两	过磅	每箱银一分
茶楼	每箱银一分	补办	每字补茶二十斤
代补九江关箱	每字补茶二十斤至二十三斤	行用	每银千两十两

打藤	每箱银八分	焊口	每箱银一分至三分
堆装	每箱银四厘	修箱费	每字多寡不定,约合每箱洋二角
码头捐	每百斤银一分		

此外尚有样茶两箱,有时照五六折算还三四十斤,有时全不归还。复有磅秤每箱明送洋行一磅外,再压二磅三磅不定,而各洋行压磅之多寡,亦不一定云。

销数。民国二年,祁、建茶销额九万三千余箱(有浮梁茶在内),去年民国三年据茶税局调查,祁门二万二千四百五十二担,建德五千八百三十五担。

销售国别。祁、建茶箱售俄国最多,英美次之,去年民国三年销俄约六十三分五,销英约三十分,销美约六分五。

销售价目。去年民国三年,祁门茶最高价每担银八十两,最低价四十余两;建德茶最高价六十五两,最低价二十八两。本年茶市大佳,平均每担茶较去年高十两。

茶栈家数及资本。茶栈性质,专特放款与茶庄经售各庄箱茶,坐收月息佣金诸利者也。汉口专售祁、浮、建红茶之茶栈(兼售宁州茶),计共九家,兹列表如下。

栈号	经理人	帮口
万和隆	胡哲明	徽帮
公慎祥	唐简泉	徽帮
忠信昌	陈翊周	广帮
洪昌隆	洪瑞侯	徽帮
谦泰昌	江清浦	徽帮
源盛隆	邓步洲	徽广合帮
新盛昌	俞楚槎	徽广合帮
新泰隆	金介堂	徽帮
洪源永	洪味三	徽帮

按:公慎祥、源盛隆、新泰隆三家因去年绿茶庄客亏欠款项,本年并未放款。又以上各栈,货本无定,其临时放款之资本,则七八万元至十余万元不等。

茶庄家数及资本(据茶业公所报告)。祁门、建德红茶庄,民国三年共有一百三十七家。本年只有一百零三家，兹调查列表如下。

民国三年祁门茶庄

茶庄牌名	茶客姓名	茶斤担数（担）	茶庄牌名	茶客姓名	茶斤担数（担）
恒裕昌	胡志川	167	同达馨	胡达仁	265.5
德和昌	胡志川	194	德和祥	胡志川	156.5
蕙丰祥	李起畬	191.5	普美利	胡象昭	161.5
大生祥	李焕英	169	同新昌	李训刚	182.5
同大昌	康绍文	170	同益昌	郑淑和	163.5
兰生祥	郑云亭	221	同昇昌	郑嗣邦	179.5
大成祥	汪树人	152	义永祥	汪俊伦	105
元春祥	汪悦征	162	震丰		139.5
怡丰祥		168.5	隆义昌	汪问渠	218
隆裕昌	汪烈如	188.5	同志祥	汪仰贤	186
万和祥		142	源泰祥		107.5
春馨	胡柏芬	192.5	万象春	胡道南	144.5
共和福		142	源丰永	章焕奎	177
崇德祥		168	万和春	万和隆	251.5
恒顺昌	宁诚斋	198.5	永春元	余桂攀	146.5
冠群芳		201.5	同泰昌		151.5
森和祥		212.5	恒大		102
恒春祥		127.5	丰大		166
泰丰		97	公益大		160.5
义丰永		189	同福馨	康绍文	895
厚昌祥		166.5	太和春		655
致和祥		106.5	万春祥		89
仁和昌		545	同心昌		511
春华祥		34	万丰隆		46

茶庄牌名	茶客姓名	茶斤担数(担)	茶庄牌名	茶客姓名	茶斤担数(担)
日顺仁	胡铭之	216.5			

以上南乡49家。

茶庄牌名	茶客姓名	茶斤担数(担)	茶庄牌名	茶客姓名	茶斤担数(担)
益春祥	廖颂芬	375	益和祥	廖泽卿	225
益利权		95	益和昌	廖敬文	396
志成祥	陈明周	249	同茂永	郑子炎	252
同寅祥	汪琴轩	326	宝华昌		155
同升祥	郑绍钧	301.5	同德昌	汪维英	4465
大成茂	汪养池	392.66	共和春	公记	1805
坤大祥	汪济澜	2975	同和昌	汪德辉	312
亿同安	万和隆	2735	亿和昌	汪锡镕	2025
裕昌祥	王廷辉	2035	萃丰祥		1975
同源昌	倪烈辉	1795	镇丰祥		1915
永馨隆	陈景文	175	恒德祥	陈丽清 陈郁斋	4905
同馨昌	陈仰文	392	恒馨祥	陈楚材	338.5
利和昌	李德章	291.5	亿昌祥	金文宗	202
致中和	陈渭臣	162.5	永同昌	陈尚清	246.5
成顺昌	陈蔼如	256.5	裕泰丰	王集荣	222.5
公馨	王润生	294	裕馨	王于海	304
裕春	王鹤琴	172	愉丰	王爵臣 王宇臣	2045
致和		2205	共和昌	王向华	210
谦同益	谦泰昌	4255	恒丰	王玉成	250
益泰和		173.5	谦泰丰	汪松龄	311

茶庄牌名	茶客姓名	茶斤担数（担）	茶庄牌名	茶客姓名	茶斤担数（担）
义馨	赵璧	2625	万利和		107
同新祥	汪加财	138	复成祥	胡敬承	191

以上西乡44家。

茶庄牌名	茶客姓名	茶斤担数（担）	茶庄牌名	茶客姓名	茶斤担数（担）
吉善良	洪益良	248	吉善隆	洪益良	224
泰亨源		219	和丰永		277.5
广顺昌		244.5	洪茂昌		213.5
同兴祥		177			

以上城乡7家。

茶庄牌名	茶客姓名	茶斤担数（担）
晋泰丰		205.5

以上北乡1家。

共101家，56 968.66担。

民国三年建德茶庄

茶庄牌名	茶客姓名	茶箱额数（箱）	茶庄牌名	茶客姓名	茶箱额数（箱）
天生祥	胡维周	366	同昌祥	汪雪樵	380
三益祥	王玉田	439	天顺祥	王子培	364
正和祥	林锦文	411	万和祥	曹正兴	401
同德祥	程铭山	452	永庆祥	金本仁	361
同盛祥	胡玉璋	518	国泰祥	徐麒麟	303
义发祥	陈尔宇	354	满源春	汪国珍	451
森盛昌	朱尔常	468	美利兴	金天顺	374
忠盛昌	汪鼎发	318	谦同恒	谦泰昌	591
鸿运昌	郑希侨	417	公正昌	金起相	331

茶庄牌名	茶客姓名	茶箱额数（箱）	茶庄牌名	茶客姓名	茶箱额数（箱）
锦堂春	汪柳堂	337	同泰祥	吴其祥	344
馥馨隆	郑同喜	295	长发祥	朱书义	317
同人祥	汪作仁	419	公义昌	曹万选	354
震和昌	姚奠初	394	同裕祥	汪协顺	390
春锦园	汪在田	294	义和祥	汪子辉	421
同春和	曹海水	257	同春祥	陈其金	341
春福祥	陈质堂	292	聚庆春	何启书	333
同庆春	许玉堂	352	三和祥	方闰余	263
新盛隆	曹家兴	310	同福祥	董雨田	455

共36家，13 467箱。

民国四年祁门城乡茶庄

茶庄牌名	茶客姓名	茶庄牌名	茶客姓名
吉善长	洪益良	谦同益	胡实圃

民国四年祁门南乡茶庄

茶庄牌名	茶客姓名	茶庄牌名	茶客姓名	茶庄牌名	茶客姓名
日顺仁	胡铭之	同达馨	胡达仁	德和祥	胡志川
德和昌	胡志川	万和春	万和隆	永春元	余桂攀
丰大	谦泰昌	泰丰	谦泰昌	恒大	
同泰昌		恒春祥		恒顺昌	
源丰永	章焕奎	志成祥		春馨	胡柏芬
万象春	胡道南	源泰祥		蕙丰祥	李起畲
同新昌	李余三	普美利	胡象昭	福和隆	李训典
兰生祥	郑云腾	同大昌	康景昭 郑训章	同昇昌	郑嗣邦
元春祥	汪悦征	大成荣	汪俊伦	大成祥	汪树人

茶庄牌名	茶客姓名	茶庄牌名	茶客姓名	茶庄牌名	茶客姓名
隆义昌	汪问渠	隆裕昌	汪烈如	同志祥	汪仰贤
均和安	康绍文	同福馨	康绍文		

民国四年祁门西乡茶庄

茶庄牌名	茶客姓名	茶庄牌名	茶客姓名	茶庄牌名	茶客姓名
益春祥	廖颂芬	益和祥	廖泽卿	益和昌	廖敬文
荣昌祥	陈明周	同茂永	郑子炎	同寅祥	汪琴轩
同发祥	倪烈辉	永馨隆	陈景文	大成昌	汪养池
大成茂	汪养池	同德昌	汪维英	亿同昌	汪维英
亿同安	程云廷	坤大祥	汪济澜	广昌乾	许仲臣 汪培初
同和昌	汪德辉	亿和昌	汪锡镕	同升祥	郑绍钧
裕昌祥	王廷辉	恒德祥	陈丽清 陈郁斋	恒馨祥	陈楚材
同馨昌	陈仰文	利和昌	李德章	亿昌祥	金文宗
天成泰	金济卿	致中和	陈渭臣	成顺昌	陈蔼如
永同昌	陈尚青	裕泰丰	王集荣	裕馨成	王于海
公馨	王润生	裕春	王鹤琴	同昌福	王爵臣 王宇臣
共和昌	王向华	恒丰	王玉成	谦泰丰	汪松龄
义馨	赵璧	同新祥		三益祥	胡敬泉

民国四年建德三乡茶庄

茶庄牌名	茶客姓名	茶庄牌名	茶客姓名	茶庄牌名	茶客姓名
天生祥	胡维周	正和祥	林锦文	三益祥	王玉田
同盛祥	胡玉璋	同德祥	程同和	森盛昌	朱尔常
仁泰祥	郑贯之	天顺祥	王庆堂	震和昌	姚奠初
万和祥	曹正兴	振源祥	胡其相	同泰祥	刘正兴
永庆祥	金本仁	国泰祥	徐麒麟	美利兴	金天顺

茶庄牌名	茶客姓名	茶庄牌名	茶客姓名	茶庄牌名	茶客姓名
润昌恒	董雨田	恒慎和	王仁山	满源春	汪国珍
满源鸿	祝正开	春福祥	陈质堂	永茂祥	施弼臣
同庆春	许玉堂	同春祥	陈其金	公和祥	陈树棠
锦堂春	汪柳堂	同裕祥	汪协顺	忠盛昌	汪鼎发
鸿运昌	郑希侨	义和祥	汪子辉	公义昌	曹万选

以上祁、建茶庄，有实在资本十万左右，无须集股者不过三四家。其大多数均系集股而成，每家以三四千两至六七千两为固定资本，其余流动资本，均向茶栈挪用。至近年则连固定资本亦多向茶栈通融矣。

茶厘数目。皖南茶税总局设立屯溪，前清向归两江总督管辖，每年征收库平银三十三万余两。光复后归皖省派员征收，改为每引征收银二元，而浮梁分局复划归江西主管。去年民国二年，复改为每引征收银二元二角五分，惟销内地者每引收银二元。兹将民国元、二两年征收数目开列如下。

民国元年，皖南共收银元三十八万九千四百九元零。

民国二年，皖南共收银元三十一万三千四百十一元零。

茶厘局卡地点。总局在屯溪兼修黟，分局七处：一祁门、二建德、三婺源、四歙县、五铜石、六泾太、七宣建广。

《农商公报》1915年第16期

世界茶业之概观

一、概说

1913年至1914年间，直可谓种茶者获利之年。是时销数颇旺，种茶者源源供应，印茶之腾贵，为自1894年至1895年以来所未有。制茶需要之增加，骎骎乎有凌驾生产增加额之趋势，斯业之前途颇呈好象。虽然茶商所得之利益，必不如种茶者之厚。盖是年间用茶虽多，用茶者仍照前价购入原货，其损失则由茶商负之，故茶商赢利为之大减，而种茶者赢利则大增。各国出产之茶，今不能得其确切之总数，而出口之日增，可想见也。

二、生产增加之大势

现在全世界所用之茶，大部分产自中国、印度、锡兰，日本及爪哇次之。他如暹罗、缅甸、那达尔 Natal、尼达兰 Netherland、英领海峡殖民地非支岛 Fiji、伯剌西尔、牙买加、北美莫利沙斯、考克沙斯诸地方，虽亦为茶叶出产地，然为数甚少，只足供其本国消费之用，无输出之可言。兹将重要产茶国之出产状况，略述于下。

（一）中国

中国茶叶之产额，虽不能知确当之总数，然最少亦占全世界总消费额六分之一。则有可断言者，辛亥革命之际，全国制茶、业茶者受极大之影响。如汉口砖茶贸易，一时咸呈中绝之象，至民国元年制茶产额，初为二成五分减收之预想。第一期收获虽甚丰稔，二三期则属平平，其结局较诸上年，虽有数分之减收，然已属超过预想之数矣。至绿茶输出，较上年约少四百五十万磅，盖因年来输出波斯、黑海方面及亚洲其他诸国之各种华茶，日形减少故也。至对于英国输出，稍形减少，美国则日渐增加焉。

去年茶时之早，为近年所罕见。茶叶贸易较 1913 年至 1914 年为佳，实为初料所不及，至销用华茶之最多者，厥惟英国与荷兰，德、奥次之，俄国又次之。查 1913 年至 1914 年间，英国购买华茶，计二百九十九万余斤，至去年十月时，一年度尚未告终，已向中国购买茶叶三百七十三万余斤，若以全年度计之，所增之额，必有更多者。至荷兰销用华茶数目之增加，与英国殆相等，所运之茶，大半运往德、奥两国。自欧战开始以后，华茶出口较为困难，然输出之总数，较之上年仍属有增无减，故政府特将出口税减轻，以期推广茶业之销路云。

本年茶业贸易极为发达，售价昂贵，供不及求，输出盛况为十年来所未见闻。汉口之当业者云，存货既罄，新货又有难以为继之势。据调查所得，本年汉口头春茶出口四十二万九千七百七十八箱，九江头春茶出口十六万三千八百零一箱，汉口二春茶出口九万九千九百五十九箱，九江二春茶出口二万九千五百七十四箱，总共出口七十二万三千一百一十二箱。较之上年同处出口六十一万四千十七箱实增十余万箱，而价值则比较上年，几增一倍。盖欧洲军营用茶代饮，并以茶汁洗浴，故销路益形推广，茶价因之增高，本年茶业之获利，殆未可限量也。

茶叶为中国著名物产，亦为中国输出品大宗，徒以制法不良，装潢不雅，致在欧洲市场之销路，几为印茶所侵夺。近闻英国伦敦发见一实业社团，对于中国茶业极力提倡，劝英人畅用华茶，并刊印广告，揭诸通衢。将中国茶叶之价值详晰说明，务使一般人民深信华茶之可贵，而乐于购用。似此举动，不特可感动英国之社会，即德人亦因之而生感想，不致多购印茶。未始非中国茶叶畅销欧洲之一佳朕也。

（二）印度

当1910年至1911年间，印度茶曾产出空前之巨额，其输出总额亦达二亿五千八百万磅，自是而后，日见增加。就输出外国之数分别言之，以英国、美国为最多，俄国、澳洲次之，其他诸国又次之。

俄领亚细亚地方所消费之砖茶，咸取给于汉口，此项砖茶制造之材料，以中国茶叶为主，更合印度、锡兰所产之粉茶，融合而成。故锡兰、印度之粉茶输入汉口者，年约一千五百万磅左右。

印度茶叶产额之增加，纯基于集约的耕作法之良好结果，非由于茶园面积之扩充，盖茶园面积扩充势必至多佣工人，于经济一方面，极有影响，故不得已而出此也。

（三）锡兰

锡兰近年来对于绿茶之制造极为留意，1911年以后，制茶产额日有增加，其重要输出地即美国、英领坎拿大及俄国是也。1911至1912年度，锡兰茶输出英国者为一亿六百六十四万一千磅，较诸上年度实增一百五十六万一千磅，其附于伦敦市场竞卖者约为五万四十七箱，实达五百万磅，可谓得未曾有之巨额。至对于俄国绿茶之输出，十年以来，几增二十倍，贸易发达可见一斑，然以希图产额之增加，制茶者不甚选择，以致品质较劣，而有多量之窳茶出现于市场矣。

（四）日本

日本年来制茶之产额无甚增减，其主要之销场首推美国，英领坎拿大次之，就日本现时状态而观，制茶之产额能否特别增加，尚难预定。而以劳银腾贵之结果，生产费日形膨涨有必然者。日本茶园普遍全国，输出总额年约四千万磅左右。

（五）爪哇

近年以来，爪哇对于茶业力图振兴，广大之新茶园既经采摘，而于耕种制造诸法又复极意研求。该茶园中，初移植中国茶种，近年并阿沙母种亦移种之，所出产额较华茶为多。当1911年度，茶叶出产为量极多，其输出额为五千五十一万八千八百磅，较上年度实增一千万磅之巨，进步之猛可以想见。自是而后，年有增加，虽1913、1914两年染疫死者甚众，人工缺乏。然上年度之出口额又较增三百万磅，茶额既渐增多，茶质亦未至窳败。就1914年视之，英国购数较上年多五十万磅，美国及英领坎拿大购入之数亦有增加。最盛者厥惟俄国，较上年多购八百万磅，其运往新加坡之一千八百万磅，又以转运赴俄者，占其多数。爪哇首府巴达维亚售出之茶，亦较往年为多，盖该处俄商之购茶，固与在喀尔喀特及哥伦布所购无异也。

（六）其他各地

苏门答腊今于世界产茶国中亦占一席地，种茶、制茶之法均甚精美，收数亦佳。其茶系用安南种子，聘用精干之人经理其事。制茶厂中且装有最新式之机器，1914年曾有多数茶叶运赴伦敦，在市销售，其茶较印度、锡兰及爪哇第一次所产者为佳云。

高加索采茶之时，年分四期，第一期所采摘者，品质最良。收获额之最多，则为第二期。制茶恒用英国新式机器，其味与印茶相等，然一般评论，咸称稍有劣点。前虽数次运赴美国，冀以扩充销路，结果不甚良好。现在该地茶园面积年年开拓，种植之数亦有增加，虽其茶叶之产额对于世界各国之需要，无甚关系，然今后之生产额渐次加多，可预卜也。

东印度亦为茶叶出产地之一，当1912年时，斯麻特拉岛新辟茶园，面积甚广，土壤亦极丰腴云。

北美合众国南加拉力拿South Carolina州之茶园经其政府之保护，产额亦逐渐增加云。

三、消费增加之大势

世界制茶之生产额，年年有增加之倾向，概如上述。而消费之大势亦有不期然而然者，故茶价日渐腾贵，销数亦日渐增加。据某专门家所调查，谓茶类需要日广，欲图供求适相符合，则收获额年须千万乃至千二百万之增加。准是而论，则世界各国茶园之面积，非年年扩充不为功，现在产茶各国以劳动者时形不足，故茶园之开拓极居少数，惟图已开拓之茶园，力究集约的耕作法，以图收获之增加而已。虽然行此法而求产额之增加，亦只能及于劣等茶耳，至优等茶之收获额，势必日渐减少，驯至茶叶风味日就窳败，而消费者之多嗜劣品，于经济亦极有关系也。

英国之销茶额数当1911年度较上年增三百万磅，每人平均销茶约六磅半以上，年年逐渐增加。欧战发生之际，伦敦存茶共有八千万磅，较之上年斯时存茶七千二百六十万磅，殆增数百万磅。其国消用之茶，本国产者约一千二百八十万磅，中国产者，四百九十万磅。据英国某医学杂志所载，以化学分析制茶之结果，证明优等之茶最称经济。然劣等茶广告之虚夸，一般嗜好者，恒为其诱惑。盖英人性重保守，某杂志虽发表意见，痛摘其利弊，国人亦不甚措意也。惟爱耳兰人稍稍购用优等茶，彼以为饮少量之高茶，香芬适口，不啻含多量之饮料。其结果爱耳兰人平均每人之消费额，实较英（格）兰人为少云。

俄国销茶额数日渐增加，前十数年酷嗜华茶，故华茶销路，俄为大宗。今则人民嗜好变迁，多以印茶为重要饮料，试征诸俄国茶叶输入额，当二十年前，华茶实占输入总额六成以上。今则不然，以去年上半年视之，俄国销用英制之茶计六千五百万磅，爪哇茶二千四百五十万磅，中国茶亦仅二千四百余万磅。此外，中国茶砖运入颇多，不能计其斤量，然为数亦不似从前之多矣。惟印度茶价格腾贵，中国所产之红茶，价格低廉，或可有增加之希望。至俄国对于绿茶需要亦极增多，大概销于土耳其斯坦及所领亚细亚地方。盖此等地方，回教徒居多数，以教规禁止饮酒，故需浓厚之绿茶以代酒之功用也。

美国自着色茶输入禁止法颁布后，一般茶业之贸易大受影响。制茶检查委员会曾配布各种样本，为输入茶类检查之标准，遂有着色茶输入严禁之宣言。然制茶检查委员会所颁发之样本，赖以决定输入之许否者，其中又发现着色茶之一种。于是施行显微镜检查法，结果中国茶及日本茶被禁止输入者甚多。两国之制茶贸易，一时大受排挤，其后又易为化学检查法，近年以来，制茶贸易渐趋圆满矣。至考其国每人消费茶额，自六磅零百分之五十八增至六磅零百分之六十一。其数似微，然以全国人数计之，则增一千五百万磅之巨，其输入之茶亦以印度、锡兰茶为多云。

澳大利亚一般人民之嗜茶仍甲全球，1913年至1914年间，印茶多销四十二万磅，锡兰茶多销二百六十余万磅，爪哇茶减销十万六千余磅，中国茶减销四十二万磅，可见印、锡茶之渐能投人嗜好也。

坎拿大近年茶叶市价极为腾贵，其输入额亦以印度、锡兰为多云。荷兰之茶叶消费额除英俄外，欧洲大陆各国难与匹敌。其所消用之茶，大部分为爪哇产品，然印度、锡兰茶之输入亦有年年增加之趋势焉。

丹麦亦为欧洲大陆中茶叶消费国之一，第稍逊于荷兰，印度茶税委员曾以种种方法使印茶在丹麦之销路日渐扩张。

比利时自1897年输入税废止后，茶之消费极端增加。

芬兰之茶叶输入额亦逐渐增加，但该地方零售价格非常昂贵，普通一磅售价七辨士云。

世界各国需茶之程度，虽因国而异，然茶叶之需要，今后日益增多，可断言也。

四、结论

关于茶叶出产地之国内消费额，可征信之统计，未由撰拟，故全世界之总消费额，亦不能得其确数。然需要茶叶之额数年年有剧烈之增加，殆无疑义。观于茶叶产额丰富之年，售价昂贵，各国市场犹不减其销数，甚或增加，非无故也。

世人对于茶之嗜好，尚未能专需良茶，屏绝劣茶，而以劳动者之缺乏，更未能多辟新茶园，以冀根本上产额之增加。仅据集约的栽培法，以图收获之较多。一般制造者对于制茶前途颇示乐观，不知此特为一时救急之办法，非探本之要图也。

中国今年茶叶出口贸易实较往年为佳，正宜乘此时机，一面开辟茶园，一面改良焙制，务期产额增加，不掺伪质。售价既较印、锡为低廉，再能投外人之嗜好，何患华茶之销路不能扩充，而名誉不能挽回哉。

《农商公报》1915年第15期

一九一六

中英茶业盛衰考

杨士京

中国茶叶向与丝瓷称出口大宗，近则同嗟不竞洋瓷洋纱，渐有喧宾夺主之患。茶叶虽无舶来品，而饮料中如洋酒、咖啡等，岁耗漏卮，亦非浅鲜。虽气候之美，土地之宜，在华茶得天独厚，而商场角逐，我几无立足区，印度、缅甸、锡兰等处所产之茶，竟以紫夺朱，后起争胜，世变所趋，吁可惧矣。兹取中英茶叶详考始末，以备商界龟鉴。邦人诸友有能鼓励精神，研究学术，振兴茶产，决胜商战者乎？余日望之已。

一、中茶原始篇

茶本华产，而非欧产，即在上世不闻以人饮（小戴《礼·玉藻》言五饮，《周礼·酒正》言四饮，浆人言六饮，均不及茶），且经典中无茶字，而义隐见于《尔雅》文，释木口槚苦荼。郭《注》云，树小似栀了，冬生叶，可煮作羹饮。今呼早采者为茶，晚取者为茗。一名荈，蜀人名之苦荼，茗荈与茶皆一物，但时间不同耳（《困学纪闻》言，诗有三荼。《日知录》言，《尔雅》荼□凡五见。按《野客丛书》云，世谓古之荼，即今之茶，不知荼有数种，惟荼槚之荼，即今之茶也，区别明析，斯谓善读《尔雅》者）。王褒僮约云：武都买茶。张载诗云：芳荼冠六清。孙楚诗云：姜桂茶荈出巴蜀。温峤上表云：贡茶千斤，茗三百斤。皆言荼，而义即为茶，唐陆羽《茶经》一曰茶，二曰槚，三曰蔎，四曰茗，五曰荈。郭景纯注意合，但广罗列众名。宋魏了翁曰：茶之始其字为荼，惟陆羽、卢同而后则遂易荼为茶。顾亭林《日知录》有自此后荼字减一画为茶字之说也（《唐韵正》及《韵会》本，皆云茶即古荼字，目中唐时始变作茶）。然顾氏又云：秦人取蜀后始有茗饮之事，盖以茶产自蜀，而茗饮风气实始于秦。按《前汉书》年表，荼陵颜《注》荼音涂，《地理志》作荼陵，颜泰弋奢反又音丈加反，则汉时已有荼茶两字。而《吴志·韦曜传》，密赐荼荈以当酒，及《尔雅》郭《注》亦云茶，不待至陆、卢辈出，始易荼为茶也。鄙意在唐以前，茗饮或不盛行，故茶字亦罕见，及羽《经》三篇成（《茶经》凡分三篇，言茶之原之具之法至备），同名七著，斗茗兴豪，靡然成风，而茶字遂为普通名词。唐世中叶，回纥入朝，驱马以市茶，明代设茶马御史以监督西北边互市，榷茶之政滥觞于此。然所流入之范围，亦止在吾亚洲境矣。

二、英茶原始篇

英国茗饮较晚于中国，古者英吉利民常饮麦酒，及一种甜酒，名之曰密酒，又以大壶麦酒为朝餐常用之品，亦犹吾国经籍中言四饮五饮六饮，总不离乎酒醴者。近是当茶初入英国时，有一老人受其友赠，欣欣然色喜，以为大享，但彼等虽得茶，终不知如何用法，惟知煮叶至沸，铺于一方咸肉上，而咀嚼之食叶，而弃其汁，一时播为笑谈，几不啻买椟还珠矣。西纪1615年，为英人发见茶叶新纪元（一说西历纪元前2700年，欧人已知茶为东方美物，具有疗病功能，此说甚荒邈，时中国不闻有茗饮，欧人何从知之），时有东印度公司，掌握远东政治及商务之霸权，有分公司在中国、日本，刺探东方物价，灵通消息，以捷足先登，获利尤为优美。一日受总公司发函，命求中国上等之Chaw一罐（按：Chaw即闽省呼茶之音）。不恤价之昂贵，目的在求得隽品。此风一倡，茶市腾涨，骤获厚利，龙睛、雀舌等品名，洋溢于中外。时有所谓掷三银块饮茶一盂之谚，观此可知其价值矣。1664年，东印度公司赠英皇红茶二磅，每磅获奖五十先令，一经品题，声价十倍，英人争先恐后，以饮茶为一荣幸事，报纸诩为美谈，传至法德，亦有同嗜。未几而欧洲大陆茶市林立，不胫而走矣。至1668年，东印度公司在英政府注册，特准其运茶入英境，由是茶务日益发达，销场日广，故十年后，英国进口之数达四千七百一十三磅。18世纪间，英国人口年益增多，用茶年益推广，当时以统计平均，每英人一名年销茶约二磅，按英国人口共约四十一兆，东印度公司既为唯一之营业，获利不可数计，而吾华特以为尾闾，间接获利亦云厚矣。

三、英茶代兴篇

昔汉甘英之使大秦也，为安息西界船人所诳而止。又大秦王常欲通使于汉，亦为安息故遮阂，不得自达。盖汉与大秦，中衢须经度安息，安息欲以汉缯丝与大秦交市，故不利其通也。至加特力教徒东游，阴赍蚕种西去，蚕丝之利大启，而华丝销路阻滞，价值遂益低下，华茶盛衰沿革亦不幸类是。1780年，英东印度公司购得中国茶种，移植于印度、锡兰二地，其始也，生育颇劣，后经锐意栽种，卒获大好收成，是则今日印锡茶务繁盛，皆中国茶种之赐也。兹将中、印、锡两年出口总数，列表如下。

单位：磅

年份	中国茶出口总数	印度茶出口总数	锡兰茶出口总数
1879	126 340 000	34 092 000	—
1910	8 484 000	133 508 000	78 094 000

茶商贩茶至英国，始仅有东印度公司一家，大利所在众咸趋之，自19世纪以来，英国茶税减轻，业茶者日多，攘往熙来，互起竞争，而东印度公司不得独专其利矣。时中国风气渐开，有运茶往英伦者，虽不能掌握全权，然亦颇有势力。不幸后有一二诡滑奸商，设小□于伦敦隐僻处，私将染色柳叶杂茶叶中，冒充嫩茶，又用香料以熏茶味，加矿料以增重量，诸弊丛生，遂被化学家察出，而中商之无信用，大见斥于外人。况英人富爱国心，动辄言振兴国产，挽回利权，平时藉口谓华茶味淡，宁出高价购印锡茶代之，今幸有隙可乘，有瑕可指，何惜不落井下石，俾归于劣败。又况供过于求，为计学上所人忌，向来英人饮茶，非仰给于我国不可，今除印、锡、缅甸属土外，若日本、爪哇相继勃兴，竞争剧烈，吾华生利日微，而分利日众，茶叶危险可胜言哉。

四、中茶改良希望篇

如上所陈，中茶低下，几历永劫，不复有再兴望。然据西报所载，目下正有绝好之机会，试撮述之。英国人士近来对于印锡等茶，渐有不满意之态，主卫生学者，谓印茶所含□□□□质甚多，又选制不精，常掺有粗叶茶梗，而□□质更因之倍重。据医家言，□□及□□等处工人，多染弱症或神经病，皆由饮印茶所致。又英人心理近忽发生不喜更代品之思想，前此盛意植茶，有宁饮印茶而不愿购华茶者，近又群欲得真正华茶，而不愿得鹜代之伪品。以上理由于中国茶务至有关系，我国民苟能利用之，改良一切，巧应时会，其有俾于茶业前途，良非浅尠也。兹折衷诸说，胪列五条，愿热心改良之君子幸垂察焉。

（甲）中国茶户大都贫苦者流，无力购用上等肥料以培植茶树，故茶之汁味较淡，虽间有富室多购肥料，广种茶树，而灌溉不时，土宜不辨，产茶虽多，其成茶亦愈杂，此亟宜改良者一也。

（乙）采茶之后，多曝之以日，及以手工卷制，流弊亦甚大。夫恃日光以焙茶，一值阴雨，堆压稍久则色味易变，手工卷制，成茶既迟且不能精洁，此亟宜改良者二也。

按：英人尝言中国茶商，绝不知投人所好。如中国红茶素以佳品鸣于世，但英人喜饮极浓之茶，若华人再加猛火炒烘，则其味更浓，方能诱人购买云云。观此一事，即知所以类推矣。

（丙）华茶到英，时有损坏，推原其故有三，一由于包装不固，二由于船舱秒水浸入货内，三由于船舱无通风窗，故茶易为腐败空气侵坏。近来印度运茶公司注意于此，故凡提货单皆书明包装须封固，船舱须设通气窗之明文。中国茶商可资为明鉴，此亟宜改良者三也。

按：中国茶商堆栈建筑不完善，以致茶之储栈内者，常有水湿火险之虞，此亦宜大加改良。

（丁）中国乏贩卖机关，国际贸易不能直接行之，以求广销路，动须倚赖洋商，既无囤积居奇之权，又无抵制抑勒之能力，种种弊害，不胜枚举，此亟宜改良者四也。

按：中外贸易市场，不为不广矣。求能得一独立行栈，如日商之三井、三菱，在外国作大经营者，无有也。又况无远航汽轮，汇兑银行、贩卖机关概未建设，安望国际贸易之发达哉？

（戊）中国政府对于业茶者，宜施行保护政策，加以奖励，俾群知感奋。试观印、锡、爪哇茶出口，豁免厘税，而华茶既有出口税，复征收厘金，层层朘削，以致茶商获利薄而经营难，商业衰落固其宜矣。此急宜改良者五也。

如上所陈，甲乙项宜改良种植采制法，丙丁项宜改良运载贩卖法，戊项宜改良关税法。惟知其受病之源，而后有标本兼治之策，琴瑟不调必改弦更张然后可鼓，国货不良必因时制宜而后可用，岂第茶业一道为然哉？

论曰：中英茶业递为盛衰，如彼英属产茶渐形退步，中茶将有转机，又如此语曰：时乎，时乎不再来，虽有镃基，不如待时，此诚吾国茶业兴败一大关键也。若是者不可不借鉴于日本，日本近三年间，茶叶输入美国每年平均额，增至三千三百万斤至三千三百五十万斤，而伊藤农产课长新出调查报告，殷殷以改精制品，推广销路，勉其国人更注意于印锡茶叶，急欲谋竞争优胜之法。如派人游历美国，于影戏馆中插入制茶实况照片，又于各旅馆中广赠绿茶，希望美人以日本绿茶作冰茶之用，攘夺印锡红茶之利，苦心经营，朝野一致，结果将必有可观。然其丁宁劝勉，斤斤曰印度、锡兰茶，而对于数千年产茶之中国绝无顾虑，一若对美茶叶输出上，除印、锡茶而外，莫之与敌。不知我国茶业界诸君闻之，亦痛心否耶？总之天时、地气、材美、工巧，合此四者，然后可以为良。吾国茶叶于天时、地气、材美三者，可称合具，所缺乏者独工巧耳，处兹工战、商战时代，慎勿故步自封、时机坐失，而使东瀛邻邦急起直追着鞭先我也。

《江西省农会报》1916年第4期

论江西设立茶业模范场之必要

黄圃公

赣茶产额之丰，素推修水、铜鼓、浮梁、武宁诸县，顾近十年来，销数日减，茶商之耗折者，比比皆是。考求其故，则由于栽培制造均不得其法，此盖无可讳言者也。窃尝以为实业一途，创立为难，利导则易，就广义之农业言，如造材、植棉、制糖、蚕桑、畜牧等，何一非当今之急务？顾非困于经济，则多格于事势，倡之者有人，而克成者则几绝无仅有，以此而言，富强安可得乎？

顾吾省茶业至今日，虽劣败已极，然苟能涤旧求新，因势利导，则利可操券。第产地既辽远，而情俗又各殊，劝导之文，改良之说，纵累牍盈尺，其何补于实事？窃谓宜于产额较丰之处，创立茶业模范场，为品种之鉴定，枝条之修剪，以及肥培耕锄制造各法均一一试验。若者为良，若者为劣，若者可兴，若者可废，以成绩为标准，以实事为模范。上有所好，下必甚焉，风声所播，全省景从，急起直追，行之十年，茶业前途庶有豸乎？

谓予不信，试请征诸皖省。皖之青阳，夙以产丝著，近亦日趋劣败，自前岁韩使国钧莅皖，锐意讲求蚕桑，于青阳设立蚕业模范场，厉行巡回讲演刊送白话等事，苦口婆心，家喻户晓，去岁丝之产额，即远胜畴昔，此非其明效大验乎？执政诸公，如能鉴于茶业之劣败，远取法乎欧美，近借鉴于皖省创立场所，以为模范，以言改良，必事半而功倍。岂仅吾省之幸哉，一国之富强胥于是乎有赖。

迩者茶商金佩艾等，禀请农商部援照安徽祁门设立模范种茶场案，拨款在江西产茶境内设立分场分区，以兴茶业。自部咨到赣，戚使提案交议，遂有六千元核拨之款项，分为各场区补助之经费。是知振兴茶业为目今潮流所趋势，抑凡具有实业观念者，所莫不共同注意之集点。以吾辈期望方殷之举，果见当道政策实行，虽曰改良初步，从兹着手，要能切实整振，贯彻始终，则吾赣茶业之发达，夫安得不归功于模范场之设立有以致之也哉。

《江西省农会报》1916年第11期

江西茶业前途之佳象

　　戚省长对于江西茶叶之输出，认为一种极有名誉、极有利益之重要事业。因为此次参与美国巴拿马赛会之审查结果，中国茶叶得大奖章者，共有七省，而七省中尤以江西居第一。是以今后江西之茶叶，自为世界各国之购茶者首先欢迎，此为极有名誉之铁券。且此次赛会告终时，所有赴赛茶叶均经售尽，无不利市倍蓰，更为极利益之铁券。有此两种铁券，则江西茶叶之前途，实有绝大之希望，非从根本上实力提倡，不足以供其发展。特于省收入中划出一项经费，作为种茶试验场分区之补助。提出议案，咨交省议会议决施行，日前省议会议及该案，业经多数可决，并闻戚省长对于省议会可决该案非常满意，已将此项补助经费之确定案，咨请农商部查照矣。

　　按：江西之土宜气候，可以推广种茶区域所在多有，今又得此公款之补助，将来发展岂有可限量，诚我江西茶叶前途之佳象也。

《江西省农会报》1916年第12期

祁门红茶史料丛刊续编 第一辑（1912—1919）

一九一七

中外茶业略史

饮茶之习，现虽通行世界文明各国，然推原其始，实起于中国。当唐德宗时，政府征设茶税，足知当时我国人已有饮茶之癖矣。自海洋航行兴盛而来，此习遂盛行欧美，而茶乃为商业场中之一要品。在19世纪中叶，我国执世界茶业之牛耳，有垄断一切之概。近二十年来，印度茶、锡兰（Ceylon）茶之销行，日增月盛而我国固有之茶业，因农户不利用机器之发明，商家不为招徕广告之计，遂着着失败。至今在欧美各国之中国茶，犹以纸包盛之，此不但不足以行远御害，若与彼英人所制光艳夺目之茶瓶，同陈并列，未免相形见绌。彼欧美士人，虽非买椟还珠之辈，能不为皮相所欺乎？

除中国而外垦种茶者，首推日本。在9世纪时，（我国唐朝）有僧人自中返日，携茶种植于九州，未几而蔓延至四国、本州矣。欧西则自1517年，葡萄牙人与我国通商，荷人、英人继之，在17世纪初茶已为商业要品，然以舟行濡缓①，且冒盛险，故价极贵。在17世纪，伦敦市中，茶值每磅需银一百元，王公贵胄乃得一染指耳。1664年，东印度公司以中国上等茶二磅，贡献于英皇，自今观之，不啻辽东白豕矣。18世纪初，英国茶之进口尚不过二万磅，至19世纪初，乃骤增至一千八百万磅。

英人茶癖渐深而后，以此项每岁漏卮甚大，乃想所以抵制之。英伦三岛于茶气候不宜，故约瑞夫·泮克（Joseph Bank）1788年创议，在印度垦种，自后英人在印度研求植茶者，颇不乏人，迄未有所成。至18世纪中叶，福君斯（Robert Fortunes）乃单身游历苏、浙、皖、闽各省，察其土地气候之宜，故视其种植割取制备之法，研求数年，乃尽得中国茶业之底蕴秘密。归时携老于茶业者数人之印度，为教导师，其用心不可谓不苦矣。然有志者，事竟成，自此而后，印度茶业之发达，乃蒸蒸日上。

次印度而起者，则为爪哇（1826年）。在锡兰一岛，则咖啡本为最要之出产，至1879年咖啡树叶为害虫所蚀，于是农夫乃弃咖啡而业茶，至今则锡兰茶与印度、

---

① 在18世纪舟之航行中英者，须绕道南非洲，耗时四五月。

中国茶并争齐驱矣。此外如在南非、西印度、巴西及俄之高加索省（Caucasus）虽有垦种茶者，均无足道也。

今将自1888年各要地茶每年出口数以五年平均列为表如下①：

第一表

单位：磅

年数	印度茶	中国茶	锡兰茶	爪哇茶
1888—1892	105 000 000	242 000 000	48 750 000	7 000 000
1892—1897	135 000 000	234 000 000	—	8 000 000
1898—1902	172 000 000	192 000 000	—	26 000 000
1903—1907	210 000 000	200 000 000	165 500 000	44 000 000
1908—1912	255 000 000	202 000 000	188 500 000	61 000 000

下表系1912年中国茶出口各国和地区数，以百万磅为单位。

第二表

国家和地区	出口数	国家和地区	出口数
俄	112	法	10
美	21	德	8
香港地区	13	其余各国	21
英	12	共合	197

一览第一表，足知二十五年来我国茶出口总数，不但不能增益，反较少四千万磅，而印度、锡兰、爪哇茶则在此二十五年中，均得倍蓰。

除中日而外，世界各国用茶最广者，厥推英俄。1858年，中日不计外，世界共消茶六百二十六百万磅，内英用二百六十九点五百万磅，俄用一百三十五点五百万磅。足知英伦三岛，茶之进口数，实占世界茶市场之半，俄之进口数，则为英伦三岛之半。览第二表，则知我国出口之茶，多半往俄，而往英之出口数，因印度茶、锡兰茶之竞争，乃岁岁减缩。是故1879年，英之中国茶进口数为一百二十六百万

---

① 日本茶出口1888—1892五年平均每年约48 000 000磅，至近年来则仅数百万磅而已。

磅，至1912年则减至十二百万磅，仅为昔年十分之一耳。

第三表为历年来，英国印度茶与中国茶进口之比较，以百万磅为单位。

第三表

纪年	中国茶	印度茶	纪年	中国茶	印度茶与锡兰茶
1840	32.5	00	1885	114.0	66.0
1850	54.0	00	1890	60.0	132.0
1860	90.0	00	1895	26.4	192.0
1870	108.0	12	1900	12.0	232.0
1880	114.0	45.6	1905	12.0	240.0

中国茶在英国市场中，为印度茶与锡兰茶所攘夺、所窘败，盖明如指掌。近者，英人欲设法招徕，销行印度茶于俄国，此事若成，则我国茶业将无立足之地矣。

《科学》1917年第3期

中国之实业（摘录）

杨　铨

茶业

中国素以自豪之商品，舍丝而外，当推茶矣。毕竟中国何时发见茶叶，论者纷纷，迄无定论。或谓神农尝百草时已知有茶，然无记载不足征信。茶字汉时已见，晋张华《博物志》"饮真茶令人少眠"，唐陆羽作《茶经》，类别详至，则当时茶癖已盛行矣。作者客居异国无书可征，然据上述诸证则中国知饮茶当在晋前，可断言也。

中国茶至西方实滥觞英国，其原在16世纪末叶[1]。19世纪末叶以前中国茶售之西方几全由伦敦市场转运，惟奥俄二国直接得之中国耳。1877年以前世界言茶者但

---

[1] 见 *The Tea & Coffee Trade Journal*, Oct., 1916, "The Revival of The Chinese Tea Industry."

知有中国茶，中国几为世界惟一之茶源。自英人由中国携茶种移植印度，数十年中竟夺中国之牛耳，1909年后之茶霸非复中国有矣[1]。英人师我陈法，夺我市场，且鄙我劣败。其言曰："因近年产造销用之进步，中国茶舍供研究茶叶进化史者之材料，已居无足重轻之地位。……中国人性趋守旧，遂致不能采用根诸科学原理之种植新法，不能弃手工而用制茶之机械，职是之故，其出口额遂年弱一年。"[2]老惰不振弟子猖狂，吾国业茶者，览此亦有赧颜者乎？

吾国每年产茶总额无统计可稽，惟通商贸易之情形尚可由中西书报略窥一二，今请分别言之。

第一表　中国茶出口额[3]（以英磅计）

年号（西历）	红茶	绿茶	茶砖	总额（内括茶板茶末额）
1900	115 116 533	26 723 333	42 256 600	184 576 533
1901	88 733 200	25 257 333	39 136 266	145 399 066
1902	91 638 400	33 834 266	76 004 933	202 561 466
1903	99 882 133	40 216 000	82 461 066	223 670 666
1904	99 866 933	32 152 800	59 692 666	193 499 866
1905	79 606 000	32 283 733	69 133 066	182 573 066
1906	80 120 933	27 590 000	88 230 266	187 217 066
1907	94 436 400	35 306 933	80 563 466	214 683 333
1908	91 387 733	37 878 000	78 775 333	210 151 466
1909	82 617 600	37 557 200	77 996 800	199 792 400
1910	84 470 000	39 477 733	82 205 333	208 106 666
1911	97 890 666	39 898 266	55 554 133	195 040 000
1912	86 472 533	41 354 266	67 528 133	197 560 000
1913	72 280 666	36 979 066	80 802 666	192 281 200

---

① 见《大英百科全书》11版，26册，479页。

② 见《大英百科全书》11版，26册，479页。

③ 由1914及1916之 *China Year Book* 辑成，其1915之额见美国 *Tea & Coffee Trade Journal*，Oct.，1916.

年号（西历）	红茶	绿茶	茶砖	总额（内括茶板茶末额）
1914	81 772 666	35 565 066	77 851 066	199 439 733
1915	102 818 000	40 843 000	85 600 000	237 600 000

第一图（略）

上表中之总额及红茶额复绘成第一图，以便比较。观图则见十五年来中国出口茶额时起时落，不越二百兆磅左右。民国四年（1915年）骤增至二百三十七兆磅，亦足自庆矣。然进求此骤增之故虽由茶产丰收，良然是年业茶者皆获厚利，虽受欧战影响之印度、锡兰未为例外。故1915年为世界茶业之丰年，而非中国种制改良或商策革新有以致此骤增也。谓予不信，请证之统计，下表示近三年世界产茶国家和地区之出口茶额。

第二表　近三年产茶国家和地区出口茶额[①]（以兆磅计）

国家和地区	1913	1914	增率%（1913~1914）	1915	增率%（1914~1915）
印度	287.5	290.6	1.08	317.5	9.2
锡兰	191.5	194.5	1.57	211.6	8.8
不列颠总额	479.0	485.1	1.28	529.1	8.5
中国	192.2	199.4	3.7	237.6	19.2
东印度（爪哇）	66.4	73	9.9	104.8	43.5
日本	27.3	39.2	43.5	45.3	13.0
中国台湾（日据时期）	23.1	24.1	4.34	24.0	-4.1

观此表则中国近三年之出口增率不过中平而已，且印度、锡兰增率所以不大进，实由地利已尽，机械精良已臻上乘，非不能进，无可进也。试观爪哇与日本之增率则知中国之因循迟钝矣。即此1915年之增率中国亦不能常有也，据最近报告1916年福建茶获迥逊去年，第一获虽较去年增百分之二十，然第二、第三获皆失

---

① 出口额见1916年10月之美国 *The Tea & Coffee Trade Journal* 329~333 页，增率为作者加入。

败.由今观之，年终报告恐无好消息也[1]；而印度1915年3月至1916年3月之出口额已达三百三十一兆磅[2]。印人摘茶周岁平均，不若吾国专重春暮夏始，使印度茶地无意外之天灾，则1916年之收获必优于去年又无疑也。

仅观第二表中国出口茶额虽逊印度，然年来进步尚强人意，是中国业茶者亦未可厚非也。不知中国二十余年以前之每年出口额已越二百四十余兆磅，二十年来不见寸进坐失霸权，且并旧额亦不能保，此耻虽竭西江亦不能濯也。今摘录1912年以前中国、印度、爪哇每五年平均出口茶额于下，亦欲读者勿忘中国已往之荣光而谋所以恢复之。

第三表　中国、印度、爪哇出口茶额[3]（以磅计）

年数	中国	印度	爪哇
1888—1892	241 000 000	105 000 000	7 000 000
1893—1897	234 000 000	135 000 000	8 000 000
1898—1902	192 000 000	172 000 000	26 000 000
1903—1907	200 000 000	210 000 000	44 000 000
1908—1912	202 000 000	255 000 000	61 000 000
增率%(1888~1912)	-16.5	142.6	770

中国二十五年间由二百四十二兆降至二百零二兆磅，其减率为百分之十六点五；印度于此廿五年中由一百零五兆而至二百五十五兆，其增率为百分之一百四十二点六；同时爪哇则由七兆而至六十一兆，得百分之七百七十之增率。人之进也捷如奔马，而我方安步当车从容揖让，其不归天然淘汰也几希。

中国之出口茶市。中国运茶出洋口岸之大者为汉口、上海、福州三地。汉口、福州专销红茶，上海则专销绿茶，其由陆路者则由西比利亚铁道至俄。中国茶销之俄国者占出口总额百分之六十，1915年总额为二百三十七兆磅，运俄国达一百五十五兆磅，此一百五十五兆磅中有二十七点七兆由陆路达俄及西比利亚。今录1914年汉口、上海、福州三口岸之销路与出口额如下，虽仅一斑，然三口岸之地位可得而推也。

---

[1] 见上报，1916年11月，432页。

[2] 出口额见1916年10月之美国 *The Tea & Coffee Trade Journal* 329~333页。

[3] 见《科学》第3卷第3期杂俎《中外茶业史略》

第四表　汉口、上海、厦门1914年出口茶额[①]

国名	汉口出口红茶		上海出口绿茶		福州出口红茶	
	箱数	磅数	箱数	磅数	箱数	磅数
俄	400 000	24 000 000	110 000	6 600 000	37 000	2 220 000
英	116 000	6 960 000	120 000[③]	7 200 000[③]	58 000	3 840 000
美	80 000	4 800 000	200 000	12 000 000	17 000	1 020 000
德	26 000	1 560 000	15 000	900 000	37 000	2 220 000
法	6 000	360 000			8 000	480 000
他国	23 000	1 380 000	20 000	1 200 000	15 000	900 000

中国运茶出口之地固不止以上三地，上表所示仅为三地之出口额，而非全国额也。

汉口所销为湘、鄂、赣、皖之红茶，1914年四省茶额之分配为湘、鄂四十万箱，江西宁州五万箱，安徽祁门十万箱[③]，每箱约重六十英磅。

近年汉口之出口额亦复年弱一年，且地多西人自设之茶厂，"常将印、锡之茶未运至汉口，制成茶砖，复用原箱运至外洋出售，谓之原箱。出进无税"[④]不购中国之原料而利用中国之工价廉，且得免税，其用心诚狡矣。然当道竟容之，孰谓中国非无人之境耶？

上海所销茶多来自皖、浙，浙产多绿茶，如杭州之龙井、天目其最著者也。

中国茶往昔销诸英国为多。英人嗜茶为西国冠，自印度茶业崛起，英国茶市非复中国有矣。中国现所恃者惟俄罗斯耳，出口茶百分之六十销之俄人，其重要可见。然华商昧昧不谋改良推广之策，而印人则日谋攫取俄之茶市。1915年3月至1916年3月印度运至俄国茶三千六百五十九万磅，较之1913至1914年额增一百一十八万五千磅，今俄已为印茶之第二大销场[⑤]，其必以全力谋发达之又无疑矣。

中国茶舍俄外销之美国为多。1900年华茶入美者五百八十三万七千二百十七磅，占美国进口茶总额百分之五十，十四年后（1914年）华茶降至半数，而日、英

① 见 *The Tea & Coffee Trade Journal*, Oct., 1916, p326.

② 中含销法国之茶额。

③ 见 *The Tea & Coffee Trade Journal*, Oct., 1916, p325.

④ 见《中华实业界》第2卷第6期《调查皖苏浙鄂茶务记(续)》第14页。

⑤ 见 *The Tea & Coffee Trade Journal*, Oct., 1916.

运入茶亦倍1900年旧额①。优胜劣败，夫复谁尤？去年游美实业团中亦有调查茶业专员，其报告于现销之茶类言之颇详，然于茶业贸易多肤浅之言②。道听途说，所得几何，此咎固不在调查员也。

中国进口茶。中国茶业之奇耻大辱，又不仅于国外贸易见之。十余年来中国茶商高枕沉睡，不特无意改良国外茶业，并国内之市场亦任其腐朽，遂令印、锡、爪哇等之茶进口日多，反主为奴，羞莫甚焉。某茶商偶于民国二年某日报见汉口有外茶输入，瞿然生"倒灌"之忧③。夫外茶输入固不自今日始，税关报告具在，而业茶者且茫然不知，则全国之梦梦更不待言。谁令实业消息缺乏至此，吾国之新闻界不得辞其责也。今摘录近七年之进口茶额如下：

第五表　中国进口茶额④

国家和地区	1908	1909	1910	1911	1912	1913	1914
英（印锡）	2 433 038	3 048 389	2 919 795	2 697 797	3 331 999	3 929 383	2 797 991
日	77 794	49 076	240 917	473 151	464 831	113 339	100 037
爪哇	281 150	171 802	129 258	211 609	160 571	742 274	1 046 725
总额	2 791 982	3 269 267	3 289 970	3 382 557	3 957 401	5 336 232⑤	4 224 571⑤

六年之间进口茶额增百分之五十，1913年之额较1908年所增乃至百分之九十余，其次年虽稍减，然按六年之成绩计其进步不可谓不猛矣。果印、锡、爪哇等之茶优于吾国者耶？此则茶商用者能自言之。夫货之销行固不全恃质料，价目售法有一不良足以制其死命。吾国茶商诚能反躬自省去腐从善，则此"倒灌"之狂澜或不难抵制也。

茶业改良。年来国内谋改良茶业者众矣，今择其大要者略论之。此篇仅以过去之实业情形为限，所云改良者亦过去之改良言论耳。

（一）政府计划。去年（1915）周自齐长农商部，于实业上颇多新设施，其改

---

① 见《中华实业界》第2卷第9期《杂记》第15页。

② 见上报第2卷第10期。

③ 见上报第2卷第2期《拟改良徽州茶业意见书》第3页。

④ 由1914及1916 *China Year Book* 集成。

⑤ 中含他种茶1913年551 236磅，1914年278 768磅。

良茶业之三策为[①]：

（1）减轻出口税。旧章茶叶出口税每百斤为银一两二钱半，今减至一两，所减盖百分之二十。

（2）植茶试验场。于安徽祁门设植茶试验总场，余地设分场四十余，其计划始于皖省收效，将推及他省。

（3）植茶者之奖金。凡植茶者用新茶收良果者，政府择其最优者与以奖金，以示鼓励。

（二）厘税宜减。陶企农君作《调查皖苏浙鄂茶务记》[②]，以厘税苛繁为皖北茶业退化之大因。夫厘税苛繁，又岂特皖北为然哉。今摘录其言以为全国之代表。陶君曰："今则厘税递增，山僻之外卡，分卡凡提调卡委耳目所不及者，司扞更复敲诈留难，即或应报之卡苟免无事，而沿途验票之卡尚多为难。"使本国茶而不能与进口茶竞争者，实此厘税为之梗也。

（三）茶味太薄。西人好饮浓茶，故红茶销场较绿茶为广，然红茶之味有时仍不足餍其望，华茶之着着失败此实一因。欲保其味当用机器，美国韦达德之言曰："如造红茶搓叶必须机器以期保存叶计，俾泡饮时色红味厚，方可悦人。"[③]韦君复言机器制造绿茶之法，以此篇不涉制造故略之。

论茶结论。中国茶业今口实危急存亡之秋，植种宜用科学方法也，制造宜用机械也，贸易宜用新策也，凡此皆非一二人所可为，非有大群合力协心以赴之无成望。我势如散沙业茶诸君其有意乎！

茶事之著作

陆羽之《茶经》，蔡襄之《茶录》，予已略述之矣，然唐宋文人，关于茶事而有所著作者，舍二子以外，亦大有人在。今将群书列下，俾是业中人购之，以资研

---

① 见 *The Tea & Coffee Trade Journal*, Oct., 1916.

② 见《中华实业界》第 2 卷第 5 期。

③ 见上报第 2 卷第 7 期。

究焉。

《采茶录》三卷	温庭筠著
《汤品》一卷	苏廙著
《煎茶水记》一卷	张又新著
《茶谱》一卷	毛文锡著
《北苑茶录》二卷	丁谓著
《茶山节对》一卷	蔡宗颜著
《茶谱遗事》一卷	蔡宗颜著
《补茶经》一卷	周绛著
《北苑拾遗》一卷	刘异著
《北苑煎茶法》一卷	佚名
《品茶要录》一卷	黄儒著
《荈茗录》一卷	陶谷著
《北苑贡茶录》一卷	熊蕃著
《北苑别录》一卷	熊克著
《茶苑总录》十四卷	曾伉著
《茶法易览》十卷	佚名
《茶谱》一卷	孙大受著
《东溪试茶录》一卷	宋子安著
《茶谱》一卷	顾元庆著
《茶具图》一卷	佚名

《小说丛报》1917 年第 11 期

假茶之试验法

茶叶一物，每百片价格至少可售十余金。迩来人心不古，惟利是图，以假茶混为真茶者，实不乏其人，或剪黄荆，蒸熟焙干，混为红茶，或摘杨柳，入锅炒之，混为绿茶。考其作假之术，每百斤非全属假者，例如真者有八十斤，而假者则有二十斤，此二十斤之假茶，乃做成细叶，然后以真茶相拌，以盘盘之，则真茶浮于上，而假茶沉于下，故外行茶商往往受园户愚弄而不觉。盖其于试验时，辄以手取面上所浮者，嗅之一闻真茶气味，即以为真茶矣。虽冲水以观，亦是取面上所浮者，盏内所见犹是真茶，间亦有二三假者，又为真茶所掩盖，真茶较假茶大一二倍，所以掩之也。特是老于是业者，便不受园户愚弄，而于试验时，莫不以手随面上向后一扫，扫后而假茶立现，嗅之虽略有真茶气味，然他气味居其多数。例如其中有黄荆，即有黄荆气味，其中有杨柳，即有杨柳气味，冲以水则更分明矣。

《小说丛报》1917年第11期

造茶之名师

饮茶既自隋文帝始，唐陆羽遂以烹茶名一时，时人谓之茶颠，又谓之茶博士，自号茶山御史，著经三篇，言茶之原之法之具尤详。宋蔡襄以其经不载闽产，乃作《茶录》二卷传于世。闽中大小龙团，造自丁谓，而蔡襄亦制之。东坡诗云：武夷溪边粟粒茶，前丁后蔡相笼加。按：武夷溪在福建崇安县南，粟粒茶即以之制大小龙团者也。蔡襄又尝制蜜云龙一品，穷工极巧，颇为宋君所珍惜。

《小说丛报》1917年第11期

一九一八

中国茶业之改良

译《远东时报》

中国各种实业，改革振兴，均不可缓，而在今日所亟宜改良者，尤以茶业为最要。中国自昔为世界茶业最盛之国，然自近四十年来，华茶销路日减，价值日落。今日苟不亟筹振兴之策，则不及十数年，中国茶业行将归于消灭。制茶之法手术繁重，故寻常茶商，多未明华茶失败之故，且中国四万万人民中，精于制茶业者，不过数百人。彼辈恐一经改革，则将丧失其独享之利益，故皆墨守成法，不知革新，此中国茶业所以无振兴之望乎？

中国为世界惟一之产茶国，当纪元七八世纪时，中政府已有茶税之征收。至13世纪时，中国独擅产茶之利益，世界产茶之国，惟一中国而已。当时有一日本僧人携茶种至九州（日本最南之岛），于是产茶区域始推广至北纬三十九度。然至19世纪初叶，世界产茶者，犹仅中日二国。后至1826年，荷兰属地爪哇试种茶树，始获成功，更历十年，印度亚杉模地方试行种茶，成绩颇佳。其后更谋在锡兰岛播种茶树，至1876年，始获成功。由是印度与锡兰两地，茶业日益发达，有一日千里之势。自1881年至1885年间，遂为印茶与华茶消长之关键。此五年中，印茶逐渐输入英国，华茶输出逐渐减少，华茶衰败实始于此。今将1881年至1885年间，输入英国之华茶、印茶，列表如下。（以短吨即二千磅为单位）

	自印度输入者	自锡兰输入者	自中国输入者	自香港地区输入者
1881年	22 717	86	75 874	5 222
1882年	26 788	253	71 353	5 410
1883年	29 626	1 003	72 624	5 432
1884年	31 604	1 105	67 148	4 706
1885年	31 897	2 121	65 617	4 177

印茶销路既日益增加，日本茶业亦日益发达，中国茶业一再被挤，遂有江河日下之势。近三年来，华茶输出舍砖茶为中国所特产未受影响外，其余红绿茶两项输

出各国者，不过六万四千三百七十二吨，尚未及1885年输入英国之数，其退步之速可知矣。

中国茶商尝谓华茶品质优良，一试便知，故不必如印茶、锡兰茶、日本茶等，须以广告法扩充其销路，此言诚然。精制之华茶，其香味固较他种茶叶为胜，所惜者欧美人民未尝能识华茶之佳处，即华商亦未尝令西人得领略华茶之香味。凡装赴欧美之华茶，皆巨大笨重之茶箱布袋，从未有以样包寄至欧美者，营业方法之拙劣如此，宜乎华茶之不振也。中国茶商有鉴于此，近已创设中国茶业公司，此公司纯系华股，主其事者多为于茶业富有经验之商人。该公司创办宗旨，在将华茶样货分送欧美市场，以谋茶业之振兴。公司中人员多为上海谦顺安茶行之旧伙，该行创于1868年，在华商中颇有信用者也。

考中国茶业失败之原因，厥有多端，欲言改革，殊不易易。谦顺安茶行曾历十四年之经验，于茶叶之采摘制造，以至发销，悉行改良，始稍有成效可睹。然其耗财费时，已不知几许矣。中国茶业公司之创设，即由该行试验改革之结果，故该公司营业，皆从改革旧法入手。华茶制造向用手工，自采摘以至装箱皆用人工，而不用机器。茶之干度、香味各地各行其是，故华茶之输出外洋者，其叶片之形式，及其香味、干度，无一箱相同者。外人之不喜华茶，实以此为主因，故改良华茶，当以采用机器为第一要务。中国茶业公司有鉴于此，首用机器从事制造。其所产货品，色香味皆有一定标准，凡大批茶叶其内容若何，可察其样包而审知之。该公司又在江西袁州辟一植茶地，地广数千英亩，自山麓起至半山皆栽茶树。中国中部土壤最宜于栽茶，袁州尤为著名产茶之地，该公司之栽茶于此，良有以也。

然栽茶为一问题，而制造与营业则又为一问题。于营业方法，该公司办事人员均积有十余年之经验，故尚易措手，若制造法之改良，则颇不易易。当数年前，该公司在上海首设机器制茶厂，由外洋购到机器两具，首先试验，主其事者为卓君镜澄。守故安常，不知进取，为中国人之通病，惟卓君则不然，以此项机器颇多缺点，乃悉心改良，期臻完善，经一再改革，乃发明一种完备之制茶机。现在卓君创有制茶厂二家，专用新式机器制茶，其他茶商仿用卓君所发明之机器，开设制茶厂者接踵而至，至今日已有十八家之多。卓君经历次试验，乃知华茶确可用机器制造，且此种机器不必求诸外国，亦可在国内定造。卓君虽获成功，犹继续研究不已，必欲使所产茶叶色香味皆归一律，且谋使劣等茶经合法焙制，亦可与上等茶相同，现在闻已获有良好成绩云。

现在中国茶业公司已在袁州建造大制茶厂，该厂焙茶采用日光爆干法，惟此法当阴雨时不能实行，故别用焙炉焙干，焙干之毛茶尚须卷成团茶。卷茶之法，在旧时均用手工，茶叶内之咖啡因质，每因手磨致尽被榨出，以致制出之茶汁味全失。印茶则不然，其卷茶时均用机器，故不致将浓汁榨出，外人喜饮浓茶，华茶味既较印茶为淡，遂遭失败。现在中国茶业公司亦已采用机器卷茶法，该公司所用卷茶机，每次能卷茶至五十磅之多。

该公司兼制红茶、绿茶二种，常人恒以红茶、绿茶为两种茶树之所产，实则不然。红、绿茶初无分别，不过红茶曾经发酵，故颜色与绿茶不同耳。制红茶之法，于卷过后，爆于日中，或用人工加高温度，令其发酵。加温之际，最宜当心，其温度常有一定标准，过高过低，皆不相宜。该公司制红茶时，则以一定温度令其发酵，发酵后又须炒干法。用八角式之炉，用木炭燃烧，然后将此项燥茶，拣成一定形式，再行打包装箱，其法用一筛筛过，分粗细叶为两种，分装箱内，而制茶手续始毕矣。

该公司于机器制茶方法，悉已经营改良，至于尽善尽美，然营业上犹有种种困难，未能除去。盖袁州制茶厂地距九江十日程，交通不便，运输货品、机器等，运费甚大，此其一也。内地无良好木工，欲建西式厂屋，颇多窒碍，此其二也。然此种困难于营业上关系尚轻。考中国工价低廉，故以人工制茶，在经济上最为合算，惟该公司深知华茶之失败，以不用机器之故，乃毅然从事改革。现在所定计画，自采摘以至装箱皆可不用手工，其所费财力虽巨，然所收成效，当必有以偿其所失矣。

外人对于华茶，每有不洁之感想，其实华茶制造时，会用沸水浸过，比诸他种华产物品较为适于卫生。现该公司更采用机器，制造时自较手工为洁净，其能为外人所欢迎，可无疑义。又各国人民所嗜茶味，各有不同，往往甲国所视为上品之茶，在乙国则厌弃之。华商对于此点，向不知研究，现该公司则悉心考求，凡输入外国之茶，必投其国人民之所嗜，虽至装潢招贴之微，亦必各投其所好，此亦可见该公司用心之周备矣。

袁州制茶厂厂屋将于四月中落成，此厂开设后，实足开中国机器制茶业之先河。且该公司所产之茶，其品质形式皆属上等，而其定价则较他茶为低廉，则其将来必受外人之欢迎，而为华茶振兴之先声有必然矣。

本年度茶业失败之原因

上海茶栈之向做洋庄生意者，其失败至今已三年矣。本年度（丁巳）之失败，比诸乙卯、丙辰两年之掺杂作伪，失信洋商者，同一咎由自取。本年春间，茶市将起之时，汉口茶业公会以欧洲战事剧烈，各国金融枯竭，今届茶叶出口必将大减，特通告上海及皖浙等产茶各省同业，嘱将新茶收价，须照上届四成为限，方可收进，勿得放价高抬。自贻伊戚，维时各地茶业均开会议，金愿照此办理，颇有一致进行之概。及至新茶上市，头批货装运到沪，时值美国禁茶进口之令尚未颁行，洋庄销路颇形踊跃，各茶商骛于近利，睹兹佳况，窃意今年出口必旺，咸视为奇货可居，争电产地庄客，放盘收进，置汉口限估警告为过虑。迨新货甫旺，而收入价格已与上年不相上下，而德意志之潜舶战策，美利坚之禁茶明令，亦不旋踵而相继以至。各洋商因航路危险，邮航稀少，吨位有限，相率停止购办，及原订之货亦类多藉口不出。茶商至此，乃始后悔无及，然以来日尚长，或有转机之日。讵意自夏徂冬，惟旧历九十月间稍有生意，然市价甚低，比诸上年，每担须减至二三十两不等，向次货尚无人顾问。现在旧历年关将届，调查上海、屯溪两处存货，仅红茶一项，尚居本年前全产额十成之六，内除二成已经洋商定购外，其余之数堆积两地栈中，毫无销路，大约年内不能销出。各茶客因贫未脱复亏耗甚巨，因向困守栈中，不能返籍者，竟有十之五六。此为本年茶市失败之大略情形也。

《银行周报》1918 年第 5 期

减轻茶税之运地问题

茶叶行销洋庄，为出口货中之大宗，价值之巨几与丝类相埒。惟年来印度、锡兰、日本诸茶，日益发达，华茶销路大蒙影响。当轴为亟图补救起见，特令茶商将采茶、烘茶、装璜诸法，讲求改良，一面将出口茶税减轻，以期成本轻而销路畅。业经政府决议，茶叶出口关税，向来每百斤征收银一两二钱五分，今改为一两，此指运销外国而言。至国内此口运至彼口，则仍照向章征税，以示限制，已经令行各海关遵照办理在案。惟茶叶大都产自浙江、福建、汉口等处，其由产处出口装轮运沪时，有已指定运销外国者，亦有由此口运至彼口者。所有指定运销外国之茶，自可遵照新章，纳出口正税银一两。若由此口运至彼口之茶，虽经出口时完纳税银一两二钱五分，迨到沪后售诸洋商，洋商收买之后运往国外，此项出口茶税，核计每百斤多完银二钱五分。按照新章，似应发还，闻做出口茶各洋商，以此类事情时所常有，积少甚多，为数甚巨。昨已援案呈请海关发还，未识税务司若何办理。

《银行周报》1918年第11期

请求华茶销俄之文电

上海茶商及沪总商会致电农商部，略称自政府禁止华茶赴俄销售以来，商业日益萧条。特恳政府准华茶仍由海参威出口，赴俄销售，以恤商艰。闻田总长拟与外交部协商后，再定办法。

《银行周报》1918年第12期

民国六年上海丝茶贸易之概况

民国六年，丝茶二市因船舶缺乏，吨位减少，输出国外，颇为困难，兼以银市暴腾，金价跌落，洋商因汇兑行市不利，未能广为采办，加之英国禁止入口，丝茶更受影响。故业此者殊多不振，而茶市尤为减色也。兹根据民国六年江海关季册，为之统计列表，并述其概略。

査民国六年，各种黄丝、白丝运往国外总数，第一季计有八千四百九十一担，第二季计有一万五千一百五十九担，第三季计有二万六千一百六十四担，第四季计有一万五千二百七十担，合计全年出口共为六万五千零八十四担。又查民国五年黄白丝输出总数，计有六万五千零八十六担，今彼此比较，则六年输出减少仅有二担，尚非十分减色。白丝销路，向以法为大宗，六年计较五年减少输出，白经丝、白缴丝则较五年输出增加，黄丝、黄缴丝输出均较五年为多，黄经丝约较五年输出略减，野蚕丝出口稍形减少。若野蚕缴丝及蚕茧两项，则较五年输出增多也，蚕茧运往日本者，居其多数，野蚕缴丝美国需要，颇有加增之势。惟因英国禁止绣货缝物等进口，我国间接受其波及，英虽不禁生丝入口，而我国运销法国丝类，因以锐减。盖法人购我生丝，制成衣服，以售之伦敦，今英国既禁缝物入口，则我国在法之丝类销路，当然受其影响。然六年丝市，虽较五年无大退步，但我国不能直接输出，悉受洋商之操纵，欧战以来，日人取我生丝，运销欧美，坐获其利，我惟仰人鼻息，殊可叹也。兹列统计于下。

单位：担

丝类名称	蚕茧	野蚕缴丝	野蚕丝	黄缴丝	黄经丝	黄丝	白缴丝	白经丝	白丝
第一季出口数	1 334	3 524	64	612	245	1 715	3 796	1 683	437
第二季出口数	6 096	4 279	341	1 886	524	2 060	7 744	2 350	591
第三季出口数	13 074	1 432	321	770	252	4 736	11 360	7 863	1 180
第四季出口数	8 877	1 646	165	830	279	3 922	7 414	2 277	646
出口合计	29 381	10 881	891	4 098	1 300	12 433	30 314	14 173	2 854

观于上表，可觇民国六年，由沪出口运往国外之丝类，白丝计有二千八百五十四担，白经丝计有一万四千一百七十三担，白缴丝计有三万零三百十四担，黄丝计

有一万二千四百三十三担，黄经丝计有一千三百担，黄缫丝计有四千零九十八担，野蚕丝计有八百九十一担，野蚕缫丝计有一万零八百八十一担，蚕茧计有二万九千三百八十一担。今附记民国五年出口总数，为之比较其增减，列表于下。

单位：担

丝类名称	蚕茧	野蚕缫丝	野蚕丝	黄缫丝	黄经丝	黄丝	白缫丝	白经丝	白丝
六年出口总计	29 381	10 881	891	4 098	1 300	12 433	30 314	14 173	2 854
五年出口总计	23 397	9 884	1 009	2 473	1 810	12 206	30 172	13 429	4 773
六年与五年度之增减比较数	+5 984	+997	-118	+1 625	-510	+227	+142	+744	-1 919

查民国六年，运往国外茶类，出口红茶计共有十六万七千二百六十三担，出口绿茶计有十九万零三百六十七担，出口砖茶计有二十万零七千七百零八担，出口茶叶计有一百三十一担，出口小京砖茶计有四千三百担，出口茶末计有四千一百零七担，出口茶梗计有五千八百十二担。兹录统计表于下。

单位：担

茶类名称	茶梗	茶末	小京砖茶	茶叶	砖茶	绿茶	红茶
第一季出口数	1 357	2 254	585		138 452	35 613	37 677
第二季出口数	1 093	1 698	890	113	23 854	8 403	23 162
第三季出口数	2 853	155	2 291	18	23 479	73 406	52 727
第四季出口数	509		534		21 923	72 945	53 697

茶类名称	茶梗	茶末	小京砖茶	茶叶	砖茶	绿茶	红茶
出口合计	5 812	4 107	4 300	131	207 708	190 367	167 263

查民国六年上海运往国外茶类，比较五年大为减色，红茶出口约少四万八千八百二十九担，绿茶出口约少七万八千零十五担，砖茶出口约少十九万五千四百七十四担，茶叶出口约少九百九十一担，小京砖茶出口约少二万零五百担，茶末出口约少二千二百九十七担，茶梗出口约少三千一百八十七担。茶类出口减少之原因，由于英国禁茶进口，红绿茶遂无销路。砖茶则因西比利亚铁道停运商货，砖茶向以俄国销路为最，今既无从输出，而俄国罗布票市价又大跌落，五年吾国砖茶销数不佳，尚有三十六万余担，六年仅有其半数也。兹附记民国五年出口总数，为之列表比较其减少数于后。

单位:担

茶类名称	茶梗	茶末	小京砖茶	茶叶	砖茶	绿茶	红茶
六年出口总计	5 812	4 107	4 300	131	207 708	190 367	167 263
五年出口总计	8 999	6 404	24 800	1 122	403 182	268 382	216 092
六年比较五年出口之减少数	3 187	2 297	20 500	991	195 474	78 015	48 829

今后丝茶贸易能否有起色，殊不可知。丝市尚可维持原状，茶市则颇不易恢复，欧战一日不停，则丝茶贸易上之障碍，不能除却，而丝茶之市面，正难望起色也。

《银行周报》1918年第15期

维持茶业之四办法

上海总商会呈复江苏实业厅公函云，径复者，本年四月二十三日，接准大函，以奉省长公署训令，准农商部电开，比年华茶外销阻滞，金融奇窘，茶商生计困难，本年茶市在即，希速设法接济，以维茶业等因，准此，合行令仰该厅迅速核议维持办法，呈复酌夺，此令，等因。转函到会，敝会以近年华茶受困之原因，在于外销之不畅，目前维持办法，自以弛禁为第一要义，迭经电陈政府在案。此外如何为治标之策，如何为根本之图，上海茶叶会馆为茶商总机关，事关切己，必能确切指陈。当即函致该会馆核议去后复称，接奉大函，遵即邀集茶商到馆讨论，佥认为目前应请政府维持，厥有数项，实为刻不容缓。一、我国出口华茶总额约一百三十余万箱，约值价银二千余万，俄国实占销数十分之八，今我国下令禁止运俄，实属自绝茶商生计。各产地茶商，多有停业观望，翘待解禁，方敢入山采办，亟应仰求政府速即宣布解除运往俄国茶禁，以维华茶销路。诚有如钧函所论目前维持办法，自以弛禁为第一要义者也。二、华茶因欧战期内，船只稀少，货积不销，应请由政府设法遴派华船，酌助航费，自装华货，直驶外洋，以冀源源输出，庶不致华茶商人专仰洋商鼻息。三、茶商连年亏折，金融周转良艰，固在部电昭鉴之中，拟请政府饬下国家银行，对于茶商通融接济，以拯一时之急。如蒙照准，应再由各茶商自与银行接洽，详订汇放归还办法，以期互利。此既无损于国帑，且可实惠及商救济茶商之法，似为较实可行者也。四、洋茶如印度、锡兰、爪哇等处，率皆出口无税，日本虽税，亦极轻微，独华茶税率綦重。当此茶业凋敝已极之时，亟应少轻华商担负，以争一旦之命，应请凡有产地正附税过境，厘捐暨各苛税又海关出口税，通免征收，以轻华茶成本，万一出口正税不能邀免，则一切附加及中途厘捐各种恶税，应予罢免，以冀少纾商力，至于根本图维办法，容俟续议再陈等情。查该会馆所陈四端，确为目前救济最要之策，茶业之盛衰，于国内金融关系甚大，当此存亡续绝之交，非予实力维持，不足以资挽救，相应据情奉复，即祈贵厅查照转呈为荷。

呈请拨款维持茶业

茶为我国出产大宗物品，出口总额岁约一百三十余万箱，价值约二千余万元。乃协约各国以禁止由西伯利亚出口，视若一种战时禁止品，以致华茶无从输出。茶商受困不堪，大都停业观望，以待解禁，存货堆积，搁置资本不少。兹有汉口茶商金殿元等，呈请政府拨给现款二百万，或七年公债五百万元，藉以维持茶业。未知财政当局睹此商艰，可能照准否。

《银行周报》1918年第18期

外埠呈请弛禁华茶

自有禁止华茶运俄之令，商人固极所不愿，一般人亦多以为此项禁令似非所宜。梁士诒氏前曾有意见表示，亦主张弛禁。兹悉外交部已有正式呈文提交国务院，请将华茶运俄禁令完全撤销。大约俟经阁议后，当即实行矣。

《银行周报》1918年第20期

部允维持茶业之限度

上海总商会昨奉江苏实业厅张厅长公函云，径启者，查奉令核议维持茶叶办法一案，前准贵会转据茶叶会馆议决，函复到厅。即经本厅以伏查各商所议维持办法，一为解除运禁，二为酌助航费，三为接济金融，四为减免捐税。当此财政奇窘，边事日亟，政府势难有求辄应，职厅亦何敢随声附和。惟自欧战开始以来，日美乘时进取，商业之盛，十倍平时，而我适遭变乱，坐误事机，相形之下，民困已深。茶为出口大宗，今又遭此奇厄，必待有路行销，方敢入山采办。是托命于政府者，不能行销之商贾，尤多采种之农工，政府维持之程度，民心之向背系焉。窃谓调剂金融，斟酌捐税，本商政之大端，即在平时，亦宜测度大势，折衷至当。遴派华船，酌助航费，及今行之，亦尚不失为羡鱼结网，且复其益者，不止一茶。至解除运禁，尤惠而不费，非至必禁之时，不宜先自取苦，拟请核咨农商部总长，提出国务会议，不辞艰难，不吝牺牲，力图补救，迅予施行等语，呈请省长转咨察核在案。兹奉农商部令开，查本部前据汉口茶业代表金殿元等，上海总商会浮梁茶叶公会等呈请，解除华茶运俄禁令，并恳减免茶叶捐税，拨发公债票等情到部。当即咨商财政、外交两部，暨税务处核办去后，准国务院外交部税务处函咨，内种华茶运往俄境现已弛禁，由总税务司令知各关，按章收税放行，不加限制等因，亦经本部分行福建财政厅、上海总商会、汉口茶业代表金殿元等知照在案。至减免税捐，接济金融各节尚未准财政部税务处核复到部，无从核办，应俟咨复到后，再行令知。除复该省省长查照外，合亟令仰该厅，转令各茶商知照此令，等因奉此，相应函请贵会查照，希即转行上海茶叶会馆，各茶商一体知照为荷。

皖南茶、矿之近闻

农商部茶业试验场，自奉部令，在祁门试办茶业品评会，当经该场，商请祁门、浮梁、秋浦三县知事，祁门浮梁茶业公会公所，并令行祁浮秋宁州种茶总区事务员，征集出品。旋经该场以祁门、秋浦、浮梁等县新茶样，陆续送到，已达二百余种出品。其高塘、历口、闪里等镇出品，装潢尤多精致，会中陈列，美不胜收，品茶之茶盘、茶碗、茶壶及沙漏、衡秤一切玻瓶等新式器具，已布置齐备。当于五月二十六日起开会，浮秋茶业界络绎到会，男女来宾数百人，除会场外，前后楼上下环聚观听者无数。首由主席陆澄溪君述开会词，历举华茶失败之由，祁浮秋茶产，有天然品质可以改良之基础，不但茶品应求精良，并应注意经济交通销场便利方法，合座掌声如雷。继由职员黄君勉愚、章君师涑演说，研究装潢扩张销路办法，复由出品人代表胡道南等演说，各种联络改良方法，鼓掌之声不绝。至钟鸣五下，始摄影茶点，复由招待员引导至陈列所暨各处观览。其远道来宾并于第二三日参观平地、低山、高山，各茶区会中职员几有应接不暇之势。并闻该会自二十六日起至三十日止，可以任便入览，男女各有休息室，分别前后楼，上下派员招待，秩序井然。会场门内外，均扎松柏彩楼，并用松毛、棉花、茶叶制成，全球名产，品冠五洲等匾额，保卫团亦派警保护。且另有音乐影片等娱乐以助余兴，各界人士欢呼云集，颇极一时之盛云。

陈杰民私将泾县狮子岭等处矿产卖与某国人，得银二万余两，被芜湖地检厅拘获一案，已志六月二号本报。兹又觅得该县公益维持分会致县知事原函一通，略谓案据本会评议部长张可俊、编辑干事翟大音等提议书云：窃有怀宁县人陈杰民者，曾在吾泾北乡下坊附近地方领得矿区一处，组织兴益公司。自矿区领得后，迄未积极招工开采，时来时去，诡秘异常，识者已疑其别有目的。近闻竟将矿区，私行盗卖与某国人，得价二万八千元，冒用中国人名义出而承受，殊为惊骇。虽属传闻，然陈杰民本有家眷在泾，近已尽室以行，显系畏罪远逃。且查该矿区内，已有某国人踪迹，难保传闻之不实，作害群之马，罪固有归，引入室之狼，祸将谁授，裕繁其前车也，不幸果蹈裕繁覆辙。纵食陈杰民之肉，宁能偿矿权损失于万一？本会为维持公益机关，事关盗卖矿权，应即积极维持，一面据情呈请官厅封禁，并缉陈杰民到案讯究；一面派员详细调查真相，并筹如何对付之方，则挽回犹及，失今不图，前途将何堪设想哉。所有传闻陈杰民私将矿区盗卖与某国人，应由本会积极维持缘由，是否有当敬待公决等情到会，当即转交评议部全体会员会议，并通知干事部多数职员，确实调查去后。旋据查覆前来，因悉此次承受陈杰民所卖兴益公司矿产者，即日人雇用代觅矿产之刘澍。刘前因勾引日人来泾，实业厅曾饬县查究，有案可稽，人人所知，故不敢仍用原名，乃更名刘焕高呈请，以为朦脱地步。且有日人加藤冈丸等同来，忽而为矿师，忽而说游历，特设魆阵，故布疑云，则陈杰民之明卖与刘澍，即暗卖与日人，已可不言而喻。且陈杰民卖矿之次日，即挈眷远飏，其情虚畏罪，亦可概见。本会员有维持地方公益之责，而矿产尤为主权所关，若任其勾引洋人私卖私买，不特违背矿章，地方之人民受害，而且主权损失，国家之土地攸关，为此公同议决，据情呈请鉴核，俯准饬警封禁，并缉提陈杰民、刘澍（即刘焕高）等到案，吊验其顶受合同，讯明日人合股实迹，以便转呈各大宪彻底根究，藉保矿权，而杜后患云云。

茶商请发债券筹办银行

　　欧战以来，茶业大受影响，茶业未能外运，存货千万以上。以是茶商奔走呼号，拟请农商部拨发有奖实业债券，办理茶业银行。兹觅得茶业代表金殿元等，上国务院意见书及其完全计划，亟录于下，以供众览。

　　窃维治国之道，莫善于培养民生，而富国之方，尤视乎振兴商业。我国自海通以来，外人竞购华茶，由是各省山多田少之乡，无不种茶以资生计。其始岁售外人金钱，约达五千万两以上，虽其时茶厘较百货独重，而商民尚可相安，以其获利颇丰也。乃自印度、锡兰、日本之茶，日新月盛，彼国又免出口茶务以为提倡，我国茶商，向来之销路利权，几为攘夺过半，加以频年欧战，航路不通，去岁英复禁止华茶，影响更大，此茶商连年失败之所由来也。伏思茶商歇业，不仅茶商受害已也，而依赖茶商以生活者，一曰种茶之山户，二曰拣茶之工人，三曰市茶之号夥，合此数逾千万之人，势必同归于尽。于是一闻俄禁消息，相率哗然，遂由汉口六帮茶业公所邀集同人，迭开会议，公举殿元等代表来京，陈述困难情状，恳求政府保护。业经殿元等先后在钧院财政部外交部农商部呈请弛禁拨款减厘在案，旋蒙农商部批准分别咨行照办，嗣又蒙外交部批志，现经国务会议议决弛禁各等因奉此。喜销场之通畅，沃沐仁慈，惜市面之滞艰，犹难活动，虽获一线生机，而金融枯窘，茶业仍无望于振兴。目下则无论洋庄店庄，南北同一艰困，积存旧货十余万箱，搁浅资本一千万元，不得已再陈下况，吁乞始终矜全。因念农商部有奖实业债券，尚未实行募集，推原其故，想由于民国四年呈准之案，不适时宜，商人亦间尝闻之矣。故于近日集商会议，仰体农商部殷殷保商之至意，拟请发给茶商，作为筹备茶业银行之资本，既苏商困，又益国家。查有奖实业债券每张十元，以各省茶商计之，合买五百万元，不过每人仅摊及数条而已，但得农商部俯准施行，则茶商自当感激图报，何患不争先恐后，踊跃购藏。盖以债券为银行基本金，以银行为发行债券局，茶业赖银行以维持，银行即由茶业而成立。况银行虽由商办，亦犹农商部筹设无异也，债券虽由商领，亦犹农商部发行无异也。似此办理，一转移间，新茶可期起色，存货可渐脱销，逮至冬间，茶银收转，所有承领债券，当然由各茶商分别认销，并留百分之三十二之奖金为报效地位，佥议不受分文，是一百六十万零二十六元之亏耗无虑也。且债券由茶商分受，即以受领日起，订期分受完全，并定期抽签给奖，以符原案，将来开票奖金，亦由茶商分得，利仍不至外溢也。据此以推银行实资，除给奖八十六万九千八百二十六元外，足存有四百十三万一百七十四元。较之原定议案，于国有益，于商无损，是不待条例之修正而成效已收，即此二万七千五百元之票价亦得保全，政府议定成案施行之信用，并可昭著，甚至债券局用以及募集经费，均无所需，一举而数善备，利商利国，莫善于此。谨将请领有奖实业债券，筹办茶业银行缘由，肃具说帖，并附条陈，是否有当，伏候钧裁。（条陈容后续登）

《银行周报》1918年第25期

茶商请发债券筹办银行续志

茶商请领有奖实业债券，筹备茶业银行办法概略。

第一节　请领有奖实业债券之手续

第一条，请领有奖实业债券，由适当之茶商，并联同殷实商号三十家，出具连环切实保结，赴部承领，以昭慎重。

第二条，请领有奖实业债券后，当于一月内完全成立银行。

第三条，有奖实业债券既由茶商承领，自应由茶商担任全数认销，以四个月内分认销竣，决不延误。

第四条，茶商认销，有奖实业债券不受奖金。

第五条，给奖办法，原议由茶商自行认销，概不领奖，惟部颁条例，系属有奖债券，商等再四思维，深恐与条例违背，不足以昭部大信。现经议定，俟抽签后由得奖之茶商，将原奖金仍存茶业银行，作为股本，与券额五百万元之原数，毫无损失，而部之大信，亦可懋昭，似此办理，实为两全。

第六条，承领债券后，一面由各省茶商分担认销，一面在京筹备茶业银行，发行汇兑券，救济各省茶商，以期茶业发展。

第七条，有奖实业债券售销完竣，即时呈部抽签给奖。

第二节　筹备茶业银行之规定

第一条，筹备银行专以维持茶业为宗旨，名曰茶业银行。

第二条，茶业银行基本金，以承领有奖实业债券五十万张，价额五百万元为资本。

第三条，发行有奖实业债券，即由茶业银行代理发行，不另设局以节经费。

第四条，茶业银行资本五百万元，一年内由茶商完全担任筹足。

第五条，茶商需款维持茶业银行，当有特别之支应。

第六条，茶业银行五百万元外，得由茶商筹加股本，茶商外不另招添。

第七条，茶商既受茶业银行之维持，所有售茶出入款项，均应在银行存付。

第八条，茶业银行三年内所得利益，除官利外，所有红利以六成归部，以四成分奖。

第九条，得由茶商随时认股，享受红利之权。

第十条，茶业银行既系承领有奖实业债券为资本，应作为官督商办。

第十一条，茶业银行应设总协理，总理由部指派，协理由商公举。

第十二条，茶业银行设总行于北京，设分行于沪汉闽浙皖豫，其余各省得以随时扩充。

第十三条，茶业银行之资本，既系有奖实业债券，三年后照例还本，自应由茶商担任筹加之股款，继续开办。

第十四条，茶市告竣时，茶业银行得做他项生理。

第十五条，开办银行细章另再呈部订定。

第十六条，农商部遇有紧要需款，得由茶业银行拨付。

第三节　预算茶业出入暨银行盈亏之结果

第一条，北京茶业总银行，开办经费得由经理筹备，撙节动支，列入预算，作正开销，其各分行开办经费，得由总行分别核定。

第二条，长年茶业用项约三千万元，以银行规定子金，核计可得二百四十万元。

第三条，以三年收入茶业年利八厘之数，合并计算确有七百二十万元。

第四条，以三年支出总分各行年用经常费，合并约计最少数一百八十万元。

第五条，三年内应支奖金八十六万九千八百二十六元。

第六条，抽签给奖预计应需临时开办经费约四万五千二百二十元。

第七条，以三年支出收入总核，可得盈余四百四十八万四千九百五十四元。

第四节　请给奖代办银行及受奖者之荣誉

第一条，认销实业有奖债券至五千元以上，不受奖金者，应请给予奖章。

第二条，认销实业有奖债券至一万元以上，不受奖金者，应请给予特别奖章。

第三条，认销实业有奖债券至二十万元以上，不受奖金者，应请优加议叙，并给奖章。

第四条，认销实业有奖债券至一百万元以上，不受奖金者，应请破格录用。

第五条，代办人至三年期满，不失银行信用而有功足录者，应请并予给奖。

第六条，以上各条，按诸事实，本无分列之必要，惟欲扩充其额，以期销足二千万元，则有各条之存在，庶免损失而达完全。

第七条，无论自认与分认，但能执有有奖实业债券给满奖额，赴部呈换本金时，概予奖励。

《银行周报》1918年第26期

茶商请取消增税成议

茶业公所前接省委调查增税各货清单，嘱即按照时价，查明填报。兹该公所查得原来毛茶价格，上茶每担三四十元，不过十分之一；中茶每担自十五六元至二十元外者，居十分之五；下茶每担十元左右，居十分之四，上中下通扯，每担不过二十元有零。今税章每担征收四角八分，核与值百抽二之例，已觉非轻。至于茶梗每担仅五元或七八元，当此市面凋零，加增税率实难担负，应请商会函达省委，转详江苏财政厅，体恤商艰，取消前议，以释重负。闻已照此情形函至商会矣。

《银行周报》1918年第26期

中国茶之输出状况

茶为中国重要产品，民国四年输出一百七十八万余担，值银五千五百五十万两（海关两，以下仿此），民国五年输出减至一百五十四万担，值银四千三百五十六万两，民国六年输出更减至一百十二万五千五百三十五担，值银二千九百十万七千六百八十七两。

上年茶况，天气干湿得宜，收成甚佳，其输出较之前一二年锐减者，其原因在英国禁止输入，俄国"暴乱"影响，爪哇竞争结果也。兹将最近三年间茶之输出状况列表如下。

最近三年间中国茶输出额比较表

种别	民国四年		民国五年		民国六年	
红茶	771 141	27 596 791	648 228	18 970 992	472 272	12 395 822
绿茶	306 324	15 250 729	298 728	14 231 307	196 093	8 966 112
红砖茶	390 074	8 883 090	396 369	7 976 736	223 327	4 962 326
绿砖茶	251 244	2 786 774	163 816	1 742 479	220 309	2 545 768
小形砖茶	30 712	768 551	26 669	565 135	7 917	193 027
粉茶	31 295	252 560	7 594	54 905	5 472	42 232
未焙制茶叶	1 563	24 024	1 229	18 863	145	2 400
合计	1 782 353（担）	55 562 519（两）	1 542 633（担）	43 560 417（两）	1 125 535（担）	29 107 687（两）

各种茶之输出状况大略如下。

红茶。红茶在中国茶中为输出最多者，民国六年，自中国各港输出者，计四十七万二千二百七十二担，价银一千二百三十九万五千八百二十二两。近年虽渐呈衰退之趋势，但比较民国四年输出额，已减至半数以上。该品之主要输出所向地为俄国、美国及香港地区等，其原输出港乃九江及汉口二处。

最近三年间红茶输出额比较表

输出所向地	民国四年		民国五年		民国六年	
俄国	401 926	15 072 474	330 692	10 316 625	256 651	6 503 855
美国	49 925	1 902 353	75 464	2 296 831	78 902	2 476 980
香港地区	112 073	3 191 995	123 713	2 958 836	73 902	1 585 912
英国	134 186	4 813 931	73 387	2 135 042	21 193	619 768
日本	3 678	137 043	832	20 941	3 172	93 625
其他	69 353	2 478 995	44 139	1 242 717	38 452	1 115 682
合计	771 141（担）	27 596 791（两）	648 227（担）	18 970 992（两）	472 272（担）	12 395 822（两）

绿茶。绿茶输出额民国六年计十九万六千九十三担，价银八百九十六万六千二百十二两，比较上以民国四年输出为最多。该品之主要输出所向地，首推美国，上年约占总输出额十成之五，俄国、印度等次之，原输出港以杭州为最，宁波、九江等处，亦有相当之输出额。

最近三年间绿茶输出额比较表

输出所向地	民国四年		民国五年		民国六年	
美国	87 747	4 508 140	64 066	3 156 379	90 445	4 198 197
印度	19 788	1 015 693	9 871	485 542	31 744	1 472 602
俄国	88 323	4 223 711	131 652	6 096 138	25 727	1 142 451
法国	56 822	2 919 514	19 160	944 014	15 676	727 680
英国	10 570	520 687	46 488	2 290 449	12 377	574 160
日本	3 793	104 758	2 722	76 691	5 496	213 055
其他	39 281	1 958 226	24 769	1 182 094	14 628	638 067

输出所向地	民国四年		民国五年		民国六年	
合计	306 324（担）	15 250 729（两）	298 728（担）	14 231 307（两）	196 093（担）	8 966 212（两）

　　红砖茶。该品之输出，殆全部输出于俄国者，民国六年总输出额，计二十二万三千三百二十七担，价银四百九十六万二千三百二十六两，上年因俄国"暴乱"影响，其输出额比较过去二年颇呈衰退之倾向。该品以汉口为中心市场，占总输出额十成之八。

最近三年间红砖茶输出额比较表

输出所向地	民国四年		民国五年		民国六年	
香港地区					2	21
俄国	390 074	8 883 090	396 369	7 976 736	223 041	4 956 134
日本					284	6 171
合计	390 074（担）	8 883 090（两）	396 369（担）	7 976 736（两）	223 327（担）	4 962 326（两）

　　绿砖茶。该品之输出，民国六年计二十二万三百九担，价银二百五十四万五千七百六十八两，全部均输出于俄国，比之前一年输出价额增加八十万两。该品之主要市场乃汉口及九江二处。

最近三年间绿砖茶输出额比较表

输出所向地	民国四年		民国五年		民国六年	
香港地区				12		
印度	208	2 712	12	134		
俄国	251 036	2 784 062	163 804	1 742 333	220 309	2 545 768
合计	251 244（担）	2 786 774（两）	163 816（担）	1 742 479（两）	220 309（担）	2 545 768（两）

　　小形砖茶。该品之中心市场，乃汉口及九江二处，民国六年总输出额计七千九百十七担，价银十九万三千二十七两，全部均输出于俄国。

输出 所向地	民国四年		民国五年		民国六年	
俄国	30 712	768 551	26 669	565 135	7 917	193 027
合计	30 712(担)	768 551(两)	26 669(担)	565 135(两)	7 917(担)	193 027(两)

　　粉茶。该品之主要输出所向地为美国、英国、日本等。民国六年输出额,计五千四百七十二担,价银四万二千二百三十二两,逐年有衰退之倾向。该品之主要输出港,为汉口、杭州二处。

最近三年间粉茶输出额比较表

输出所向地	民国四年		民国五年		民国六年	
美国			6 004	44 490	2 254	18 618
英国	25 243	202 012	315	2 334	1 384	11 433
日本	43	373	94	676	1 290	8 215
其他	6 009	55 175	1 181	7 405	544	3 966
合计	31 295(担)	257 560(两)	7 594(担)	54 905(两)	5 472(担)	42 232(两)

　　未焙制茶叶。该品之输出民国六年仅一百四十五担,价银二千四百两,比之前一年有锐减之趋势。该品之主要输出所向地为坎拿大及香港地区等,其主要输出港,乃杭州、九江、上海等处。

最近三年间未焙制茶叶输出额比较表

输出所向地	民国四年		民国五年		民国六年	
香港地区	793	12 604	498	7 996	19	363
兰领东印度			4	90		
俄国	770	11 420	713	10 527	4	64
朝鲜			14	250	14	249
坎拿大					108	1 724
合计	1 563(担)	24 024(两)	1 229(担)	18 863(两)	145(担)	2 400(两)

　　中国茶之主要输出所向地为俄国,占总输出额十成之五,其次为美国、香港地

区、印度、英国、法国、日本等，试列表如下。

输出所向地	民国六年输出额	
俄国	734 943	15 349 514
美国	171 600	6 693 795
香港地区	78 431	1 756 368
印度	32 476	1 569 496
英国	34 954	1 205 361
法国	21 419	893 511
日本	10 242	321 066
其他	41 470	1 318 576
合计	1 125 535（担）	29 107 687（两）

《银行周报》1918年第40期

民国七年上半年上海出口茶业之概况

阳

茶为我国大宗产品之一，欧美各国竞相采购，每年出口奚止千万，乃自少数奸商私行掺色后，渐为外人所摈弃，销路遂日益衰退。迨欧战启衅，影响所及，输出更形减色，计今较昔，每况愈下，殊可慨也。兹查本年第一第二两季，由上海出口运销国外茶类，疲滞已达极点，较之去年一二两季，实有天渊之别，即就出口总额而言，为数之微，亦为近年来所罕见。本年各茶输出数额，仅有绿茶一项，尚能维持现状，其他红茶、茶梗，较之去年一二两季，不逮远甚，红砖茶尤为减色，茶市萧条，于此可见一斑。考茶市不振之原因，厥有二端，一则由于银贵金贱，且在一二两季内，先令市价有涨无缩，洋商方面以折合不利，不愿重值购进，而华商方面，复不欲贬价出售，再则自欧战发生以后，船只缺乏，吨位稀少，装运既感不便，运费复又昂贵，有此二因可知茶市不振固有由来矣。不仅此也，曩昔华茶运销俄属者，为数极巨，而自俄国"内乱"发生后，华茶销路顿见绝迹，茶市不振，此又一原因也。查四五六三月，向为"茶"市极旺时期，不意销数衰微，一至于此，所望秋冬二季，有以补救，或可挽狂澜于既倒，否则吾将为本年茶市危矣。兹根据江海关第一第二两季报告，将两季输出数额及销数情形，比较于后，并述其消长焉。

第一季运往境外之茶类表(自七年一月至三月)

单位：担

运往国家和地区	红茶	绿茶	砖茶	茶梗
香港地区	385	1 010		391
新嘉坡等处		30		
印度	30	583		
土波埃等处	5	6 827		
英国	4	6 549		
法国	1			
日国		378		
意国	191			
俄国(由陆路)		12	69	
俄国太平洋各口	10	2 083	685	
朝鲜	1			
中国台湾(日据时期)	1 366	1 726		
菲律宾岛		16		
坎拿大	1 077	643		
美国及檀香山	5 674	6 043		
南非洲	6			
出口总计	8 750	25 900	754	391

依上表所列，本年第一季茶叶、茶末及小京砖茶等项均无出口。砖茶一项，系包括红绿两种，第一季绿砖茶亦无输出，仅有红砖茶输出七百五十四担，上表系专就运往境外者而言。此外尚有运往国内各通商口岸之茶类，计有红茶一千一百八十

祁门红茶史料丛刊续编 第一辑（1912—1919）

七担，绿茶二千零六十五担，红砖茶六十八担，茶叶四百五十三担，茶末二千一百五十八担，茶梗十三担。总计由沪出口运往境外及各通商口岸之茶类，共计红茶九千九百三十七担，绿茶二万七千九百六十五担，红砖茶八百二十二担，茶叶四百五十三担，茶末二千一百五十八担，茶梗四百零四担。

第二季运往境外之茶类表（自四月至六月）

单位：担

运往国家和地区	红茶	绿茶	砖茶	茶末	茶梗
香港地区	182	725			1 160
新嘉坡等处		64			
印度	5	378	78		
土波埃等处		2 210			
英国	1 441	3 397			
法国	1 082	9 322			
俄国太平洋各口	8		324		
朝鲜	1				
中国台湾（日据时期）	1 048	1 613	156	1	
坎拿大	989			638	19
美国及檀香山	1 685	28		1 728	
出口总计	6 441	17 737	558	2 367	1 179

观上表内茶类运往国家和地区栏，第二季茶类销路，较之第一季，减少俄、意、菲律宾岛及南非洲等处，又茶叶及小京砖茶，依然毫无出口，上表亦系专就运往境外者而言。此外尚有运往各通商口岸者，计有红茶二千二百五十担，绿茶三千二百七十一担，红砖茶七十六担，茶叶一万四千四百零六担，茶末四千八百四十一担，茶梗七十八担。总共由沪出口运往国外及各通商口岸之茶类，计红茶八千六百九十一担，绿茶二万一千零八担，红砖茶三百十担，绿砖茶三百二十四担，茶叶一万四千四百零六担，茶末七千二百零八担，茶梗一千二百五十七担。

观于第一第二两季出口茶类表，其中茶叶、茶末、茶梗三项出口数，第一季较第二季为逊，至若红茶、绿茶、砖茶等项，则第二季远不逮第一季矣，今试比较其消长焉。

（1）红茶。红茶运往境外总数，第一季为八千七百五十担，第二季为六千四百四十一担，合计两季输出额共一万五千一百九十一担。第二季输出比较第一季，减少二千三百零九担，至其销路，一二两季均以美为最多。

（2）绿茶。绿茶运往境外总数，第一季为二万五千九百担，第二季为一万七千七百三十七担，合计两季共输出四万三千六百三十七担。第二季较诸第一季，约减少八千一百六十三担，至其销路，第一季以土耳其波斯埃及等处为最多，英美次之，第二季以法为最多。

（3）红砖茶。红砖茶运往境外总数，第一季为七百五十四担，第二季为二百三十四担。第二季较之第一季，仅及三分之一，总计输出总额为九百八十八担，销路第一季以俄国为最，系由太平洋各口岸运进者，第二季以中国台湾（日据时期）为较多。

（4）绿砖茶。第一季无出口数，第二季计有三百二十四担，系运销俄国者。

（5）茶末。第一季无出口数，第二季输出计有二千三百六十七担，运销美国及檀香山者，计有一千七百二十八担，坎拿大计六百三十八担。

（6）茶梗。茶梗运往境外总数，第一季为三百九十一担，第二季为一千一百七十九担，两季共计输出一千五百七十担。第二季较之第一季，减少输出七百八十八担，至此项茶梗销路，一二两季，殆悉数运往香港地区。

《银行周报》1918年第43期

华茶不许入英之外论

《字林报》云，英国依斯棋浦地方经营中国物品之商人，于九月十三日对客言及伦敦茶商，拟运华茶赴英，卒未成功一事，谓官场支配市场诸多谬误，其罪不在茶商协会。盖协会董事曾向官场条陈，继续运入华茶之切实办法，并愿供其见闻经验，备当道采用。讵不知何故，协会董事之一番苦心，卒归无效。彼支配市场之当道，似不深知其职务也。民间请发华茶之呈文，措词甚为哀恳，且附有医士证书，但请愿屡至，终未照准。民间所视为必要之品，竟因分配员对于华茶之态度，无从觅取之。此事似应由管理食物大员自行办理，再华茶入境者约有五十二万磅，何以民间无人得之，此乃不可不有多释人疑者也云云。按：有一事，与此有关系者，自开战后，上海英人多以小包件装置华茶少许，交邮局寄回英国，供其家人应用。按期邮寄，尚无差误，但至今年九月，华茶无论多寡，竟不许由上海邮局寄往英国，严峻如此，亦可见一般官僚办事，不近情理之一斑矣。

《银行周报》1918年第51期

中国茶业

觉

此篇为汉口美副领事近撰载于《远东时报》三月号内，虽未必尽确，当亦有参考之价值也，编者识。

茶之用于中国久矣，周威烈王时（西纪元四百年以前）即知有茶，用作蔬菜（今西藏土人犹有此习）。唐初始以充饮，于是用之者日众。唐时有榷茶法，宋时茶课岁至四百余万缗，茶业之由此日盛，于此可见。明清以后，行销西洋，为出口货之大宗，迄今国内所用之茶，平均计算，每年每人约五磅云。

世界所产之茶，以华茶为最优，湖南、湖北、福建、江西、安徽、浙江、广东、云南均产茶，输出口者，湖南茶较多，安徽茶较佳。以地理而论，则纬线二十六度至三十度一带为最盛；以地势而言，则宜于山坡，而不宜于平原，如安徽、江西所产上茶，均植于三千尺以上之山坡。至于茶质之优劣，除关系地势、气候外，亦视土性之宜否，如气候、地势均适，而土质或不含茶之元素，则种必不育。据种茶者之觇验，以黄泥含沙而肥沃之土为宜，地势、土性、气候三者俱全，则茶无不佳也。

兹据 Mr.A.Pellens 考查，中国、爪哇、印度茶所含成分之比较，按百分计法，列表如下。

种类	水	单宁 Tannin	取出之水	灰	茶质 Theine	灰可落于水者
中国茶	4.575	8.070	36.05	5.320	2.50	4.045

种类	水	单宁Tannin	取出之水	灰	茶质Theine	灰可落于水者
爪哇茶	4.580	9.704	42.75	5.050	2.53	3.150
印度茶	4.576	9.436	43.75	5.420	3.21	3.520

吾人所当注意者，乃华茶含单宁之特多也。

华茶凡二种，一曰红茶 black teas，一曰绿茶 green teas。红茶产于广东、安徽、江西、湖北、湖南、福建，绿茶产于浙江、安徽。业此者，多农民小户，坡地一隅，植茶数顷，用豆饼或菜饼或木灰作肥料，春正月下之，上覆以糠，至二月发芽时，将此糠取去，翻动四围之土，三月初采嫩叶制茶，谓之头茶，四月覆采，至六七月再采，凡三次。三采之后，重翻四围之土，俟次春乃复从事。采期共约四月之久，以头采之茶为最佳，叶极嫩，味极厚，取价亦最高，第二、第三采所得之叶，则远不如初次所采也。

制茶之法，可分为五层，第一曰曝晒，将采下之嫩叶，散布于竹席上，曝诸日光中，时时搅拌，叶遂渐萎，色亦变暗，如连雨不断，则以火焙之于房中，房必轩爽，空气亦须流通，然后气味纯正。第二曰揉搓，盖与曝晒并行者也，叶既渐干，即置之盆中或袋内，以手揉之，约一时之久，以排其水汽（按：印度、锡兰系以机器代手，既免污垢，复可制叶，能使曲直如意）。第三曰熏蒸，以叶置于一平面上，覆以湿布或他物，下用微火熏之，约两时至六时不等，然天气及制法而定时间，至叶带铜色为止，此制红茶法也。如制绿茶，则无需熏焙，即有亦不使叶变色。第四曰烘干，实制茶中最要之手续，茶气味之高下，于是乎定焉。其法以叶置于篓内，高约三尺，直径二三尺，中间以篾置叶其上，而开两端，以炭火自下烘之，时则以生珠兰或茉莉花杂布叶间，既干之后，遂生清香。至于印度、锡兰制法，则以叶置铁丝网中，旁置收水气物，然后以二百一十至二百二十度之热空气烘之。第五曰选择，法用竹筛，先以大者，后以小者，次第筛之，粗细毕出，然后分别装成木箱，以待输售。（未完）

《清华周刊》1918年第138期

一九一九

组织茶业银行之先声

徽州巨商金威文，近游历日本及印度、锡兰群岛一带，对于茶业调查颇有心得，且以我国盐业实业均有银行为之枢纽，而茶业一项竟无团体结合，殊非所以发展之道。爰特具呈财政、农商两部，拟集资本五百万元，在沪开办茶业银行，并于北京、安庆等处分设支行，以期振兴我国茶业。俟核准备案，即将着手进行云。

茶业银行之内情

皖商金殿元援照劝业银行办法，拟在沪汉等处组织茶业银行，业经招集股本，将次开办等情，已迭见各报。兹悉金殿元系农商部员，曾在英租界后马路开过永泰源茶栈，前因欧战期内，华茶滞销，金在农商部当差，曾条陈补救方法，拟先组织茶业银行，以便规划航运种植等事。请由政府拨发有奖证券五百万，以为开办基本，因国务会议否决，惟令自行集股办理。金乃谋借外资，以为基本。适有某商，因近来美国所办华茶，类以祁门产品为最多，惟栈家号家不能直接，以致不能操纵市面，适金有此计划，遂愿供给资本美金二百万元，并拟定总行于北京，上海、汉口各设分行。金乃于前年七月间由京来沪，而汉而皖，向各茶商分别招股，多方运动。茶商中之资本薄弱者，颇愿其早日成立，而殷实行号，以其含有外资，摧衰利权，多不赞同。故辗转两载有余，久无成立消息。今忽开办有期，则此中委折，盖可知也。

上海丝茶两业之调查（摘录）

二、茶业

种类

本埠茶业向分二种：（1）专做长江一带之红茶（名曰毛茶），销售于本埠及内地各茶庄者，名曰本地茶行，如同裕泰等十一家是也。（2）专做洋庄生意，输运红、绿茶至国外者，名曰洋庄茶行，分徽绍两帮，如谦泰昌等十二家是也。此外如汪裕泰等五十余家，皆系茶庄出售之茶叶，由本地茶行批发来者，然亦有自做者，此项店名繁多，不备录。

销路

本地茶行因专销国内，去年未受重大影响，故营业尚佳，通年约销十万元。惟较往年，已见减色，因出产地收成不佳，出货亦低，而年梢银根奇紧，拆息又大涨，故难获利（盈余录后）。至于洋庄茶行，则营业更劣。因洋庄生意，向以销往俄国为大宗，几占出口总数之半，自俄国"内乱"以来，交通阻止，营业因之停滞。往年红茶销往俄国约有六成，绿茶有熙春一种销往俄国亦有四成之谱。今则专恃美法英等国运销，虽有将熙春改制珍眉、凤眉、珠茶等类，然亦不过一二成，以致熙春一项，存积本埠尚有三四万箱，其余各花色，亦有一万余箱之谱。当绿茶初开盘时，除熙春以外，各项花色销路尚觉发达，售出者皆有利可图。自九月以来，日就衰落，先令汇率日涨，市面遂一蹶不振，故后到者停滞。开正以来尚存之数，总计七万余箱，正月内销去约一万余箱之谱。

市价

入春以来，市面依然不动，惟以先令稍短，路庄茶商，又以存货过多，自愿贬价出售。珍眉较前约低十两左右，麻珠约低二十两左右，大盘约低六两左右，秀眉无上落。平水茶以买者还价太低，一般平水茶客，均抱守价待时主义，不甘贱售，是以尚未有交易。凤眉市价约二十三两左右，祁门、宁州红茶等约二十四五两左右。

产地

珍眉、珠茶、凤眉、娥眉各花色，产于徽州屯溪婺源、杭州、遂安、德兴、土庄等地，红茶统名为乌龙，以出产地名冠其上，如祁门乌龙、宁州乌龙等是也。

行名

（1）专做洋庄生意者，计十二家，入茶业总会（在宁波路顾家弄，各茶栈轮流经理，本年司年系同春茶栈）。谦泰昌（盈二万两）、忠信昌、恒记（盈一万七千两）、谦顺安、永盛昌、同春、洪源永（盈一万五千两），以上七家专做徽茶（即红绿茶），谦益、久成、震和、瑞昌、恒丰泰等五家专做平水茶（即绿茶），营业皆平平，已闭者只荣吉祥一家。

（2）专做本地生意者，计十一家，入茶业公所（在民国路露香园路口，会长系同裕泰经理沈锦伯君）。同裕泰、晋泰福、慎泰祥、公泰祥、同泰盈、复成隆、同昌祥、永兴昌、源和成，以上九家，专做红茶。正祥元、春记二家，专做绿茶。盈余推春记及正祥元为最巨，各约四千元，同裕泰等约盈二千至一千不等，大致无亏本者，较之洋庄茶行，尚称平稳云。

《银行周报》1919 年第 9 期

吾国之茶业

羲农

烟酒二项，几为世界大部分人类日常必不可缺之消耗品。大战以来，欧美之酒禁綦严，彼邦人士，遂以茶代酒，于是饮茶之风甚炽。故茶之需要，因以日增，东方产茶诸国，莫不争先恐后，谋斯业销路之扩张，日本尤甚。窃思我国为世界产茶之名园，博名声于海外，当 17 世纪之初，即由荷人运输于欧洲市场，史册昭然，班班可考。1886 年，我国之输出尤盛，考其额在二亿三千万斤左右，当此之时，世界之茶业市场为吾人所独占，后虽衰退，然与此数较，亦相差无几。至今世纪初年，我国茶业之输出，几有一落千丈之势，稽其数尚不及1886年之半，迩来虽稍稍回复，亦不过当其十之八七。推厥所由，固非一端，然因商智未开，商德缺乏，致使失败于商业竞争之场，实为主因；而品质不良，政府之保护奖励不力，又为副因，故呈此不良之现象。近来国人提倡甚力，茶商又设法改良，关税免除，厘金减纳，今又完全达到目的，当此千载一时之机会，欧美需茶正旺之时期，若欲恢复昔时之盛况，实非难事，甚望茶商努力为之；不然日茶将驱逐华茶于欧美之市场矣，今掇其大要，而略论之，俾国人知其颠末也。

第一章 概论

第一节 沿革

茶树之原产地，或曰中国，或曰印度，学者各据理由，各持一说，至于今不决。若以鄙意考之，则茶之原产地，必在我国，无可疑义。何则？我国远在纪元二千五百年前，已有茶之纪事，周官茶掌，其明证也。茶英名为Tea，学名为Thea Sinensis，别名曰槚，又曰茗荈，曰酪奴等等，此多用之于诗人吟咏之间，余则不多见也。茶之赏用，始于上古，而大盛于有唐。至陆羽之《茶经》出，则煎炙之法生；至卢同之茶诗成，则饮茶之风，遂披靡一世矣。唐德宗时，遂征收茶税，茶之有税也至此始。其后设榷茶使，以官营茶，又以茶与回纥人易马，宋之时，废榷茶使，设茶务所，开茶马市，至明之时又一变，至于清，则又以盐茶等税为国库收入之大宗，此其大略也。若考其详，俟诸异日，兹限于篇幅，不备论焉。

第二节 产地及产额

我国产茶之额，甲于全球，产地之宜，冠于各国。生产之省十三，最著之省有六，曰湖北、湖南、江西、福建、安徽、浙江是矣，外此者为江苏、四川、贵州、云南、甘肃、广东、广西七省。今以最著各省之主要产地，举于下：

一、湖北省

南漳县、谷城县、广济县、黄梅县、蕲水县、通城县、咸宁县（柏墅、马桥铺）、崇阳县（大沙坪、小沙坪、白霓桥、驳岸）、蒲圻县（羊楼洞、羊楼司）、通山县（杨芳林）、阳新县旧名兴国州（龙港）、嘉鱼县、兴山县、宜昌县旧名东湖县、鹤峰县、五峰县旧名长东县、秭归县旧名归州、恩旋县、利川县、郧阳县、竹溪县。

二、湖南省

石门县、临湘县（聂家市、白荆桥）、岳阳县旧名巴陵县（云溪、北溪、晋坑）、平江县（浯江、长寿街）、益阳县、湘潭县、醴陵县（张家碑、沩山）、安化县（蓝田）、浏阳县（高桥、水丰）、湘阴县、湘乡县、桃源县、常德县旧名武陵县、新化县。

三、江西省

吉安县、遂川县旧名龙泉县、武宁县（礼溪、宁州）、铅山县（河口镇）、玉山县（桐木关）。

四、安徽省

绩溪县、歙县、祁门县、婺源县、黟县、休宁县、六安县、霍山县、秋浦县旧名建德县、宁国县。

五、浙江省

绍兴县旧为山阴、会稽两县，上虞县、嵊县、新昌县、萧山县、诸暨县、余姚县、杭县旧名钱塘县（泗乡镇、留下镇）、余杭县、临安县、鄞县。

六、福建省

闽侯县（北岭、板洋）、罗源县、古田县、屏南县、建阳县（水吉）、政和县、崇安县（武夷、东风塘、界首）、建瓯县旧为建安瓯宁两县、松溪县、沙县、顺昌县、永安县、大溪县、将乐县、福鼎县（桐山）、霞浦县（白林）、福安县、宁德县、邵武县、光泽县（洋口）、安溪县、漳平县、宁洋县。

此举其主要之省而言之耳，其他各省，不赘述焉。

第三节　产额

我国每年茶之产额究有多少，此吾人之所极欲知而又不可得而知之者也。外人推测之数，固不足为凭，吾恐我国农商部之统计，亦且未必适确，今姑就民国四年之统计观之，则我国茶园之面积为四百四十七万五千九百六十八亩，收获数量为四亿四千八百九十四万四千五百二十斤。若分省言之，则其面积、数量如下：

省名	茶园面积（单位为亩）	收获数量（单位为斤）
河南	21 148	84 438
山西	101	1 172

省名	茶园面积（单位为亩）	收获数量（单位为斤）
江苏	144 450	778 670
安徽	750 119	47 928 788
江西	1 208 602	19 736 860
福建	122 475	9 351 005
浙江	885 977	32 777 002
湖北	521 775	41 769 835
湖南	694 587	41 769 835
陕西	2 348	90 598
广东	44 843	16 362 100
广西	77 898	30 217 452
贵州	1 645	27 854 900
计	4 475 968	448 944 520

　　据以上之统计观之，我国产茶之省，尚有四川、云南、甘肃三省并未列入，不知何故。我国产茶之区十有三省，范围不可谓不大，而其面积也如此之小，其产量也又如此之微，欲人无疑，不可得也。我国人口称四万万，若一人一年消费之数，以一斤计之，则全年所消费者，即为四亿斤。我国输出最盛之时，在1886年，其额为二亿三千万斤，即据1915年之海关册报告，其输出额亦有一亿七千八百二十三万余斤。由是以观，则我国产茶之数，必在六亿斤左右。农商部之统计，吾不知根据何种调查报告而云然也。　（未完）

《银行周报》1919年第37期

吾国之茶业（续）

羲农

第四节　种类

茶之分类，有因制造法而分之者，有因产地而类别之者。我国茶之种类名目繁多，然一般皆以原料及制法而分类为五，曰绿茶、红茶、砖茶、乌龙茶、粉茶，但因贸易上之关系，仍以各种之分类方法，列举于下。

一、由制法上所分之种类

国人所用之名称不下数十种，但以税关上之分类言之，为绿茶、红茶、乌龙茶、砖茶四种。此外有谓茎茶（Stalk Tea）、粉茶（又曰屑茶）、茶末（Dus Tea）、香茶（Scented）等，均于贸易上不甚重要。今以上四者，分别言之。

（A）绿茶（Green Tea）

绿茶之制法，各地皆大同小异，在立夏前后摘叶，置于锅中，以炭火焙之约五分钟，俟其稍稍干燥，叶面生皱时，以手揉之，使之干燥后撒布于筛上，更以炭火干燥之，即为绿茶。其名称颇多，由制造之时期及茶叶中配含香花之种类而异，今沿用其交易上使用之名称，举如下。

（1）小珠（Green Powder or Gun Powder）。摘叶后以手揉之，成圆形如珠，故有此名。又由大小之差，分为一号、二号、三号（No.1、No.2、No.3），名之曰麻珠、宝珠、芝珠。

（2）大珠（元珠茶）（Imperial）。与前种为同样之制法，不过形稍大耳，亦有大中小三种，曰珍珠、圆珠、熙珠。

以上两种为浙江省绍兴近旁所产，普通称之为平水茶，俗呼麻珠为蚤目，品质最上，次为蚁目（宝珠）、蝇目（芝珠）、蝶目（珍珠）、虾目（圆珠）、蛾目（熙珠），集散于福建武园者，此类颇不少也。

（3）熙春。以最初制造者之名名之者也。从摘叶之期节，亦有一号、二号、三号之区别，名之曰眉熙、正熙、副熙，眉熙、正熙又名之曰贡熙。

（4）雨前茶（Young Hyson）。在阴历三月谷雨前采之，故名亦有嫩熙春之名，系对于前者而言之也。可别之为四种，曰眉雨、娥眉、芽雨、熙雨，此外尚有凤眉、秀眉、针眉、风眉等名称。

以上两种，浙江、安徽、福建各地均产之，但以安徽省徽州府下为主产地云。

（B）红茶（Black Tea）

以摘取之茶叶，晒于日光中，俟其柔软，以足踏之，去其苦汁，然后以手擦之，使之细或圆，再干燥于日光中。至此移之于竹器或木造之桶中，以布密蔽之，俟其发酵后，以火焙之，得适度之干燥，以筛去其碎末，名称颇多，今以贸易上之名称，列举于下。

（1）工夫。压榨、干燥、火焙等皆以手工为之，故名。以福建所产者为最良。

（2）小种。一名青小种，除去叶之大者，而留其小者，故名。

（3）白毫。茶叶柔软如棉，而有白色之细毛者，故名。别名为龙眉、凤眼、银针、雀舌，制法之善否，与品质之关系甚大，若火力不能适合其度，则香气散逸，色润恶劣。其主产地为福建之福鼎、霞浦等县。

（4）彩花白毫（Flowery Pekoe）。配合香花于白毫中，故名。香花之种类，为茉莉、木兰、水圭、珠兰等花。

（5）橙花白毫（Orange Pekoe）。白毫中配以橙花者。

（6）花香（Scented Orange Pekoe）。配桂花于茶叶中者，名曰花香。

（7）珠兰（Scented Caper）。茶叶之中配以珠兰，故名。

以上配合香花者，概为福建产。花香及珠兰，在贸易上视之为红茶，其实与绿茶无异也。

（8）双龙（Caper）。别名曰松制。

（C）乌龙茶（Oolong Tea）

乌龙茶之制法，介于绿茶、红茶之间。此茶以福建为主产地，而尤以沙县产者品质最优，尚有所谓包种茶者，产量甚少，为福建安溪产。

（D）砖茶（Brick Tea）

以红茶、绿茶之屑末制之，蒸熟之后入于型中，以机械压之成方形，为砖瓦状，故名。此茶有红、绿二种，绿砖茶之长为一尺、幅七寸，与长八寸二八、幅五寸二五二种，前者一个之重量约三封度半，后者为一封度半。红砖茶长八寸半、幅六寸，一个之重量约二封度以上，制造于汉口、九江、福州等处，全部输出于俄国。

二、由产地上所分之种类

茶之名称，多以著名之产地名之。以下因红绿茶之区别，而概说焉。

（一）红茶

（A）福州茶。以福建所产，而交易于福州者言之，更区分如下。

（1）武夷茶。又曰淮山，为崇安县下所产。

（2）北岭茶。为闽侯县下所产（工夫茶）。

（3）白淋茶。霞浦县下产（同上）。

（4）板洋茶。闽侯县下板洋所产（同上）。

（5）洋口茶。光泽县产（同上）。

（6）清和茶。产于政和县（同上）。

（7）界首茶。崇安县下产（同上）。

（8）东风塘。同上产（同上）。

（B）两湖茶。以湖北、湖南两省所产，而交易于汉口者，称之为两湖茶，更分之如下。

（a）湖北茶

（1）宜昌茶。以集于宜昌者，故名。

（2）羊楼洞茶。蒲圻县下产。

（3）羊楼司茶。羊楼司所产。

（4）崇阳茶。崇阳所产。

（5）通山茶。通山县产。

（b）湖南茶。系举湖南之茶，集于汉口者言之。

（1）安化茶。安化县产。

（2）长寿街茶。平江县下产。

（3）桃源茶。桃源县产。

（4）高桥茶。浏阳县产。

（5）醴陵茶。醴陵产。

（6）湘潭茶。湘潭产。

（7）聂家市茶。临湘县下产。

（8）云溪茶。巴陵县下产。

（9）平江茶。平江县产。

（C）安徽茶及江西茶。安徽茶多集于汉口，江西茶多集于九江。

（1）祁门茶。安徽祁门县产。

（2）宁州茶。徽州府下产。

（3）武宁茶。江西武宁产。

（4）吉安茶。江西吉安产。

（二）绿茶

（1）徽州茶。系指婺源、歙、绩溪、休宁、黟五县言之。祁门所产者为红茶，概移出于九江、汉口。此五县所产者为绿茶，俱集于上海，以各县所产者，皆因其地名以称之。如婺源产者为婺源茶，休宁产者为休宁茶，此等之茶，多属于雨前熙春。

（2）龙溪茶。徽州茶之别名也，以其聚于屯溪，故名。

（3）平水茶。浙江绍兴、上虞、嵊、新昌、萧山、诸暨、余姚七县所产者，称之曰平水茶。以此等地方所产之茶，多集于平水，故名之曰平水。今虽移出于他处，亦仍沿用此名，其茶多为大珠、小珠。

（4）武园茶。集于福建武园绿茶之总称，普通多不用此名，称之曰长行公司正茶、充眼生茶及正眼生熙春茶。

（5）龙井茶。浙江杭州附近所产，其名甚著，现时贸易上已不用此名矣。

三、由制造时期上所分之种类

（A）春茶。春茶比夏茶叶厚而汁浓。

（1）头帮茶（First Crop）。亦称为头春茶，清明之后，谷雨之前摘叶制造者。

（2）二帮茶（Second Crop）。一曰二春茶，谷雨后十日内外摘叶制造者。

以上两种之茶，概输出于外国。

（B）夏茶。叶薄而汁淡，其价较廉。

（1）三帮茶（Third Crop）。一曰三春茶，谷雨后二十日内外制造之者。

（2）四帮茶（Fourth Crop）。一曰四春茶，指三春茶摘采一月后所采者言之，其稍前者，往往称之为三春茶。

四、由制造地而分类者（下所举者系上海市场之名称）

（1）路茶。于生产地制造完了而运输于上海者。

（2）毛茶。由生产地运来之叶，制造于上海者。

（3）株茶。生产地制造者，运至上海后，再混合制造之。

国人饮用之茶，名称颇多，今以上海普通之名称，列举于下。

乌龙、龙井、兰芽、玉芽、仙声、瑞兰、春芝、兰馥、雀舌、银针、雨前、风髓、松罗、奇珍、极品、仙香、贡魁、和平、龙眉、茗芽、益善、紫电、大茂、福寿、仙芝、普洱、魁珍等。

　　我国茶叶名目繁多，颇不一致，异名同种者有之，异种同名者亦有之。非独于贸易上有碍，于学术研究上亦多有所不便也，深望我国商人注意及之。（未完）

《银行周报》1919年第38期

吾国之茶业（再续）

羲农

第五节　品质

　　世界之茶，实以我国为最优，非独香气可人，且收敛性较少，适于卫生。今以皮黎斯（A.Pellens）氏所试验之化学成分，举如下：

单位:%

	工夫茶(宁州产)	爪哇茶	橙花白毫(Orange) 喀耳克他产(Pekos)
水分	4.575	4.580	4.576
单宁	8.070	9.704	9.436
可溶分	36.050	42.750	43.750
灰分	5.320	5.050	5.420
可溶灰分	4.045	3.150	3.520

　　此外我国茶素之含有量为2.50%，爪哇茶为2.53%，印度茶为3.21%，英国因保护印度茶之贸易，遂否认其单宁较多于我国之说，其实此乃不可掩之事实，虽掩之亦且无效。我国之茶适合人体之要求，若胃弱之人，苟使之饮用，则以我国之茶为宜。其故何哉？以其收敛性少，虽虚弱之性质，亦可无错乱故也。

　　今以我国茶之品种述之于下。

　　一、由于制法之品质

　　（A）绿茶。绿茶中品质最良者为熙春，眉熙尤好，正熙、副熙次之。绿茶中次于熙春，为小珠，此种以圆形者为最好，麻珠最上，宝珠次之，次于小珠者曰大珠，以蝶目为上，蛾目最下。绿茶中以雨前为最恶，其品质与价格，与大珠大略相同。

（B）红茶。红茶须适度干燥之，以形状整齐有芳香而呈黑褐色者为佳，浸出之液，以色美丽呈红褐而多甘味且透明者为最优品。工夫茶及小种茶，本为同种之茶，其细叶者为工夫茶，稍粗大者为小种茶，在贸易上总称之为白毫茶，与福州所制之武夷文圃并称。其色泽如白绢，蒙以稀薄之白毫，外观甚美，以其品位佳，故他之红茶中，往往有混淆之者。

（C）乌龙茶。外观类似红茶，呈黑紫色，其煎汁呈灰黄色，香气较红茶稍强，以风味佳良者为优品。包种茶味浓厚而醇雅，苦味、涩味均甚得中，故包种茶实为乌龙茶之上品。其芳香之爽快，饮之无不赞美之者，其销路甚旺。此茶以黄枝、秀英、茉莉、珠兰等香花配之，现今则产额甚少，其重量概为四两，以纸包之，故名。福州包茶中虽有种种名称，然在原产地则无之。

（D）砖茶。砖茶一称为茶饼，呈长方形如砖瓦状，故名。本品有红绿二种，绿砖茶之长为一尺、幅七寸，或长八寸二五、幅五寸二五，红砖茶之长为八寸半、幅六寸，一个之重量约二封度以上。小京砖茶，一个之重量普通为三十六两，如干燥良好，可以长久贮藏之，红茶则以黑褐色为良，绿茶以呈深褐色者为最善云。

二、由于产地之品质

我国红茶之主产地，则为福建、安徽、湖北、湖南、江西等省。绿茶之主产地，则为浙江、安徽及福建之东南部。近来我国茶质香气日益衰退，若于制茶不速设法改良，恐不足与印度及锡兰相竞争也。我国以祁宁茶为最善，故其价格亦最高。

（A）安徽省

安徽产茶之地，以绩溪、歙、祁门、婺源、黟、休宁六县为最著。祁门之红茶品质甚良，与江西省宁州地方所产者，在汉口市场通称之曰祁宁茶，品质优良，实驾于两湖茶之上。祁门以外，俱产绿茶，婺源之茶，品质固佳，产额尤大。休宁之茶，品质虽优，产额甚少。歙县所产者，品质亦佳，而尤以黄山为最，其品质与休宁所产者，不相上下。绩溪之茶，亦不过恶。安徽省之茶，以黟县所产者为最劣，长溪之茶亦佳。

（B）湖北省

红茶中品质最良者为工夫茶，湖北产者亦佳，茶叶比较稍广，呈黑色或紫色。

湖北省以鹤峰所产者为最优，惜其产额甚少，故其名不著，其次为羊楼洞及羊楼司所产者，品质善而名亦高。

（C）湖南省

湖南所产者，以安化为最善，然带有灰黑色，故品质稍劣，长寿街之茶较好，桃源次之，最下者为湘潭产。

（D）江西省

江西以宁州所产者为优，又所谓双井茶者，品质尤佳，在两湖茶之上，与安徽祁门茶相匹敌，上等者曰松香，叶虽小，然甚整齐，颜色香味均佳。

（E）浙江省

浙江省中产额最多、品质最良者，则为山阴、会稽、上虞、嵊、新昌、萧山、诸暨、余姚、平水八县。但平水从来为着色之茶，自美国输入禁止以来，亦多改善。杭县之龙井茶为省中之第一位，其声价与乌龙并称，自古脍炙人口，惜其产额甚少，供不应求，不足以慰渴望也。

（F）福建省

福建所产者，以红茶为主，其最多者为工夫茶，小种茶、彩花、花香、白毫等茶次之。工夫茶中以邵武、政和、白淋、东风塘者最佳，久为欧美人士所赏赞，但不合俄人之嗜好。其质佳良，其味淡泊，若以单宁含有量之稀薄言之，实为世界第一，法人最为欢迎。

三、由于制造时期之品质

头帮茶叶质坚硬，品质最良，二帮茶次之，三四帮茶坚硬之度渐减，故品质亦劣，以老叶制造之者，品质尤劣，概出输于蒙古。

四、由于气候之品质

茶之制造，受气候之影响甚大，若气候适顺，则茶之香气强而品质善，反之，则茶叶不免恶劣矣。（未完）

今年上半期茶类输出之概况

叔　型

今年上半期汇价昂贵，故各种土货出口极为呆滞。华茶洋庄销路之疲软，实为往年以来所未有，就中尤以销售英国之祁门红茶，与销售美国之平水绿茶为最，均属毫无发动。本埠存货堆积，华商莫不感其困难。其原因虽繁，然最主要者，则不外乎海外各国销路之滞呆与汇兑价格之涨落不定耳。今据海关贸易报告，录今年上半期出口之各种茶类如下。

今年上半期茶类出口表

运往地点	红茶			绿茶			红砖茶		
	第一季	第二季	半年合计	第一季	第二季	半年合计	第一季	第二季	半年合计
香港地区	155	467	622	943	495	1 438			
新嘉坡等处		1	1	24	16	30			
印度	41	63	104	1 327	1 830	3 157			
土、波、埃等处	125	277	402	258	1 538	1 796			
英国	586	5 564	6 150	2 886	6 987	9 873			
法国	187	126	313	2 633	2 529	5 162			
义国	1		1		484	484			
俄国欧洲各口	30	112	142				220		220

运往地点	红茶			绿茶			红砖茶		
	第一季	第二季	半年合计	第一季	第二季	半年合计	第一季	第二季	半年合计
中国台湾（日据时期）	3	2	5				370	2 226	2 596
菲律宾岛	8		8						
坎拿大	637	1	638	1715	177	1 892			
美国及檀香山	9 054	44 51	13 505	15 316	13 596	28 912	69		69
北非洲				142	22	164			
丹国		10	10						
和国		11	11						
比国		1	1						
南美洲		1	1						
澳洲、纽约、伦敦等处		848	848						
南非洲		84	84						
合计	10 827	12 018	22 845	25 244	27 674	52 918	659	2 226	2 885

运往地点	绿砖茶			茶叶			茶末		
	第一季	第二季	半年合计	第一季	第二季	半年合计	第一季	第二季	半年合计
香港地区		3	3	28	41	69		2	2

运往地点	绿砖茶			茶叶			茶末		
	第一季	第二季	半年合计	第一季	第二季	半年合计	第一季	第二季	半年合计
新嘉坡等处							1	5	6
印度									
土、波、埃等处									
英国								1 596	1 596
法国									
义国									
俄国欧洲各口									
中国台湾（日据时期）									
菲律宾岛									
坎拿大									
美国及檀香山									
北非洲									
丹国									
和国									
比国									
南美洲									

运往地点	绿砖茶			茶叶			茶末		
	第一季	第二季	半年合计	第一季	第二季	半年合计	第一季	第二季	半年合计
澳洲、纽约、伦敦等处									
南非洲									
合计	3	3		28	41	69	3	1 601	1 604

运往地点	茶梗		
	第一季	第二季	半年合计
香港地区	1 900	1 648	3 548
合计	1 900	1 648	3 548

吾人苟观今年上半期各种茶类出口数额，则见今年华茶海外之销路，远不逮前，今年上半期与去年上半期之比较数额表如下。

茶名	今年上半期出口数	去年上半期出口数
红茶	22 845	49 070
绿茶	52 908	94 883
红砖茶	2 885	76 234
绿砖茶	3	214
茶叶	69	22
茶末	1 604	无
茶梗	3 548	2 784

观于上表，可知今年上半期出口之华茶，远不逮前。其中除茶叶、茶末、茶梗三项，较去年上半期略增外，其余莫不较减。计红茶较减二万六千二百二十五担，绿茶较减四万一千九百七十五担，红砖茶较减七万三千三百四十九担，绿砖茶较减二百一十一担，就中红、绿茶之减数，固亦甚巨，然红砖茶之出口，更形稀少。盖红

砖茶向以销俄为最旺，往年运销该国者，不下数十万担，今年俄国"内乱"不已，交通困难，中俄贸易大受打击。既不能直接运输，不得不经印度商之手，由阿富汗运入波斯，其间困难实难胜言，宜乎茶砖出口之暴减也。且罗卜票价格低落，故今年华茶之运销于俄者，数额极少，砖茶之出口暴减，此其最重大之原因也。查去年第一季由上海运销俄国太平洋各口之红砖茶，计有二万三千九百三十二担，绿砖茶有二千一百四十担，今年第一季，则红砖茶运往该埠者，仅二百二十担耳，绿砖茶竟毫无输往；去年第二季由上海运销俄国之红砖茶，计有五万零二百七十一担，而今年第二季竟毫无，其间相去之远，若此之巨。今后中俄之通商恢复，砖茶出口，或能回复原状，亦未可知也。惟今年运销中国台湾（日据时期）之红绿砖茶，则已增加，计去年第一二季合计，运往中国台湾（日据时期）之红绿茶砖二千零二十余担，今年上半期，则有二千五百九十余担云。

砖茶以外，红茶之出口较去年减落最巨。观于上表，去年上半期出口总数，计有四万九千余担，而今年上半期则仅二万二千余担，尚不及一半，其原因吾人不可不详细查究之也。

红茶向恃销英为最广，今年伦敦存积之华茶，满坑满谷，毫无走动。据伦敦方面电讯之报告，谓今年伦敦茶市销场之疲，实为往来所未曾有，故印茶、锡茶，已患其多（闻伦敦茶商已议决减少印茶、锡茶生产额以为维持市面之计），无怪华茶之更乏销场矣。

伦敦市上存积之华茶，闻现在不下三百余万箱，现虽种种设法，运销各处，然终无效果云。考今年伦敦华茶市面疲软之原因，约有数端述之于后。

（1）因俄罗斯销场之稀少。向来运英之华茶由英商转运俄罗斯，今俄国之道不通，故存积华茶，满坑满谷，毫无走动。

（2）战后经济困难异常。

（3）货栈之地位不佳。

（4）伦敦存茶，大都以中次之货为多，而现在英国之需要，则除优等华茶，尚有上级人民购买外，而食力之民，需茶极少（以上四条原因，为英商公会之论调）。

今吾人试查上列之第一表，再与去年同时之出口数额相核对之，则见去年第一季红茶之运往英国者，计一万二千三百十六担，反查今年第一季红茶之运往英国者，计仅五百八十六担。去年第二季红茶运销英国者，计有二万三千八百二十一担，今年第二季则仅五千五百六十四担，其相差之巨，实不可以道里计也。窃按今年华茶销英之呆滞，固由于伦敦存积华茶之过多，然今年上半期汇价之奇昂，为之阶厉，实亦非浅也。今银汇之价，日趋低落，伦敦存货，苟能走动，则红茶销路，当有起色矣。

红茶销英之外，向以销俄为大宗，去年第一季运往俄国之红茶，计有八千八百余担，第二季计有六百四十余担，今年则二季合计，运往该国者仅一百余担而已。

红茶之外，绿茶之销路亦疲。绿茶向以销美为大宗，今年美国销路，亦甚疲呆。今据英商公会之意见，谓销美绿茶之疲，其原因约有两端。

（1）去年输美之绿茶，现均存积于纽约市上，而未曾走动，当输美之时，汇价极高，故颇难脱售。

（2）美国经济之困穷。

有此两端原因，无怪绿茶出口之锐减也。

再查去年第一季输英之绿茶，计有五千三百余担，今年第一季仅二千八百余担；去年第二季输英有一万四千余担，今年第二季仅六千余担。去年第一季销法绿茶，计有一万九千余担，今年第一季仅二千六百余担；去年第二季有一万七千余担，今年第二季仅二千五百余担，其他运往印度、波斯、埃及诸邦者，数额亦远不若去年之多云。

总之今年出口之茶类，举凡红茶、绿茶、茶砖等，较之去年，莫不减少甚巨。上所述者，其大概耳。阅者读此，可见今年华茶洋庄销路之一斑矣。至于第三、四季，虽茶叶出口之季节已过，然汇水涨落不定，实为茶叶出口呆滞之最大原因，以较去年第三、四季，亦不及远甚矣。

《银行周报》1919年第49期

中国茶业恢复之时机

前交通次长叶恭绰近自海外上书政府，谓中国大可在美国创立一大茶业。徐总统阅后，极以为然，决拟订办法，从事改良茶质，推销海外。叶氏呈文中有云，美国现正禁酒，美民无以解渴，则以华茶为代，实一最良之代酒物。叶氏之友信叶氏，归国后殆将弃其政治生涯，而经营商业，专务推扩对美茶叶贸易。中国茶商览其呈文，当益为感奋，以求操纵美国之茶市。据北京美使馆商务参赞安纳德君调查，美国因禁酒成功之结果，消耗茶叶已由一百兆磅增至一百五十兆磅，并表示其意见，谓今后十年内，美国消耗茶叶，必可增至三百兆磅。叶氏对于华茶销美，既抱无限热望，现中国茶商亦思乘机奋起。近在汉口开会讨论各问题，如立产茶标准，废除居间人，并在美国各报大登广告，以及其他种种方法，凡足增华茶之出口者，皆所筹及。一方既注意于美国，一方尚欲恢复俄国茶市，俄国向为华茶之最大买主，平均华茶出产总额逾百分之五十，恒运销俄国。例如往时红茶之销路，首推俄国。1916与1917两年间，约共产茶二十八兆二十万磅，其中销俄者占四分之三，迨1918年，俄国需红茶甚鲜，骤减至三兆磅之谱。据农商部茶叶专家恩某统计，1918年中国茶叶在近五年中，达于至低之度，大抵因俄之"内乱"，半亦由英政府之制限，只购少数华茶，为彼政府之用。兹将自1914年起，五年中华茶直接出口总数，列表如下：

单位：担

1914年	1 495 799
1915年	1 782 353
1916年	1 542 633
1917年	1 125 535
1918年	404 127

又1918年华茶运销外国数额列表如下：

单位：担

英	37 333
美	72 398
俄	95 705

是年外国茶进口，有四万七千六百十四担，殆为外侨所消耗。现美国囤积爪哇茶一大批，系近二年中运往者。如华茶贸易不振，美国茶市恐将为爪哇茶继续垄断，然华茶质良，终当起而代之。盖茶为中国固有天产，世代相传，制法精良。茶质之良全视种地之高下为差，高者恒较低者为良。如皖省产红茶，最著名之区为祁门黎山之斜坡，高度达三千英尺以上；赣省著名之新芽茶，大为西人所称美，系种

于富平（译音）之古平山，高度在海平线上四千英尺。中国茶之佳者，其产区率在纬度二十六至三十度之间，鄂、湘、浙、闽、赣、皖等省最著，湘省产额尤多，皖茶质最良，湘、鄂、闽多红茶，浙多绿茶，皖、赣则红绿兼有，产额略相等。茶质之优劣，与土性亦大有关系，凡土性肥沃而富铁质者（铁质发生于云斑沙石），为种茶最宜之区。此种土壤，皖省南部最多，即优良之红绿茶产地也。祁门茶驰名中外，如就其土壤加以化验，则得成分如下：

水	2.41
燃烧损失	6.58
盐酸中不融化物	71.463
矽养二（融化于盐酸中）	1.002
养化铁（铁二养三）	4.48
养化铅（铅二养三）	6.22
石炭（养化钙）	0.20
养化镁	0.221
养化钾（钾二养）	0.161
曹达（养化钠）	0.336
硫酸	0.117
磷酸	0.2035
炭	4.330
淡气	0.1356
腐质	2.041
总数	99.9001

　　曾有一英国名人，论华茶之优点远胜他种，又谓人而未饮清洁之华茶，乃一憾事。华茶非特香气幽馥，且合于卫生，较他种尤少收敛性。1915年，华茶在巴拿马赛会，与他国茶竞赛而获奖，足征华茶之佳，冠于世界。此外因参赛而得奖牌，尚有数次。中国政府历年屡谋推广华茶销路于外国，其第一步为1905年前清江督周馥派员赴印度、锡兰考察茶市，其结果则在南京设一茶叶学堂，教授制茶新法，各省种茶家之子弟，咸得就学。1915年，前农商总长周自齐创设茶叶试验场，奖励改

良，不遗余力。其计划分为二项：（1）酌减出口税。茶税本轻，然为奖励出口起见，尚须酌减，于1915年实行每担减税百分之二十，自一两二钱半（合墨银一元七角四分），减至一两（合墨银一元四角）。（2）即设试验场。首在祁门设场一所，研究种法、制法，又在附近设分场约四十处。凡种植出力而敏慧者，且予以补助金，一方既著成效，乃推而之他处。此项方法，惜近年中国内乱不已，周氏之良谋，政府未能贯彻始终。窃望政府厉行斯策，乘时亟起，推广茶叶于国外，勿失此良机也。（中美新闻社译密勒评论报）

《东方杂志》1919年第9期

上海茶业调查报告

江苏实业月志第三期

我国出口之茶，向与丝类并称，为出口货之大宗。其集散中心市场，上海亦占其一，但上海并非产茶制茶之区，故对于茶之生产、茶之制造二项，无从调查。兹将其输出入贸易捐税各项分述如下。

一、茶之输出入

（一）茶之输出国家和地区及输入省别

输出国家和地区，为俄、英、美、德、法、波斯及非洲各地，以俄国为最多，英美次之。输入省别，为湘、鄂、赣、皖、浙、闽，兹将产地列表如下。

浙江省：

旧绍兴府属：上虞、嵊、新昌。

旧宁波府附近。

旧温州府附近。

安徽省：

旧徽州府属：婺源、歙、绩溪、休宁、祁门、黟。

湖北省各地。

湖南省各地。

江西省：宁州。

福建省：福州。

（二）茶之输出、入数及价额与种类

（1）输出、入数量。茶叶输出数量极旺之年，约有三百万箱（每箱五十斤）。近年减至一百四五十万箱，以国别言之，英约红、绿茶三十万箱，美约红、绿茶二十余万箱，俄约红、绿茶六十万箱，德、法及波斯、非洲均由英商转贩，约二十余万箱。

输入数量。皖省红茶约八万箱，又绿茶约三十二万箱，赣省红茶约十一万箱，湘、鄂两省红茶约五十万箱，浙省绿茶约十七万箱，闽省红茶约十八万箱。

（2）价额。茶之价额高下相差，率以各省中等测算，每担约得价如下：皖红三十八两，又绿三十二两，赣红二十六两，湘、鄂红十九两，浙绿二十八两，闽红十九两。

（3）种类。茶之种类，红茶均制成长条一式，别无分目，率名曰红茶。绿茶分类大率形圆者为目为珠，形纤者为眉为雨，介于纤圆之间者为熙，目有蚕目、鰕目，眉有珍眉、凤眉，珠有麻珠、宝珠，雨有眉雨，熙有眉熙等称，概之不过红茶、绿茶两种而已。

按上系向上海茶业会馆所调查，兹录民国六年江海关贸易册如后，以备参考。

茶之种类 运往何处	各种红茶工夫	各种绿茶					
		嫩熙春	熙春	元珠	小珠	他类绿茶	绿茶共
香港地区	1 090	2 654	369				3 023
新嘉坡等处	1	208					208
爪哇等处	1		1				1
印度	86	8 421	20 977	39	2 271		31 708
亚洲土耳其	1	46	138		8		192
埃及	216	254	93		587		934
阿尔及耳		1 363	1 306		339		3 008
英国	13 068	3 188	5 060	57	4 072		12 377

茶之种类 / 运往何处	各种红茶工夫	各种绿茶					
		嫩熙春	熙春	元珠	小珠	他类绿茶	绿茶共
丹国	4 482	5			5		10
法国	2 393	5 085	8 024	20	2 530	17	15 676
义国	101	270	173		7		450
日国		272	71		6		349
俄国欧洲各口	84	63	17	4	222		306
俄国由陆路	17	1 474	2 725		2 133		6 332
俄国太平洋各口	63 892	4 301	10 934	32	2 102		17 369
朝鲜	4	1					1
中国台湾（日据时期）	2 706	812	876	20	1 521		3 229
坎拿大	6 430	355	701		3 039		4 095
美国及檀香山	72 689	6 004	8 641	114	75 675		90 434
澳洲纽丝纶等处	2						
他处		192	337		136		665
往外洋共	167 263	34 968	60 443	286	94 653	17	190 367
往通商口岸共	7 969	6 065	11 672	31	157		17 925
统共	175 232	41 033	72 115	317	94 810	17	208 292

茶之种类 / 运往何处	各种砖茶		叶茶	香茶	小京砖茶	茶末	茶梗	锡兰茶	日本茶	爪哇茶
	红砖茶	绿砖茶								
香港地区			19				5 812			
新嘉坡等处										
爪哇等处										

茶之种类／运往何处	各种砖茶		叶茶	香茶	小京砖茶	茶末	茶梗	锡兰茶	日本茶	爪哇茶
	红砖茶	绿砖茶								
印度										
亚洲土耳其										
埃及										
阿尔及耳								9		
英国						1 364				
丹国										
法国						13				
义国										
日国										
俄国欧洲各口										
俄国由陆路								953	150	
俄国太平洋各口	87 422	121 736	4	2 428	5 554					
朝鲜										
中国台湾（日据时期）	284			1	155					
坎拿大			108	40		301				5
美国及檀香山				102		2 254		256		138

茶之种类 运往何处	各种砖茶		叶茶	香茶	小京砖茶	茶末	茶梗	锡兰茶	日本茶	爪哇茶
	红砖茶	绿砖茶								
澳洲纽丝纶等处										
他处										
往外洋共	87 706	121 736	131	2 571	5 554	4 087	5 812	1 218	150	143
往通商口岸共	1 853	3 383	40 125	21 774		20 767	1 023	58		62
统共	89 559	125 119	40 256	24 345	5 554	24 854	6 835	1 276	150	205

以上各种数量，均以担为单位。有×记号者，内有掺和洋茶末，计二万六千六百六十担，并有一千七百三十四担，全以洋茶末制成；有△记号者，内有掺和洋茶末计一千八百七十九担，并有一千二百五十四担全以洋茶末制成；有*记号者，内有复进口红茶一百零八担。

（三）华茶在各国和地区之地位

各国和地区茶叶之需要，以英国为最多，俄国次之，美国又次之。英国用茶每年约六七百万箱，而华茶只占二十分之一，俄、美二国约占三分之一。查茶本为吾国所独有，各国用茶曩由吾国供给，四十年前，外人购吾国茶种，往印锡栽种，逐渐发达，迄今远驾我上。抚今思昔，良可慨也。

（四）各国和地区在沪采买额历年之消长

华茶销数，由前清宣统年间至民国四年，无甚出入。自六年起，因英国限制入口，俄国西比利亚火车不运，茶叶顿受减折。计六年份，英、俄两国所销，不过十分之三四，美国如常。

（五）欧战所及于输出、入之影响

欧战未发生以前，沪市岁销供求适剂，战后之一二年间，尚无何等影响，至第三年，因德国施潜艇无限制之攻击，航路为之顿阻。今则欧船日少，运价增加十倍，尚未有艾，故输出困难，减折至巨。现虽停战议和，但恢复原状，恐尚非一时所能企及。

二、茶之贸易

（一）茶之贸易状况

上海茶业贸易状况。缘我国商人无直接输出之机关，故其实权完全在洋商势力之下，良可慨也。至于茶商与洋行交易，概由茶栈通事媒介，先送小样与洋行茶师看定，互议价格，成盘后发大样比对，签字（俗称落簿）成交。定章限一星期内过磅，后四日交银（即茶价），今改章限三星期内过磅，磅后一星期交银。

（二）近年价格之消长

民国四年份最高超过三年份价格二成，五年较三年份略减，大概在九折左右，六年大减，约较三年份七折。

（三）茶叶上市之金融状况

茶叶上市之时，大多茶商率领沪上栈汇款（名曰水脚）及在当地钱庄认息贷进，以为采办营运之资。故其时沪上金融必紧，洋商购进之时，解款以后，华商银行及钱庄收款增多，金融必宽，此其大概情形也。

（四）素来买卖上情弊应如何改良

买之方面，历经整顿，现状尚佳，此权之操自我者。惟卖之方面，则茶入洋栈，有小工偷漏之弊，茶叶过磅，有洋行茶楼恣蚀磅秤之弊，及多索破箱费用之弊。洋商任意延期过磅，并故压价不交等项，此权之操诸洋行，虽屡交涉，而改良甚难。前清光绪季年，因交涉而断绝交易，月余后，虽双方议约，未几辄复其故步。其所以丛此积弊之由，坐自无航运之机关，遂不得不仰人之鼻息，弃本齐末，奚克有济，改良之法，惟有期诸茶商能自输出耳（按茶业会馆之报告，虽谓买之方面，尚无情弊，但据地方之调查，着色掺杂，有碍卫生，亦时遭外人拒绝。此关系华茶之信用者实大，窃以为设立检查所，以除此弊，实属不容缓之举也）。

三、茶之捐税

（一）每年收入茶税、茶厘之数目及茶厘之征收法

吾国海关每年出口茶税约七十五万两，茶厘并产地正附税约倍之。茶厘在皖赣等省，则厘捐公费并入正税，按引征收（每引可二十斤），浙省由茶商承包认缴，过境茶厘由经过他省第一卡抽收统捐一次，沿途逢卡验票，多有需索小费情事。

（二）税制之缺憾应如何补救

民国三年，蒙税务处减轻出口税每担二钱五分，现在每担实收一两。各产地正附税及过境税，每担共需银二两有奇，通计税项，每担约合沪市规银四两。查印度（英属）、锡兰（英属）、爪哇（荷属）等处，茶叶输出均皆无税，日本税亦甚微。独华茶征税綦重，按价核计，实已征至百分之二十分而强。当此国际茶业竞争时代，非改良此种税制，则华茶难冀幸存。欲求补救之方，惟有豁除各项附税，仅收产地正税耳。

《农商公报》1919年第63期

茶业试验成绩报告 七年份（续）①

茶业试验场

距离疏密试验一		民国五年种			
平地区	距离	霜降后九日检查三年之生长力		霜降后九日检查本年之生长力	
		株之高	株之叶	株之高	株之叶
种字第十四区	行间三尺五寸	一尺三寸二分	二十叶	一寸二分	八叶
	株间四尺五寸				
	行间五尺	一尺二寸七分	九叶	一寸二分	三叶
	株间四尺				

---

① 由于条件所限，前文《茶业试验成绩报告 七年份》内容未找到，待找到后再做补遗。

平地区	距离	霜降后九日检查三年之生长力		霜降后九日检查本年之生长力	
		株之高	株之叶	株之高	株之叶
种字第十四区	行间三尺五寸	一尺二寸五分	九叶	一寸三分	四叶
	株间三尺五寸				
	行间四尺五寸	一尺三寸四分	十一叶	一寸四分	五叶
	株间三尺五寸				
种字第十五区	行间五尺	一尺零六分	八十七叶	六寸六分	三十四叶
	株间五尺				
	行间四尺	一尺六寸一分	三十四叶	一寸一分	九叶
	株间三尺				

距离疏密试验二　　　民国五年种					
低山区	距离	霜降后九日检查三年之生长力		霜降后九日检查本年之生长力	
		株之高	株之叶	株之高	株之叶
第二十八区	行间五尺	二尺五寸	九十叶	一尺一寸八分	三十二叶
	株间五尺				
第二十九区	同上	一尺六寸	一百十四叶	三寸九分	五十叶
第三十区	行间五尺	一尺六寸七分	六十二叶	二寸	三十三叶
	株间四尺				
第三十一区	行间四尺五寸	一尺五寸	七十七叶	一寸九分	六叶
	株间三尺五寸				
第三十二区	行间四尺	一尺三寸	十七叶	一寸一分	五叶
	株间三尺				
第三十三区	行间三尺五寸	一尺七寸	五十叶	四寸五分	二十叶
	株间三尺五寸				
第三十四区	同上	一尺七寸	二十四叶	四寸一分	十三叶
第三十五区	同上	一尺四寸	三十一叶	四寸一分	五叶

低山区	距离	霜降后九日检查三年之生长力		霜降后九日检查本年之生长力	
		株之高	株之叶	株之高	株之叶
第三十六区	行间四尺五寸 株间三尺五寸	二尺	一百三十五叶	五寸三分	四十五叶
第三十七区	行间四尺 株间三尺	一尺七寸	六十八叶	四寸	三十六叶

距离疏密试验三　　　　民国五年种					
高山区	距离	霜降后九日检查三年之生长力		霜降后九日检查本年之生长力	
		株之高	株之叶	株之高	株之叶
第九区	行间三尺五寸 株间四尺五寸	一尺八寸一分	六十二叶	七寸七分	三十叶
第十区	同上	一尺五寸一分	四十二叶	四寸四分	二十叶
第十一区	行间五尺 株间四尺	一尺三寸	三十六叶	一寸九分	十九叶
第十二区	行间四尺 株间三尺	一尺二寸五分	十四叶	一寸	七叶
第十三区	同上	一尺三寸四分	二十六叶	二寸二分	十九叶
第十四区	行间五尺 株间五尺	一尺三寸	二十七叶	二寸三分	十五叶
第十五区	行间五尺 株间四尺	一尺二寸八分	三十八叶	一寸六分	十叶
第十六区	行间四尺五寸 株间三尺五寸	一尺二寸三分	四十二叶	一寸四分	十六叶
第十七区	行间三尺五寸 株间三尺五寸	一尺三寸一分	三十二叶	一寸八分	二十三叶

按：距离疏密试验现在茶丛尚小，无从判别优劣，然自六年份起暂定平地五

尺，高山四尺，低山五尺或四尺为标准。今年检查平地行株间五尺者，株高二尺零六分，叶八十七；低山行株间五尺者，株高二尺五寸，叶一百十四；高山均不满二尺。因平地区紧接树林，日光缺乏，低山区吸受日光，全无障碍，高山区则山脊土瘦，养分较差，皆由地位不同所致，非尽关乎距离之疏密也。

移栽试验一　　民国五年					
平区地	本数	霜降后十日检查三年之生长力		霜降后十日检查本年之生长力	
		株之高	株之叶	株之高	株之叶
栽字第一区	二十本	三尺四寸	一百五十五叶	一尺四寸	六十一叶
栽字第二区	二十本	三尺	四十三叶	一尺零五分	十七叶
栽字第四区	三本	一尺八寸三分	一百十一叶	三寸三分	五十二叶
	五本	一尺九寸四分	六十五叶	五寸四分	三十叶
	十本	一尺七寸	一百零四叶	三寸	五十五叶
	十五本	二尺	四十七叶	四寸	二十五叶
	二十本	二尺零六分	四十九叶	二寸六分	二十四叶
栽字第十一区	同上	二尺五寸	二百五十四叶	五寸	五十叶
栽字第十二区	同上	二尺四寸	四十五叶	七寸	十五叶
栽字第三区	同上	一尺七寸二分	五十三叶	一寸一分	二十叶
栽字第十八区	同上	一尺五寸五分	十五叶	一寸五分	七叶

　　按：平地栽字，一二区及十一、十二、十三等区，皆本年春间改编，其四区及十八区，则仍其旧。今年秋后检查株之高，最长三尺四寸，株之叶最多二百五十四，此为民国五年春选购二年茶秧试栽者，故明春已可采摘。

移栽试验二　　民国五年栽					
低山区	本数	霜降后十日检查三年之生长力		霜降后十日检查本年之生长力	
		株之高	株之叶	株之高	株之叶
第一区	十五本	二尺二寸三分	七十一叶	八寸一分	三十叶
第二区	同上	一尺五寸六分	五十六叶	五寸一分	二十八叶
第三区	同上	一尺六寸九分	五十三叶	八寸九分	十九叶

低山区	本数	霜降后十日检查三年之生长力		霜降后十日检查本年之生长力	
		株之高	株之叶	株之高	株之叶
第四区	同上	二尺四寸	七十六叶	一尺一寸六分	二十五叶
第五区	同上	二尺零一分	二百零四叶	八寸六分	八十七叶
第六区	同上	一尺三寸	一百十叶	三寸	六十九叶
第七区	同上	二尺一寸	一百零五叶	一尺零五分	六十九叶
第八区	同上	一尺五寸七分	九十四叶	五寸一分	六十五叶
第九区	同上	一尺七寸	一百十二叶	二寸七分	五十六叶
第十区	同上	一尺七寸	六十六叶	一寸八分	五十叶
第十一区	同上	一尺七寸	六十六叶	一寸八分	三十六叶
第十二区	同上	三尺	三十二叶	一尺三寸七分	十四叶

按：低山移栽试验区，亦系五年春选购茶秧试栽者。本年霜降检查株之高三尺，株之叶二百五十三，平均每株之高已有一尺九寸，每株之叶，已有一百零二，明春已可采摘。

移栽试验三		民国五年栽			
高山区	本数	霜降后十日检查三年之生长力		霜降后十日检查本年之生长力	
		株之高	株之叶	株之高	株之叶
第七区	十五本	一尺二寸	五十三叶	一寸八分	三十一叶
第八区	十五本	一尺一寸五分	四十二叶	一寸一分	十八叶

按：高山移栽区最大者，株之高止一尺二寸，株之叶止五十三，较之平地、低山相差甚远。

移栽试验四		民国六年栽			
低山区	本数	霜降后十日检查三年之生长力		霜降后十日检查本年之生长力	
		株之高	株之叶	株之高	株之叶
第一百二十区	十五本	一尺五寸一分	九十四叶	八寸七分	五十叶
第一百二十一区	同上	一尺三寸	二十一叶	六寸九分	十五叶

低山区	本数	霜降后十日检查三年之生长力		霜降后十日检查本年之生长力	
		株之高	株之叶	株之高	株之叶
第一百二十二区	同上	一尺五寸	二十二叶	九寸一分	十三叶
第一百二十三区	同上	一尺五寸一分	四十六叶	九寸六分	十四叶
第一百二十四区	同上	一尺五寸五分	四十四叶	一尺零一分	十八叶
第一百二十五区	同上	一尺四寸一分	二十二叶	七寸四分	十三叶
第一百二十六区	同上	一尺四寸八分	三十二叶	七寸七分	十八叶
第一百二十七区	同上	一尺九寸	四十八叶	一尺二寸二分	二十五叶
第一百二十八区	同上	二尺一寸五分	一百七十七叶	一尺六寸	六十叶
第一百二十九区	同上	一尺一寸一分	五十二叶	四寸五分	二十九叶
第一百三十区	同上	一尺八寸六分	一百零三叶	一尺一寸七分	四十七叶
第一百三十一区	同上	一尺二寸一分	三十四叶	五寸七分	十三叶
第一百三十二区	同上	一尺三寸一分	一百零三叶	六寸四分	三十四叶
第一百三十三区	同上	一尺四寸一分	三十一叶	七寸七分	十八叶
第一百三十四区	同上	一尺八寸五分	四十一叶	一尺一寸八分	二十叶
第一百三十五区	同上	二尺零一分	九十五叶	一尺三寸二分	三十九叶

按：低山一百二十区至百三十五区，系六年春期所栽，最高之株二尺二寸五分，中株之叶一百七十七，因土壤肥沃，故生长最优。

移栽试验五　　民国七年栽			
平地区	本数	霜降后十日检查本年之生长力	
		株之高	株之叶
栽字第三区	十五本	一尺三寸	二十八叶
栽字第五区	同上	一尺四寸五分	五十三叶
栽字第六区	同上	一尺七寸四分	三十九叶
栽字第七区	同上	一尺四寸	二十五叶
栽字第八区	同上	一尺二寸	四十四叶

平地区	本数	霜降后十日检查本年之生长力	
		株之高	株之叶
栽字第九区	同上	一尺零五分	二十四叶
栽字第十区	同上	一尺三寸	三十八叶
栽字第十四区	同上	八寸五分	九叶
栽字第十五区	同上	一尺	二十六叶
栽字第十六区	同上	一尺五寸五分	四十二叶
栽字第十七区	老茶移并	一尺六寸	八叶

按：平地栽字第三区及十四、十五两区，原系苗圃，本年画出，栽植二年茶秧；五区至十区，原系野兽侵害最甚之茶区，系于本年春间取苗圃茶秧补栽者；十六、十七两区，一系移栽秧苗，一系移并老茶，秋后检查各区，几全数成活，最高者已有一尺七寸四分。

	轮播试验一	民国六年种			
低山区	面径	霜降后十日检查二年之生长力		霜降后十日检查本年之生长力	
		株之高	株之叶	株之高	株之叶
第九十六区	一尺	一尺三寸五分	四十二叶	六寸七分	二十二叶

按：九十六区轮播试验，形式齐整，系六年春期试验，所种八十丛，本年已一律抽条，株之高者有一尺三寸五分，有四十二叶，十月间已有六株开花，与三年茶无甚区别，生育之美，堪称第一。

	轮播试验二	民国七年种	
低山区	面径	霜降后十日检查本年之生长力	
		株之高	株之叶
第一百五十二区	一尺	三寸三分	四叶
第一百五十三区	一尺	四寸五分	六叶

按：一百五十二三区，本年春期轮播之茶地，不如九十六区之向阳，故生长力较差。

条播试验	民国五年种	
低山区	茶种	霜降后十日检查三年之生长力
第一百三十六区	祁门城乡种	一尺六寸
第一百三十八区	祁门西乡种	一尺六寸五分
第一百三十九区	祁门南乡种	一尺三寸一分

按：五年份条播之茶，均系所造苗圃，本年春间已分栽各区，余存无多。第一百三十八区，在两山陡壁之间，日光不足，土壤过松，故生长力较差。

又按：条播茶秧，除分栽外，仅存三区，明春亟宜推广。本年已在双凤坑租定平地二十四亩，预备明春推广苗圃之用。

土壤分析试验

土壤所含之物质成分，关系茶树之栽培，至为重要。印度之大吉岭、阿萨墨等处种茶土壤，养分丰富，且多窒素，故为有名之产茶地。日本静冈县之小壁郡土壤，系深厚之粘土质，且富磷酸，土中含有机物成分极多，故茶树繁茂，而饶香味。祁门种茶土壤，磷酸极富，铁分又多，故制造红茶能有特殊之色香味。本场土壤，经中央农事试验场化验，知磷酸含量綦富，其余养分含量均多，已照分析成分研究各种肥料之配合，悉心试验。兹录本场土壤分析成绩表于下。

本场土壤主要物质成分表

物质	西名	成分(百分率)
水分	Water	2.4300
酸化铁	Fl_2O_3	2.5500
酸化铝	Al_2O_3	10.5000
酸化钙	CaO	0.2250
酸化镁	MgO	0.2880
酸化钾	KaO	0.1620
磷酸	P_2O_3	0.2678
炭酸	CO_2	1.4500
窒素	N	0.1097

物质	西名	成分(百分率)
腐有机质	Humus	1.0200

按：本场土壤化学分析，磷酸含量极富，石灰质微少（即酸化钙），酸化铝成分微多，其余物质成分，均应有尽有。

本场土壤洗涤分析成绩表

	粒径	风干土百分中（瓦）
原土百分中组成分	10公厘以上	2.304
	10—8公厘	1.522
	8—6公厘	1.520
	6—4公厘	1.432
	石砾合计	6.778
	细土	93.222
细土百分中组成分	4—3公厘	0.082
	3—2公厘	0.530
	2—1公厘	0.412
	1—0.5公厘	0.544
	0.5—0.25公厘	15.633
	0.25—0.1公厘	30.673
	0.1—0.05公厘	11.472
	0.05—0.01公厘	6.011
	0.01公厘以下	34.653
细微土百分中组成分	0.5—0.25公厘	15.7788
	0.25—0.1公厘	31.1584
	0.1—0.05公厘	11.6535
	0.05—0.01公厘	6.2077
	0.01公厘以下	35.2014

	粒径	风干土百分中(瓦)
细土中细微土百分率		99.9998
原土中细微土百分率		98.4420

细核以上成分，应定名为砂质壤土。

施肥试验

本场对于老茶之栽培，本年施春肥一次，夏秋肥各一次，兹将春肥催芽成绩，及夏秋肥之配合方法，表示如下。

老茶施肥区	施肥月日	施肥数量(每丛)	六年份收获量(斤)	七年份收获量(斤)
平地茶	二月二十五日	发酵菜饼粉六两 发酵人粪尿十两	春子茶 76 000	春子茶 103 000
低山茶	三月六日	发酵菜饼粉四两 发酵人粪尿八两	春茶 47 000	春茶 53 000
大山后茶	三月十日	人粪尿十二两	春茶 1 111 000	春茶 1 207 000
双凤坑茶		无肥	荒芜未采	春茶 63 000

按：本年平地老茶，采春子两季茶叶，低山及大山后租茶，仅采春茶一季，以收获量比较之，平地茶较六年份增出百分之三十，可见春肥催芽，以窒素成分较多之菜饼肥为有力。至双凤坑茶，系本年租定苗圃地之一部分老茶，一向荒芜，今年始深耕一次，尚未施肥。

老茶施肥区	施肥月日	施肥数量(每丛)	施肥月日	施肥数量(每丛)
平地茶	七月十三日	青刈大豆一斤	十月二日	制菜饼六两,草灰二两
低山茶一	七月十六日	青草二斤	十月五日	制菜饼四两,草灰四两
低山茶二	七月十六日	青草一斤	十月五日	制菜饼二两,草灰六两

按：大山后所租老茶，因距场稍远，运送肥料，采摘青叶，种种不便，已于本年夏季退租，故本年夏秋施肥，仅就平地、低山两区，并划分低山茶为二区，分别

配合施用，藉觇明春收获成绩。

又按每丛茶树吸收肥料成分，应从每丛收货量计算。兹将本年栽培老茶，每丛青叶收货量，与民国五六两年每丛收货量，列表比较如下。

老茶栽培区	丛数(丛)	五年份每丛收获量(两)	六年份每丛收获量(两)	七年份每丛收获量(两)
平地春子茶	200	4.000	6.080	8.240
低山春茶	350	1.758	2.148	2.422
大山后春茶	7 000	2.258	2.542	2.758
双凤坑春茶	580		荒芜	1.737

按：平地茶平均每丛收获青叶，在五年份仅有四两，至本年已达八两二钱四分，可知未施肥以前止有四两，所增出之四两二钱四分，则皆肥料补给之成分也。

至于新茶树，春夏两季，一体分别施肥，秋冬之季，系按照区数划分试验，兹列表如下。

新茶施肥区	春初施肥数量(每丛计)	夏季施肥数量(每亩计)	本年平均生长(尺寸)
平地种二年茶	制菜饼粉三两、人粪尿六两	草汁一百二十斤 青草二百四十斤	0.606
平地栽二年茶	同上	嫩豆荚一百二十斤 青草二百四十斤	0.522
低山种二年茶	同上	同上	0.695
低山栽二年茶	同上	草汁一百二十斤 青草二百四十斤	0.737
高山种二年茶	同上	青草二百四十斤	0.226
平地种一年茶	人粪尿八两	草汁一百斤 青草一百四十斤	0.492
低山种一年茶	同上	嫩豆荚一百斤 青草一百四十斤	0.752

新茶施肥区	春初施肥数量(每丛计)	夏季施肥数量(每亩计)	本年平均生长(尺寸)
低山栽一年茶	同上	同上	0.929
平地区新种茶	草灰二两、人粪尿六两	青草一百二十斤	0.400
平地区新栽茶	同上	青草二百四十斤	1.310
低山区新种茶	同上	青草一百二十斤	0.396
低山区补栽茶	人粪尿八两	嫩豆荚一百斤 青草一百四十斤	0.752
低山区苗圃茶	人粪尿五成(两)草灰一成(两)施畦间	青草敷畦间	0.476

平地区施肥一			
区数	年龄	施肥月日	施肥数量
第八区至十五区	种字二年茶	十月十二日	菜饼四分之三、草灰四分之一,每丛四两
第一、二、三、五区	种字二年茶	十月十三日	同上
第四、六区	种字一年茶	十月十三日	菜饼四分之一、草灰四分之三,每丛四两
第七区	种字新种茶	十月十二日	菜饼四分之三、草灰四分之一,每丛四两
		十二月十二日	米糠(护冻用)每丛一斤

平地区施肥二			
区数	年龄	施肥月日	施肥数量
第一、二、四、十一、十二、十三区	栽字二年茶	十月十一日	菜饼四分之二、草灰四分之二,每丛四两
第十八区	栽字二年茶	十月十三日	菜饼四分之一、草灰四分之三,每丛四两
第三、第五至第十区	栽字新栽茶	十月十一日	菜饼四分之二、草灰四分之二,每丛四两
第十四、十五、十六、十七区	栽字新栽茶	十月十二日	菜饼四分之三、草灰四分之一,每丛四两

低山区施肥三			
区数	年龄	施肥月日	施肥数量
第十三区至六十九区	种字二年茶	十月十九日	菜饼四分之三、草灰四分之一，每丛四两
第七十至九十五、九十七至一百十九区	种字一年茶	十二月十二日	米糠每丛一斤护冻兼培壅作肥
第九十六区	同上	十月八日	菜饼四分之三、草灰四分之一，每丛四两
第一百三十六至一百三十八区	种字苗圃茶		无肥
第一百三十九至一百八十九区	种字新种茶	十二月十三日	米糠每丛一斤护冻兼培壅作肥

低山区施肥四			
区数	年龄	施肥月日	施肥数量
第一区至十二区	栽字二年茶	十月十日	菜饼四分之三、草灰四分之一，每丛四两
第一百二十至一百三十五区	栽字一年茶		无肥

高山区施肥五			
区数	年龄	施肥月日	施肥数量
第一至第六、九至第十区	种字二年茶	十二月一日	人粪尿八成、草灰二成，每丛一斤
第十一至二十一区	种字二年茶	十二月二日	人粪尿七成、草灰三成，每丛一斤
第七、八区	栽字二年茶	十二月二日	人粪尿六成、草灰四成，每丛一斤

修剪试验

茶树修剪，在使光线平均，空气流通，收获多量而发芽一致。六年份六月下旬至七月初旬，子茶采摘之后，曾就平地、低山各区老茶，行剪枝试验。兹表示修剪丛数及其收获量如下。

修剪区	修剪丛数(丛)	未修剪时收获量(斤)	已修剪后收获量(斤)
平地区	128	春子茶 49 000	春子茶 72 000
低山路边区	200	春茶 26 000	春茶 34 000
低山路南区	100	春茶 13 000	春茶 17 000
大山后租茶区	200	春茶 31 000	春茶 39 000

按：乡人狃于积习，以为一经修剪，则于第一二年收获有损，不知子茶采摘甫毕，及时剪枝，则茶树生花蕾少而树体强健，第二年新茶反多，就前表观之，不但无损，且获增收之速效也。

本场新辟道路两旁试栽各树成绩表

树别	株数	年龄	最高(尺)	最低(尺)	用途
枫	27	2	5.45	3.20	成材后制茶箱
山杨	5	2	4.00	3.00	同上
杉	200	3	5.85	1.78	成材后利建筑
松	195	3	3.54	1.70	同上
茶油	315	3	2.78	1.25	数年后子实榨油

按：本场低山、高山新辟之路，极宽距离，五尺栽树一，株间以杉、松、枫、杨及茶油树，本为荫日防风，兼可造成一种副产起见。现先后栽植成活者，七百四十二株，复就隙地造成茶油树苗圃十畦，松树苗圃两畦，明年已可分栽。

又按：装茶木箱，重在不夺香气，止有枫木白杨木合用。近年产茶区域，白杨本缺，天然枫林，又已砍伐将尽，土人不知栽种，将来此材缺乏，势必购办舶来之白杨木板。亟应收集邻省各林场道苗圃之枫苗、白杨苗，分给产茶地方栽种，以杜茶业界十年以后之漏卮，此亦各省林区所宜注意提倡者也。

采摘试验

采摘一事，为制茶经济上重要之举。汉口红茶，市场习惯，向只三四星期之贸易。故产茶区域之茶庄，一至茶季，即于最短之期间内赶制，本地人工不敷，全恃外来客民。但采茶客民，远道进山，时期无多，又以山户雇工，凭斤计算，遂一意贪求多采，以致全树之长茎，叶腋之细芽，摘将务尽。于此而已改令采摘两叶一枪，不伤叶腋细芽，事实上遂难办到，且老茶树身，欲经数十年之习惯待遇，性质已移，一旦改良采摘，已不能生速效。故改良采摘，非大种新茶，蓄养叶腋细芽，十数日采摘一次不可。欲十数日一采，非工人低廉而敷用不可，欲人工低廉而敷用，非延长茶市时期不可。本场今年四月二十六日起，试验春茶采摘，老茶苞发新芽，比较生长力，不如新茶。迨茶季以后八月六日，试采秋茶，至九月一日检查新茶，已长嫩叶八分，嫩芽五分，老茶则仅有三分之一。可见改良采摘，新茶易而老茶难，兹列比较表如下。

春茶采摘期内平地区第三年茶新芽逐日生长之比较(连嫩茎)		
四月	廿六日	一寸
	廿七日	一寸二分
	廿八日	一寸三分五厘
	廿九日	一寸四分九厘
	三十日	一寸五分五厘
五月	一日	一寸六分六厘
	二日	一寸八分一厘
	三日	二寸
	四日	二寸二分
	五日	二寸二分九厘
	六日	二寸三分九厘
	七日	二寸五分
	八日	二寸七分
	九日	二寸八分
	十日	二寸九分
	十一日	三寸一分五厘

　　[说明] 按：春茶采摘期内，平地区第三年新茶，四月二十九日新芽生长，止有六厘，而五月十一日，生长至二分五厘。盖因四月二十九日天气阴雨，温度低至十八度半，五月十一日气候清明，温度高至二十七度。可知茶芽之生长发育与气候温度，实有莫大之关系焉。

春茶采摘期内平地区老茶新芽逐日生长之比较（连嫩茎）		
四月	廿六日	一寸一分一厘
	廿七日	一寸三分
	廿八日	一寸四分
	廿九日	一寸五分
	三十日	一寸五分九厘
五月	一日	一寸七分一厘
	二日	一寸九分
	三日	二寸
	四日	二寸一分五厘
	五日	二寸二分九厘
	六日	二寸三分九厘
	七日	二寸五分
	八日	二寸六分五厘
	九日	二寸七分九厘
	十日	二寸九分九厘
	十一日	三寸一分五厘

［说明］按：平地区栽培之老茶，自四月二十六日起，每日生长力，惟五月十日速率至二分，盖是日晴明，温度高至二十五度也。至于低山栽培之老茶比例，则生长力较优，如低山自九分五厘长至二寸八分五厘，平地自一寸一分一厘长至三寸一分五厘，则平地茶芽较低山长三分，可见平地土壤肥沃之一斑云。

春茶采摘期内低山区第三年茶新芽逐日生长之比较（连嫩茎）		
四月	廿六日	一寸
	廿七日	一寸一分二厘
	廿八日	一寸二分九厘
	廿九日	一寸四分五厘
	三十日	一寸五分五厘

五月	一日	一寸七分
	二日	一寸八分六厘
	三日	一寸九分九厘
	四日	二寸一分五厘
	五日	二寸二分五厘
	六日	二寸三分二厘
	七日	二寸五分
	八日	二寸六分二厘
	九日	二寸七分二厘
	十日	二寸八分一厘
	十一日	三寸零五厘

[说明]：按：低山区第三年新茶于四月二十六日起，至五月十一日止，其生长力统计较老茶为优，老茶自九分五厘，长至二寸八分五厘，新茶则自一寸长至三寸零五厘，计超过一分五厘。虽五月七日，温度骤高至二十，不过一分八厘，而按其逐日之生长速率，则仍较老茶为优，可知将来采摘次数，新茶必多于老茶。

春茶采摘期内低山区老茶新芽逐日生长之比较（连嫩茎）		
四月	廿六日	九分五厘
	廿七日	一寸一分
	廿八日	一寸三分六厘
	廿九日	一寸五分
	三十日	一寸六分
五月	一日	一寸六分九厘
	二日	一寸七分
	三日	一寸八分
	四日	一寸八分九厘
	五日	二寸零一厘

	六日	二寸二分
	七日	二寸四分
	八日	二寸五分
	九日	二寸六分
	十日	二寸七分
	十一日	二寸八分五厘

　　［说明］按：低山老茶，自四月二十六日起，至五月十一日止，每日试验其生长力，自九分五厘直长至二寸八分五厘。其中如五月七日晴，温度高至二十七度，则茶芽生长至二分，四月二十七日雨，温度低至十七度，仅生长六厘，其他每日平均则生长至一分或一分二厘云。

秋茶采摘后平地区新叶生长之比较
三年新茶 　　八月六日采摘　留叶腋细芽 　　九月一日检查　嫩叶长—— 　　　　　　　　　嫩芽长——
栽培老茶 　　八月六日采摘　留叶腋细芽 　　九月一日检查　嫩叶长—— 　　　　　　　　　嫩芽长——

　　［说明］按：八月六日，将民国五年秧栽之新茶树与栽培之老树，同时用新法采摘。至九月一日四星期未满，新茶树已在采摘处又长嫩叶八分、嫩芽五分，老茶树之嫩叶、嫩芽，比较止有三分之一。由此可知新树芽叶之生长力，实超过于老茶树三分之二，且知老树受习惯采摘之待遇已深，其性质已不易改革也。

茶业试验成绩报告　七年份（再①续）

茶业试验场

揉制试验

本年因俄国"内乱"，运道阻塞，红茶无市，止就场内老茶及所租大山后老茶，试验揉制红茶，兼制绿茶少许。红茶揉制，先用新置晾架，摊晾青叶适度，旋入手摇揉条机器碾压，每次碾压二十磅，阅十五分钟，即解散团块提拣粗叶一次，条线颇与人工搓揉相等，绿茶叶边缘之锯齿，较他种植物为匀，其凹入之部，有自然抵抗之组织。如晾青合度，度器械压力相当，本不易裂开，但外皮内部之细管络，如不一致，揉碎则条线不匀，发酵后必有花青。本年员司工人，练习颇能注意及此。至绿茶则纯由各员自行筛制，尚属匀整。

装潢储藏试验

自来市场商品，以装潢华丽，购用便利者占优胜。惟茶叶装潢，第一在保存色香味，而取携之便利，装储之华美，尚在第二问题。本场创用五磅、两磅、一磅、半磅小箱罐后，各茶庄已多仿行，但各种装潢储藏方法，尚未切实比较，本年详加试验，市场最行销者，及色香味保存最久者表示如下：

箱罐种类	制造方法	销售状况	储藏久暂
半磅马口铁罐	长圆形深盖	最合各埠零售	两年后色稍变深褐，香味能久而不散
一磅马口铁罐	同上	零售销行稍滞	保存色香味与半磅罐同
两磅马口铁箱	长方形内加屉盖	零茞销售均宜销行最速	保存香味可至二年以上
五磅马口铁箱	同上	极合大批销场	同上
两磅枫木小箱	长方形内衬铅度	西商多购作赠品	保存香味一年以上
五磅枫木小箱	同上	西商大批购办	同上

附茶叶品评会出品成绩表。

本年五月征集祁、浮、秋、修及德兴新茶，出品一百三十八种，于茶季开会品

---

① 为区别题名，"再"字为整理者添加。

评。遵照部定规则审查，红茶出品百分中，以形状二十分，色泽十分，发酵量二十分，香气二十五分，茶味二十五分，为最高分数；绿茶则形状二十分，色泽十分，水色二十分，香气、茶味各二十五分，为最高分数，兹将审查出品茶叶成绩表列如下：

出品地	出品人	牌名	分数					总计分数
			形状	色泽	发酵量	香气	茶味	
祁西高塘	王余三	裕馨	20	9	20	25	19	93
祁西闪里	陈维新	恒德祥	20	9	19	23	20	91
修水		义顺福	20	6	19	24	20	89
祁门西乡历口	汪渭臣	大成昌	18	10	20	20	20	88
祁西闪里	李达本	利和昌	20	7	18	25	18	88
修水漫江	朱丙奎	谦慎隆	20	5	18	25	20	88
修水白鹇坑		振植茶园	17	9	17	25	20	88
祁南塔坊	谢道全	同泰昌	20	9	16	24	18	87
祁南岭西	谢宽和	泰丰	18	9	18	24	18	87
祁南塔坊	宁诚宁	恒顺昌	18	6	15	25	23	87
祁西奇岭口	郑嗣邦	同昇昌	15	7	18	23	24	87
祁西将军桥	谢步梯	丰大	20	9	16	24	18	87
祁西小路口	李焕英	同新昌	18	9	18	24	18	87
祁西深都	汪锡惠	亿和昌	19	9	20	19	20	87
祁西高塘	王鹤琴	乾裕	20	9	18	19	20	86
祁西高塘	王爵臣	愉丰	18	10	20	18	20	86
祁西历口	汪锡镕	坤大祥	17	8	16	25	20	86
浮梁古泽		益升	17	9	20	20	20	86
秋浦梨岭	洪俊卿	信泰昌	18	10	20	18	20	86
修水漫江	吴耀卿	长发祥	16	5	18	25	22	86
祁西陈田坑	郑梓然	同茂永	19	8	18	20	20	85

出品地	出品人	牌名	分数					总计分数
			形状	色泽	发酵量	香气	茶味	
祁西高塘	王鹤琴	裕春	16	10	20	20	19	85
祁西高塘	王卓臣	同人豫	17	10	20	19	19	85
祁西闪里	陈仰文	同馨昌	20	7	16	25	17	85
浮梁儒林	朱景熊	和丰	19	6	18	22	20	85
浮梁英溪	金铨	恒裕丰	18	9	20	20	18	85
祁西高塘	王润生	公馨	18	10	20	16	20	84
祁西龙溪	赵殿卿	义馨	19	9	18	20	18	84
浮梁英溪	金叠山	同益祥	18	9	19	18	20	84
祁西高塘	王向华	成馨	17	9	20	18	19	83
祁南奇峰		公益昌	15	8	17	24	19	83
秋浦东山	王寿康	春和祥	19	8	16	21	19	83
祁西		裕丰祥	16	9	17	22	18	82
祁西偏坑		义生和	16	8	18	18	22	82
祁南程村碣	戴锡固	万和祥	18	8	16	20	20	82
祁西高塘	王爵臣	同昌福	18	10	16	18	20	82
祁南程村碣		洪丰	18	8	16	20	20	82
浮梁储田硎	郑元龙	益丰祥	16	10	17	23	16	82
修水		德兴祥	15	4	18	25	20	82
祁西石门硎		益和祥	18	7	17	22	17	81
祁西高塘	王于海	裕馨成	18	10	15	20	18	81
祁西箬坑		裕昌祥	16	7	18	20	20	81
祁西历口	汪维英	亿同昌	18	9	17	18	19	81
祁城	王成义	成春祥	14	6	18	25	18	81
浮梁流口	张光廷	怡馨	16	8	18	19	20	81

出品地	出品人	牌名	分数					总计分数
			形状	色泽	发酵量	香气	茶味	
浮梁严台	江运青	同泰丰	11	8	17	20	25	81
祁西闪里	陈祖章	恒德祥	20	5	17	18	20	80
祁西闪里	金建荣	亿昌祥	18	8	15	20	19	80
祁西闪里	陈楚村	恒馨祥	17	7	15	20	21	80
祁南程村碣	胡通南	万象春	17	8	15	20	20	80
祁门西乡		天成泰	17	8	17	18	20	80
祁西文堂	陈遂三	振华祥	18	7	17	19	19	80
祁西历口	汪维英	同德昌	18	8	19	17	18	80
祁南平里	章焕奎	集义生	16	8	18	18	20	80
祁南乔山	谢晋钦	恒大	16	8	17	19	20	80
祁南查湾	汪可行	维新泰	18	8	18	18	18	80
浮梁曹村		太和春	17	6	17	20	20	80
浮梁沧溪	朱松卿	源馨昌	20	9	17	18	16	80
浮梁颍溪	章汉川	振泰祥	18	8	18	18	18	80
浮梁磻溪	汪作中	美占芳	11	8	18	18	25	80
修水	陈根棠	贞吉祥	14	9	17	20	20	80
修水	王觉春	义春祥	18	4	18	20	20	80
祁西石门砾		益春祥	18	8	16	18	19	79
浮梁中洲		保和祥	15	7	18	18	20	78
祁西伊川		同发祥	17	7	18	15	20	77
浮梁大江村	郑廷谟	裕昌源	13	6	20	18	20	77
浮梁玉溪	朱景颐	美利昌	17	8	18	16	18	77
秋浦罗家亭	施建昌	荣泰昌	18	6	15	20	18	77
秋浦柴坑	黄书升	振源祥	16	6	14	22	19	77

出品地	出品人	牌名	分数					总计分数
			形状	色泽	发酵量	香气	茶味	
祁南塔坊	余桂攀	永春元	20	8	16	15	17	76
祁门奇口		同大昌	15	8	16	18	19	76
祁西许村	倪文光	同升祥	17	6	15	18	20	76
浮梁磻溪	汪佑生	公权	15	8	20	15	18	76
浮梁英溪	金用霖	万益祥	18	5	18	20	15	76
浮梁龙源		启和祥	18	5	15	20	18	76
秋浦柴坑	郑观文	南原兴	19	7	15	17	18	76
祁南查湾		隆裕昌	16	7	15	19	18	75
祁西彭龙		同和昌	16	8	15	18	18	75
浮梁英溪	金锦章	德馨祥	15	10	15	15	20	75
浮梁成门	吴焕章	德大	15	6	18	18	18	75
浮梁新塘	张恩彬	德景祥	13	6	18	20	18	75
祁西新安		益和昌	16	7	16	17	18	74
祁南贵溪		大和祥	17	8	15	15	19	74
祁南溶口	李余三	同薪昌	16	8	15	17	18	74
秋浦洞门口	刘鸿猷	同泰祥	16	7	14	18	19	74
浮梁拟疋山降山	叶肇修	永和祥	10	8	15	22	18	73
浮梁金家坞	金家稳	永泰亨	15	6	16	18	18	73
浮梁大江村	郑廷琛	裕隆	15	8	10	20	20	73
秋浦柴坑	汪中和	同福祥	17	6	13	19	18	73
修水漫江		义泰祥	15	5	13	20	20	73
祁西渚口	倪映明	益美	16	7	15	17	17	72
祁南芦溪	汪立元	元春祥	14	8	16	16	18	72
祁西张坑口		三益祥	15	6	16	16	19	72

出品地	出品人	牌名	分数					总计分数
			形状	色泽	发酵量	香气	茶味	
祁西二都		同昌	16	5	15	17	19	72
浮梁新家园	郑廷辉	新家园	15	8	15	16	18	72
浮梁程家山	詹际财	春馨祥	12	8	16	18	18	72
浮梁太湖	夏得胜	智胜权	15	8	17	16	16	72
浮梁锦里	陈嗣蕃	同义昌	16	7	16	16	17	72
祁门汉口		恒春祥	15	4	14	20	18	71
祁南塔坊	豫功甫	冠群芳	10	8	16	18	19	71
浮梁金家坞	金宝光	同吉祥	15	7	16	15	18	71
浮梁法京	张洛淦	德和祥	12	7	18	18	16	71
浮梁龙潭	章子尚	益泰祥	15	7	15	18	16	71
秋浦南溪坞	王济盈	鸿茂昌	16	5	13	18	19	71
秋浦四都	姚奠初	震和昌	16	8	15	12	20	71
祁城		义丰永	12	5	18	17	18	70
浮梁	程立贤	大同春	14	5	15	18	18	70
浮梁芳春	吕建圣	裕昌隆	15	5	14	20	16	70
浮梁大江村	郑文彬	安吉昌	14	8	17	15	16	70
浮梁沽演		泰和祥	14	7	15	15	19	70
浮梁方家坞	方舒容	春和祥	13	7	16	18	16	70
浮梁磻溪	汪得丰	同元祥	10	8	20	12	20	70
秋浦后河	胡启祥	益兴隆	17	7	14	16	16	70
秋浦尧渡	林锦文	正和祥	17	4	15	18	16	70
祁南查湾		同志祥	15	7	13	16	18	69
浮梁儒林	米便佳	太和春	13	5	18	17	15	68
浮梁金竹山		大顺祥	17	6	14	16	15	68

出品地	出品人	牌名	分数					总计分数
			形状	色泽	发酵量	香气	茶味	
浮梁桃墅	汪子兰	协盛祥	12	9	14	15	18	68
祁南查湾		隆义昌	14	4	14	17	18	67
浮梁潭口	汪宝庆	宝利祥	15	5	16	13	18	67
浮梁青潭	金光涛	谦和祥	12	6	16	15	18	67
浮梁儒林	朱其源	同志昌	13	6	15	17	16	67
浮梁玉溪村	朱景鑫	进德祥	14	6	15	16	16	67
祁南石急滩		亿大利	10	7	15	16	18	66
浮梁撞源港	计跃如	同和馨	15	6	15	14	16	66
秋浦尧渡	程监山	同德祥	15	4	13	18	15	65
浮梁桃墅	汪士勇	天和祥	14	6	14	14	16	64
浮梁沽源	郑玕	源春馨	10	4	13	18	18	63
浮梁港口	计景福	永馨福	10	7	14	15	17	63
浮梁五顶山	程得宝	万福隆	10	4	10	18	18	60
浮梁桃墅	汪道传	公信昌	15	5	10	15	15	60
浮梁港口	计克正	永馨祥	12	5	14	14	15	60
浮梁兴田	程茂春	同德利	9	4	15	13	19	60
秋浦尧渡	郑起枝	同盛祥	14	4	13	14	15	60

德兴县开会后续到茶品审查分数表

出品地	出品人	牌名	分数					总计分数
			形状	色泽	水色	香气	茶味	
德兴东乡	宁思永	裕生	20	10	10	20	20	80
德兴东乡	宁登梯	利和	15	10	10	18	20	73
德兴东乡	余梦松	和馨祥	18	10	10	18	20	76
婺北	潘作铭	合馨	19	10	10	16	20	75

附七年份本场茶树丛数表

播种时期试验	民国五年种	
平地区	时期	丛数
种字第一区	立春前种	三十五丛
种字第二区	雨水前种	一百二十三丛

各省种类试验	民国五年种	
平地区	各省茶种	丛数
种字第三区	安徽广德县种	五丛
	江西修水县种	九丛
	江西浮梁桃墅种	十一丛
	江西浮梁磻溪种	六丛
	福建南安雪峰寺种	四丛
	福建南安觉海寺种	二丛
	福建浦城县种	二丛
	福建闽侯县种	二丛
	福建武平县种	五丛
	福建龙岩县种	二十五丛
	福建寿宁县种	五丛
	福建光泽县种	四丛
	湖南长沙县种	十三丛
	湖南安化县种	五丛
	湖南平江县种	十八丛
	湖北阳新县种	九丛
	湖北鹤峰县种	五丛
	湖北通山县种	三丛
	浙江平阳县种	十二丛

平地区	各省茶种	丛数
种字第三区	浙江建德县种	二丛
	浙江淳安县种	十四丛
	浙江余姚县种	十六丛

日本各处种类试验　　民国六年种		
平地区	日本各处茶种	丛数
种字第四区	日本□□力种	三十六丛
	日本静冈县种	二十八丛
	日本宇治种	六丛

各省种类试验　　民国六年种		
平地区	各省茶种	丛数
种字第五区	浙江永嘉县种	六十丛
	浙江遂安县种	八丛
	浙江余姚县种	六十丛
	安徽太平县种	二十二丛
	安徽黟县种	二十四丛
	湖北鹤峰县种	六十丛

各省种类试验　　民国六年种		
平地区	各省茶种	丛数
种字第六区	福建闽清县种	二十四丛
	江西修水县种	十丛
	湖南平江县种	三十二丛
	湖南汉寿县种	三十丛
	安徽休宁县种	五丛
	安徽宣城县种	四十四丛

平地区	各省茶种	丛数
	安徽泾县种	二十一丛
	安徽广德县种	六十七丛
	浙江新昌县种	十三丛
	浙江乐清县种	三十三丛

日本种类试验　　　　　民国七年种		
平地区	日本茶种	丛数
种字第七区	日本静冈县种	一百零八丛

播种粒数试验　　　　　民国五年种		
平地区	粒数	丛数
种字第八区	三十粒	一百八十二丛
种字第九区	二十粒	一百十二丛
	十粒	九十六丛
	五粒	九十六丛

播种深浅试验　　　　　民国五年种		
平地区	入土深	丛数
种字第十区	三寸	六十九丛
种字第十一区	二寸五分	七十六丛
种字第十二区	二寸	五十七丛
种字第十三区	一寸五分	九十三丛

距离疏密试验　　　　　民国五年种		
平地区	距离	丛数
种字第十四区	行间四尺五寸 株间三尺五寸	六十丛

平地区	距离	丛数
	行间三尺五寸 株间三尺五寸	二十三丛
	行间四尺 株间五尺	三十六丛
	行间四尺五寸 株间三尺五寸	三十一丛
种字第十五区	行间五尺 株间五尺	二十二丛
	行间四尺 株间三尺	三十七丛

移栽试验　　民国五年栽		
平地区	本数	丛数
栽字第一区	十五本	一百六十六丛
栽字第二区	同上	四十一丛
栽字第四区	三本	十五丛
	五本	二十五丛
	十本	三十五丛
	十五本	五十二丛
	二十本	七十二丛
栽字第十一区	十五本	六十八丛
栽字第十二区	同上	七十七丛
栽字第十三区	同上	一百十八丛
栽字第十八区	同上	七十二丛

移栽试验　　　　民国七年栽		
平地区	本数	丛数
栽字第三区	十五本	二十九丛
栽字第五区	同上	二百七十九丛
栽字第六区	同上	二百三十三丛
栽字第七区	同上	二百十四丛
栽字第八区	同上	二百六十八丛
栽字第九区	同上	一百零九丛
栽字第十区	同上	一百二十四丛
栽字第十四区	同上	二百二十七丛
栽字第十五区	同上	二百零七丛
栽字第十六区	同上	二百零一丛
栽字第十七区	老茶	二十四丛

移栽试验　　　　民国五年栽		
低山区	本数	丛数
第一区	十五本	四十八丛
第二区	同上	二十六丛
第三区	同上	二十丛
第四区	同上	五十丛
第五区	同上	五十七丛
第六区	同上	二十二丛
第七区	同上	九丛
第八区	同上	十五丛
第九区	同上	十八丛
第十区	同上	十四丛
第十一区	同上	十二丛

低山区	本数	丛数
第十二区	同上	十八丛

播种时期试验　　　　　民国五年种		
低山区	时期	丛数
第十三区	春分前十二日种	四十丛
第十四区	同上	三十七丛
第十五区	同上	六十三丛
第十六区	同上	一百零三丛
第十七区	同上	一百十一丛
第十八区	春分前十一日种	一百六十五丛
第十九区	同上	四十七丛
第二十区	同上	四十五丛
第二十一区	同上	一百二十一丛
第二十二区	春分前十日种	一百四十四丛
第二十三区	同上	一百九十五丛
第二十四区	同上	一百三十八丛
第二十五区	同上	八十九丛
第二十六区	同上	五十丛
第二十七区	同上	三十丛

距离疏密试验　　　　　民国五年种		
低山区	距离	丛数
第二十八区	行间五尺 株间五尺	八十六丛
第二十九区	同上	七十二丛

低山区	距离	丛数
第三十区	行间五尺 株间四尺	十七丛
第三十一区	行间四尺五寸 株间三尺五寸	三十五丛
第三十二区	行间四尺 株间三尺	六十二丛
第三十三区	行间三尺五寸 株间三尺	九十七丛
第三十四区	同上	一百三十五丛
第三十五区	同上	十五丛
第三十六区	行间四尺五寸 株间三尺	四十二丛
第三十七区	行间四尺 株间三尺	五十丛

播种粒数试验	民国五年种	
低山区	粒数	丛数
第三十八区	三十粒	四十丛
第三十九区	二十粒	五十六丛
第四十区	十粒	五十九丛
第四十一区	五粒	一百十二丛

播种深浅试验	民国五年种	
低山区	入土深	丛数
第四十二区	三寸	九十一丛
第四十三区	二寸五分	二十八丛

低山区	入土深	丛数
第四十四区	二寸	五十九丛
第四十五区	一寸五分	一百二十七丛

播种时期试验　　　民国五年种		
低山区	时期	丛数
第四十六区	春分前七日种	七十七丛
第四十七区	同上	四十六丛
第四十八区	同上	三十三丛
第四十九区	同上	四十七丛
第五十区	同上	四十八丛
第五十一区	同上	二十九丛
第五十二区	同上	六丛
第五十三区	春分前三日种	四十二丛
第五十四区	同上	六十丛
第五十五区	同上	十丛
第五十六区	同上	五十七丛
第五十七区	同上	三十八丛
第五十八区	同上	四十五丛
第五十九区	同上	六十五丛
第六十区	同上	二十九丛
第六十一区	春分后二日种	六十四丛
第六十二区	同上	四十五丛
第六十三区	同上	一百十二丛
第六十四区	春分后二日种	五十八丛
第六十五区	同上	十九丛
第六十六区	春分后三日种	二十八丛

低山区	时期	丛数
第六十七区	同上	十三丛
第六十八区	同上	五十七丛
第六十九区	同上	七十六丛

播种时期试验		民国六年种
低山区	时期	丛数
第七十区	春分前五日种	四十四丛
第七十一区	同上	四十三丛
第七十二区	同上	二十一丛
第七十三区	同上	六十丛
第七十四区	同上	一百丛
第七十五区	同上	六十二丛
第七十六区	同上	四十七丛
第七十七区	同上	四十丛
第七十八区	同上	二十丛
第七十九区	春分前四日种	五十四丛
第八十区	同上	十丛
第八十一区	同上	一百零一丛
第八十二区	同上	十一丛
第八十三区	同上	八丛
第八十四区	同上	四十八丛
第八十五区	同上	七十七丛
第八十六区	同上	四十六丛
第八十七区	同上	二百六十四丛
第八十八区	同上	九丛
第八十九区	春分前三日种	六十九丛

低山区	时期	丛数
第九十区	同上	十七丛
第九十一区	同上	五十四丛
第九十二区	同上	三十三丛
第九十三区	同上	六十三丛
第九十四区	春分前二日种	八十二丛
第九十五区	同上	一百七十九丛

轮播试验　　　　民国六年种		
低山区	面径	丛数
第九十六区	一尺	八十丛

播种时期试验　　　　民国六年种		
低山区	时期	丛数
第九十七区	春分前二日种	六十四丛
第九十八区	同上	一百零八丛
第九十九区	同上	六十八丛
第一百区	同上	四十七丛
第一百零一区	春分前一日种	一百四十七丛
第一百零二区	同上	一百五十三丛
第一百零三区	同上	七十七丛
第一百零四区	同上	一百三十九丛
第一百零五区	同上	三十五丛
第一百零六区	同上	六十八丛
第一百零七区	春分日种	四十七丛
第一百零八区	同上	九十丛
第一百零九区	同上	八十六丛

低山区	时期	丛数
第一百十区	同上	一百十六丛
第一百十一区	同上	二十一丛
第一百十二区	同上	二十九丛
第一百十三区	春分后一日种	一百二十四丛
第一百十四区	同上	一百三十四丛
第一百十五区	同上	一百四十二丛
第一百十六区	同上	二百零七丛
第一百十七区	同上	一百九十五丛
第一百十八区	同上	一百二十三丛
第一百十九区	同上	三十六丛

移栽试验	民国六年栽	
低山区	本数	丛数
第一百二十区	十五本	三十五丛
第一百二十一区	同上	五十五丛
第一百二十二区	十本	三百丛
第一百二十三区	十五本	六十五丛
第一百二十四区	同上	五十丛
第一百二十五区	同上	三十五丛
第一百二十六区	同上	二十丛
第一百二十七区	同上	五十五丛
第一百二十八区	同上	三十六丛
第一百二十九区	同上	四十一丛
第一百三十区	同上	二十丛
第一百三十一区	同上	十三丛
第一百三十二区	同上	八十四丛

低山区	本数	丛数
第一百三十三区	同上	一百十四丛
第一百三十四区	同上	三百八十六丛
第一百三十五区	同上	三百十二丛

条播试验　　民国五年秧		
低山区	茶种	丛数
第一百三十六区	祁门城乡种	四百二十丛
第一百三十七区	祁门西乡种	四百五十丛
第一百三十八区	同上	三百七十丛

播种时期试验　　民国七年种		
低山区	时期	丛数
第一百三十九区	春分前二日种	七十二丛
第一百四十区	同上	九十六丛
第一百四十一区	同上	五十六丛
第一百四十二区	同上	五十八丛
第一百四十三区	同上	五十五丛
第一百四十四区	同上	九十六丛
第一百四十五区	同上	一百二十八丛
第一百四十六区	同上	一百三十一丛
第一百四十七区	春分前一日种	五十一丛
第一百四十八区	同上	一百七十八丛
第一百四十九区	同上	八十七丛
第一百五十区	同上	一百十九丛
第一百五十一区	同上	九十三丛

轮播试验		民国七年种
低山区	面径	丛数
第一百五十二区	一尺	四十一丛
第一百五十三区	一尺	一百二十一丛

播种时期试验		民国七年种
低山区	时期	丛数
第一百五十四区	春分前一日种	一百三十八丛
第一百五十五区	同上	七十五丛
第一百五十六区	同上	一百二十二丛
第一百五十七区	同上	九丛
第一百五十八区	同上	三十三丛
第一百五十九区	春分日种	一百六十九丛
第一百六十区	同上	一百七十丛
第一百六十一区	同上	二十三丛
第一百六十二区	同上	二百十丛
第一百六十三区	同上	一百十六丛
第一百六十四区	同上	三十丛
第一百六十五区	同上	八十四丛
第一百六十六区	同上	七十四丛
第一百六十七区	同上	二十三丛
第一百六十八区	同上	二百十五丛
第一百六十九区	同上	八十七丛
第一百七十区	同上	二十三丛
第一百七十一区	同上	六十七丛
第一百七十二区	春分后一日种	三十七丛
第一百七十三区	同上	九十五丛

低山区	时期	丛数
第一百七十四区	同上	一百零四丛
第一百七十五区	同上	二十丛
第一百七十六区	同上	六十五丛
第一百七十七区	同上	一百十五丛
第一百七十八区	同上	一百二十五丛
第一百七十九区	同上	七十六丛
第一百八十区	同上	一百十七丛
第一百八十一区	同上	四十八丛
第一百八十二区	同上	三十六丛
第一百八十三区	同上	二十六丛
第一百八十四区	同上	十一丛
第一百八十五区	春分后二日种	九十一丛
第一百八十六区	同上	八十九丛
第一百八十七区	同上	一百十三丛
第一百八十八区	同上	九十二丛
第一百八十九区	同上	九十九丛

播种深浅试验　　　　民国五年种		
高山区	入土深	丛数
第一区	一寸五分	五十八丛
第二区	三寸	四十丛
第三区	二寸五分	四十五丛
第四区	三寸	四十丛
第五区	三寸	五十一丛

播种时期试验　　　民国五年种		
高山区	时期	丛数
第六区	春分后二日种	七十五丛

移栽试验　　　民国五年种		
高山区	本数	丛数
第七区	十五本	四十丛
第八区	十五本	四十二丛

距离疏密试验　　　民国五年种		
高山区	距离	丛数
第九区	行间四尺五寸 株间三尺五寸	五十四丛
第十区	同上	九十三丛
第十一区	行间五尺 株间四尺	三十六丛
第十二区	行间四尺 株间三尺	三十五丛
第十三区	同上	三十八丛
第十四区	行间五尺 株间五尺	二十三丛
第十五区	行间五尺 株间四尺	四十九丛
第十六区	行间四尺 株间三尺	三十四丛
第十七区	行间三尺 株间三尺	六十二丛

播种粒数试验　　　　民国五年种		
高山区	粒数	丛数
第十八区	五粒	五十丛
第十九区	十粒	一百十二丛
第二十区	二十粒	五十五丛
第二十一区	三十粒	四十七丛

本场栽培老茶及双凤坑苗圃新茶表		
平地区	租购	丛数
第一区老茶	租	二百丛
第二区老茶	购	一百十二丛
第三区老茶	购	六十五丛
第四区老茶	购	四十八丛
第五区对河老茶	租	四百六十二丛
低山区	租购	丛数
第一区老茶	租	一百八十七丛
第二区老茶	租	一百六十三丛
第三区塘坑老茶	租	一千三百二十六丛
第四区东坑口老茶	租	三百六十三丛
双凤坑苗圃区	租购	丛数
第一区轮播新茶	租	一百零二丛
第二区点种新茶	租	三百十七丛
第三区原有老茶	租	五百八十丛

以上共计新茶树二万一千二百十七丛，老茶树三千五百零六丛，总共二万四千七百二十二丛。

《农商公报》1919年第64期

令茶业试验场

第二四七二号　十一月二十一日

所编种茶浅说尚属简易可行由

呈件均悉查。该场所编《种茶浅说》尚属简要可行，除发交本部编辑处印装成本，再行邮寄分发外，仰即知照此令。

批汉口茶业公所一①

第一四〇二号　十一月六日

行销俄国、外蒙砖茶一律免税由

据呈已悉。正核办间准财政部咨称，查英国对于印、锡等茶方极力优待，华茶销路已不足与之竞争。惟俄国在汉口所运之茶，尚愿继续购订，前次部处呈请减免税厘，即为维持运销起见。此次汉口商人请将行销俄国茶砖作为出洋之茶，核与通案，尚属相符，自应准予免征关税，并予核减内地税厘五成。至行销蒙古砖茶本与出洋有别，应按照内地章程办理，惟外蒙古地方僻远，交通既不便利，商务亦未发达，若照内地章程征纳税厘，仍非所以维持华茶销路。兹拟将汉口运销外蒙古砖茶，特予通融，比照运俄出洋之例看待，一律减免税厘。其行销察、绥、热河、内蒙及新疆一带，仍应照内地章程办理，以示分别。业经本部提交国务会议，于本月二十三日议决，照办咨请查照等因合亟批示，遵照此批。

---

① 序号为编者所加。

批汉口茶业公所二

第一四三五号 十一月十五日

准税务处咨称非运销俄境、外蒙砖茶仍各按章办理等因批示遵照由

前据呈请将行销俄蒙茶砖如何完税迅赐明令等情，前来适准财政部咨称，汉口行销俄国、外蒙茶砖准一律减免税厘等因。业经批示在案，兹准税务处咨称，查此案既由财政部分定办法，并经提交国务会议议决，自应转行遵办。惟本处前亦据该茶业公所电，同前情当经本处以前项行销俄蒙砖茶既由车运须经过何处海关，电令声复候核。现据呈复到处核其所谓关税者，系指江汉关而言，并以为汉商所办之茶，既不由海运出口，海关亦不应再征税。其税不知所谓海关，系别于常关之谓。凡为海关应征之税项，本不限于海运一部分，原呈所云，自系出于误会。第行销外蒙砖茶，既由财政部提经国务会议准予比照运俄出洋之例，一律减免税厘，嗣后江汉关遇有前项砖茶报运到关，应即免税放行。此外仍各按章办理，以符原案，咨行查照等因合亟再行批示，遵照此批。

《农商公报》1919年第65期

后　记

　　本丛书虽然为2023年度国家出版基金项目，但资料搜集却历经多年。2017年笔者和安徽师范大学出版社合作，以《祁门红茶史料丛刊》为题申报国家出版基金，获得立项，2020年该套资料集得以出版。这是首次系统搜集、整理、出版祁门红茶自晚清至民国时期的史料，限于时间、精力，有些资料没有收录，还有不少资料未能搜集，但这也为后续的整理提供了一个空间。

　　最近几年，笔者主要做了两方面工作：一是继续搜集祁门红茶史料。因祁门红茶产区包括祁门、建德（民国时期先后称秋浦、至德）和浮梁三个地区，于是将这三个祁门红茶产区的资料都加以搜集，尤其注意查找建德、浮梁两县的红茶资料，弥补此前尚未关注的缺憾。二是将此前已搜集，但限于时间和精力而尚未整理的资料，加以汇总、整理。

　　祁门红茶资料存量丰富，但极为分散。在资料搜集的过程中，笔者得到了很多师友的大力帮助。祁门县的支品太、胡永久、汪胜松等给笔者提供了很多帮助，他们或提供资料，或陪同笔者下乡考察。在资料的整理录入过程中，笔者的博士生汪奔、硕士生庞格格和她的同学潘珊、李英睿、杨春、鲍媛媛、谷雪莹、周敏等协助笔者整理了很多资料。对于他们的帮助，笔者在此一并表示感谢。

　　在课题申报、图书编辑出版的过程中，安徽师范大学出版社社长张奇才教授、总编辑戴兆国教授非常重视，并给予了极大支持，出版社诸多工作人员也做了很多工作。孙新文主任总体负责本丛书的策划、出版，做了大量工作。郭行洲、陈艳、何章艳、辛新新、蒋璐、李慧芳、翟自成、卫和成等诸位老师为本丛书的编辑、校对付出了不少心血，对于他们在该书出版中所做的工作表示感谢。

　　本丛书为祁门红茶资料的再次整理，但资料的搜集、整理是一项长期工作，虽然笔者已经过十多年的努力，但仍有很多资料，如外文资料、档案资料等涉猎不多。这些资料的搜集、整理只好留在今后再进行。因笔者的学识有限，本丛书难免存在一些舛误，敬请专家学者批评指正。

康　健

2024 年 11 月 20 日